KB270121

멋과 품격의 예술 매듭

멋과 품격의 예술
매듭

박양자 지음

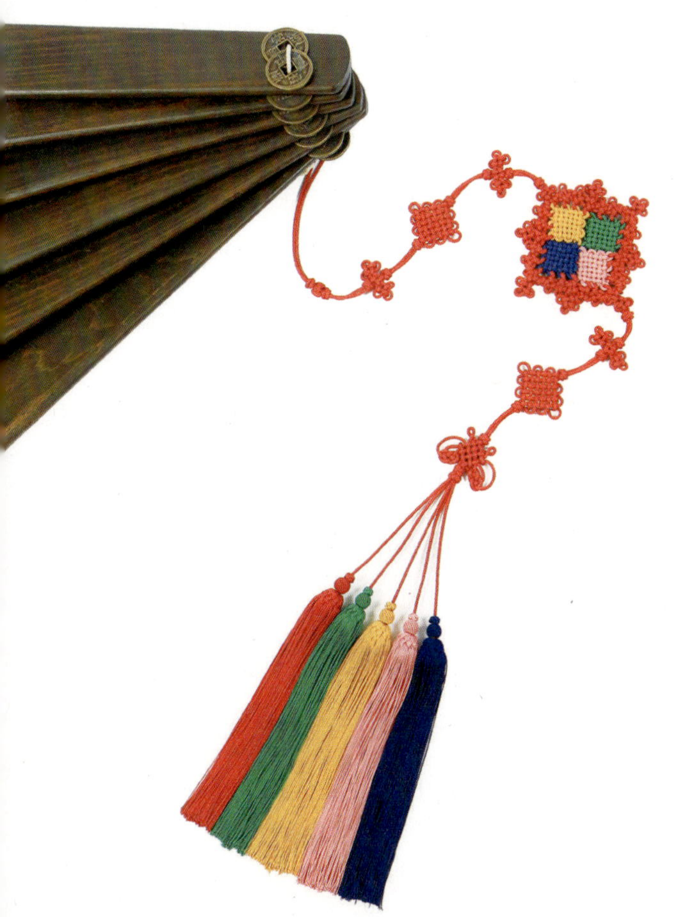

도서출판 온샘

매듭, 함께 살다

　　지금 와서 돌아보니 아무 것도 모르고 20대 초에 선택한 매듭의 길은 순조롭지 않은 힘든 길이었다. 한때는 자신에게 실망도 하고 후회도 했다. 그러나 그 길은, 포기하지 않고 끈기와 집념을 가지고 구도자의 심정으로 인고의 시간을 견디어 내면서 묵묵히 자신을 극복해온 과정이었다.

　　삶의 목표를 향해서는 직선적인 생각으로만 달리지 말고, 천천히 쉬어가고, 돌아가는 지혜가 필요하다는 것도 이 길을 걸어오면서 알게 되었다. 어쩌면 인생도 작품도 성숙하는 데에는 많은 시간과 인내가 필요한 것 같다.

　　수필 한편 써 본적 없는 내가 자신에 관한 글을 쓴다는 것은 망설임을 떠나 엄두를 낼 수도 없었고 감히 그런 생각조차도 못했다. 격려해 주신 소중한 지인들의 권유를 여러 번 정중하게 사양하고 거절하였으나, 이번 기회에 지나온 매듭 인생의 궤적을 꼼꼼히 되돌아보는 한편 한 번쯤 지나온 발자취를 담담한 마음으로 회고해 보는 것도 그만한 가치가 있겠다고 생각을 하게 되었다. 삶의 길을 걸어오면서 겪은 크고 작은 사연들을 겸허한 마음으로 담아내보고 싶다는 마음으로 이 글을 쓰게 되었다.

　　전통매듭의 보존과 계승은 물론 앞으로 미래를 아우르는 창조적인 섬유예술 분야로 개척해나가야 할 일을 다짐하는 의미에서다.

　　1장에서는 매듭의 이해를 돕기 위해 역사 속의 매듭과 명주실의 천연염색과정, 끈목 짜는 도구들, 동다회, 광다회 짜는 기법을 설명하였다. 그리고 매듭의 종류, 술의 종류, 제작과정 등을 살펴보았다.

2장에서는 선조들의 생활 속에서 다양하게 사용되어 온 매듭의 쓰임을 근대 엽서를 통해 살펴보았다. 또한 엽서에 보이는 매듭을 저자의 작품과 비교하여 사진으로 실었다.

3장에서는 20대에 김희진 선생님을 만나 이수자로서 매듭의 외길을 시작으로 결혼하여 가정을 이루고 자녀를 교육하면서 매년 여러 전시회 작품 준비, 60대에 개인전 및 초대전을 하고 매듭 교육 강사와 만학의 석사학위 취득 등 서로 쉽지 않았던 지나온 시간들을 뒤돌아 보았다.

되돌아보니 아쉬움과 미련, 그리고 부족함을 다 채우지 못한 매듭의 삶임을 실감한다. 그러나 인생을 살면서 자신이 세운 목표에 대하여 "어떠한 일이든 최선을 다하자"는 좌우명과 함께 후회와 한이 없는 삶을 살고자 노력했다. 매사에 최선을 다했다면 그 목표의 성공이나 실패에 상관없이 항상 떳떳하고 당당할 수 있다고 늘 마음을 굳게 가다듬어 왔다.

끝으로 이 책이 열매를 맺도록 기획에서 편집까지 많은 조언과 지원을 주신 최선일 박사님께 감사드리며 아울러 항상 어려움이 있을 때마다 도움을 주신 박영규 교수님과 박경숙 선생님에게도 이자리를 빌어 고마움을 전하고 싶다.

국가무형문화재 매듭장 이수자

박 양 자

차례

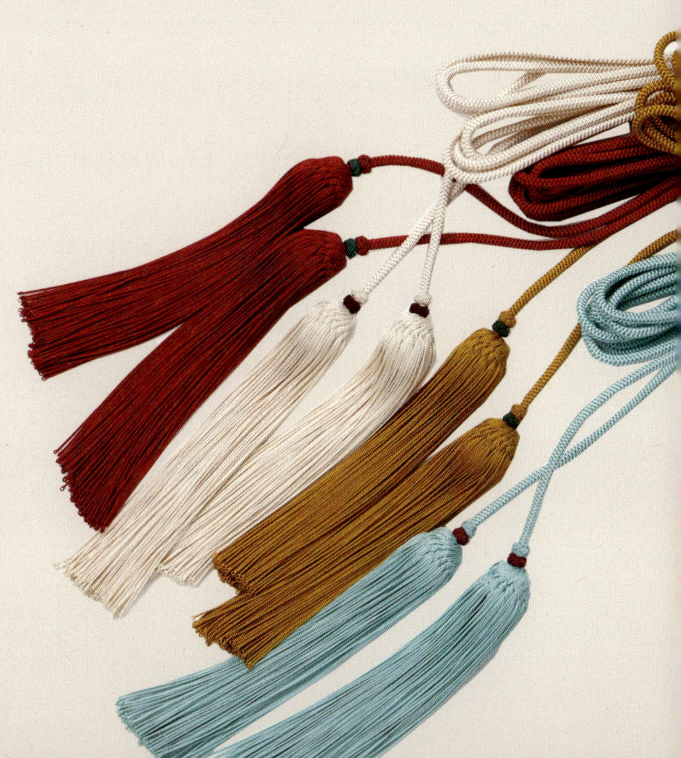

일러두기

- 이 책에 수록된 내용을 재사용할 경우 반드시 저자와 출판사의 동의를 받아야 합니다.
- 이 책에 수록된 작품에 작가명이 없는 경우는 모두 저자의 작품으로 작품명과 제작 연도만 표기했으며, 그 외의 저자가 제작하지 않은 자수 등의 경우에는 제작자 이름을 별도로 표기했습니다.
- 사진은 한국문화재사진연구소 한정엽 작가, 동북아불교연구소 최선일 박사 그리고 저자가 촬영한 것입니다. 그 외의 일부 저작권자를 찾지 못한 경우는 확인되는 대로 허가 절차를 밝히겠습니다.

1장

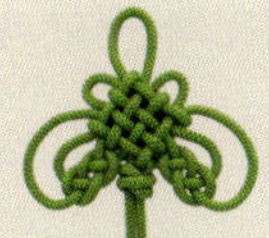

매듭이란?

매듭이란 실이나 끈 같은 것으로 한 가닥이나 두 가닥, 또는 그 이상으로 묶거나 엮고 조여서 모양이나 형태를 만드는 조형예술이다. 매듭은 기물器物에 매달거나 연결하는 목적으로 발생하였을 것으로 짐작되며 인간의 정착 생활과 함께 시작된 예술작업의 시원이라고 할 수 있다. 또한 여러 지역에서 활용된 일반적인 기술로, 각 지역의 문화 속에서 다양한 형태와 용도로 발전하였다. 우리나라 매듭공예도 오랜 역사 속에서 중국, 일본과 다른 독자적인 기법으로 다양한 형태의 매듭을 만들어 내면서 발전하였다. 선조들의 손끝에서 손끝으로 이어져 내려와 우리 실생활과 밀접하게 관련되어 발전하여 온 매듭은 소중한 우리 민족의 유산으로 40여 종류의 기본형 매듭이 있다.

전통매듭은 주로 명주실을 사용한다. 누에고치에서 실을 뽑아서 타래를 만들고(연사 장) 명주실을 염색하고(염색장), 합사合絲한 후(합사장) 여러 가닥의 실을 꼬아서 끈목을 짠다(다회장). 이렇게 짠 끈목을 다회多繪라 한다. 그 끈목으로 매듭을 엮고 조여서(매듭장) 술을 길게 늘어뜨려 장식한 것을 유소流蘇라 한다. 유소는 끈목, 매듭, 술이 합쳐져서 아름다운 조화를 이룬다. 이러한 기능을 가진 장인을 매듭장으로 부른다.

조선시대 크게 발전한 매듭은 왕실 행사에 사용된 의례품과 함께 악기 · 장신구 등에 많이 사용되었다.《대전회통》 공전工典에는 경공장京工匠에 2명, 상의원尙衣院에 4명, 총 6명의 매듭장을 두었다고 한다. 그리고 대전大殿의 상궁尙宮들도 틈틈이 매듭일을 하였다. 이외에도 매듭을 만들기 위해 기능을 가진 다회장多繪匠, 합사장合絲匠, 연사장練絲匠을 따로 두었다. 염색染色은 홍염장, 청염장 등으로 세분하여 작업이 이루어졌다.

민간에서도 매듭의 수요가 많았다. 서울 동대문 시구문(광희문) 일대는 실 · 끈 · 매듭과 관련된 장인들이 거주하면서 작업하는 지역이었다. 19세기 이후 끈을 짜는 기계와 서양문물의 유입, 환란 등으로 전통매듭의 제작 방법이 점점 사라지는 위기에 있었다.

1962년 문화재보호법이 제정되고 1968년 국가무형문화재 제22호 매듭장으로 정연수가 지정되었다. 1976년 정연수의 부인 최은순과 제자 김희진이 보유자로 인정받았다. 김희진 다음으로 국가무형문화재 김혜순, 서울시 무형문화재 명예보유자 김은영이 있고 무형문화재 노미자가 있다. 최은순의 뒤를 이어 정봉섭, 경상남도 무형문화재 배순화, 전라북도 김선자가 있다. 이후 보유자를 비롯하여 전수자들은 세계 어느 섬유공예에 뒤지지 않는 한국 매듭만이 지니고 있는 아름다움을 전승 보존하려는 데 힘쓰고 있다.

지금 전통매듭 작품은 염색을 하고 끈목의 색깔과 굵기를 선택하여 다회를 치고, 매듭을 맺고 매듭장인 혼자 모든 작업을 한다. 그만큼 어려움이 많다.

1. 매듭의 쓰임

매듭은 그 용도에 따라 일상생활용 매듭과 의례용 매듭으로 나눌 수 있다.

일상생활용 매듭은 주머니나 노리개 등 일상생활용품의 장식에 쓰이는 매듭을 말하며, 발걸이, 방장걸이, 가구, 선추, 머리쓰개 등의 장식에도 이용된다

의례용 매듭은 종교행사용 매듭과 제사용 매듭으로 나뉜다. 종교행사용 매듭의 사례는 불교사찰의 행사 등에서 흔히 보이는데, 불연, 불자, 불번 등에 장식된 매듭은 부처님의 위상을 높여주는 역할을 한다. 제사용 매듭은 상장례나 제례에 활용되는 매듭으로, 영정을 장식하거나 악기, 가마, 상여 등을 장식하는 매듭이 이에 속한다.

이하에서는 이런 다양한 매듭들이 우리 역사에 어떤 모습으로 기록되어 있는지 살펴봄으로써 우리 매듭의 변화와 발전 과정을 알아보기로 하자.

1) 삼국시대와 남북국시대의 매듭

고대에 매듭이 사용된 사례는 주로 옛 문헌과 고분의 벽화 등을 통해 알 수 있다. 고구려의 경우 서기 357년경에 조성된 안악3호분 벽화의 묘주와 그 부인의 모습에 유소가 그려져 있다. 또 4세기 말에 조성된 각저총 주인공의 실내 생활도, 5세기 초에 조성된 덕흥리 고분 묘주 상 등에서도 유소流蘇(술장식)를 드리워 장식한 것을 볼 수 있다. 4세기 말에 조성된 무용총의 가무도에서도 남녀 무용수의 허리띠에 매듭이 사용된 것을 볼 수 있다. 이처럼 고구려에서는 매듭이 널리 이용되었는데, 『삼국지』 「위지동이전」의 '고구려조'에도 "고구려 궁인들은 공사로 모일 때 공복으로 비단옷을 입고 금은으로 요대를 장식했다"는 기록이 있어 매듭으로 허리띠 장식을 했다는 것을 알 수 있다.

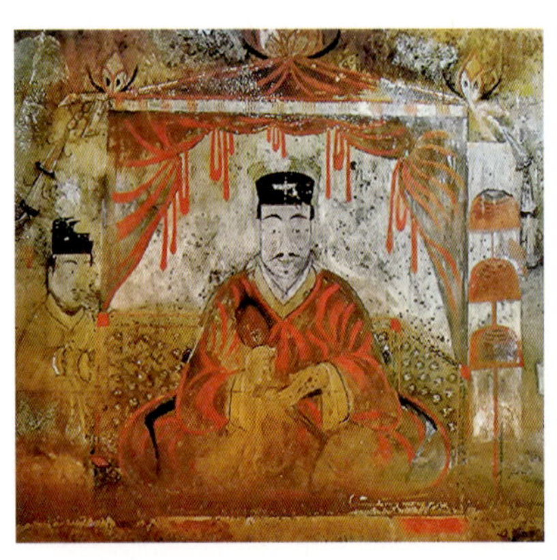

안악3호분 벽화 묘주의 초상화(황해남도 안악군)

백제의 경우 김부식의 『삼국사기』 「색복조」에 기록이
남아 있는데, "백제는 관등에 따라 다른 색의 띠를 복식에
사용하고 있으며 신라의 상당대나마와 적위대사는 관에
갓끈 조영을 매었다"고 하여 허리띠와 갓끈을 사용했음을
알 수 있다. 매듭과 관련된 백제의 유물로는 부여 능산리
절터에서 발견된 금동대향로(국보 제287호)가 있는데, 악기
완함 자루에 길게 늘어진 유소 장식은 당시 악기에 술장식
이 사용되었음을 알려준다.

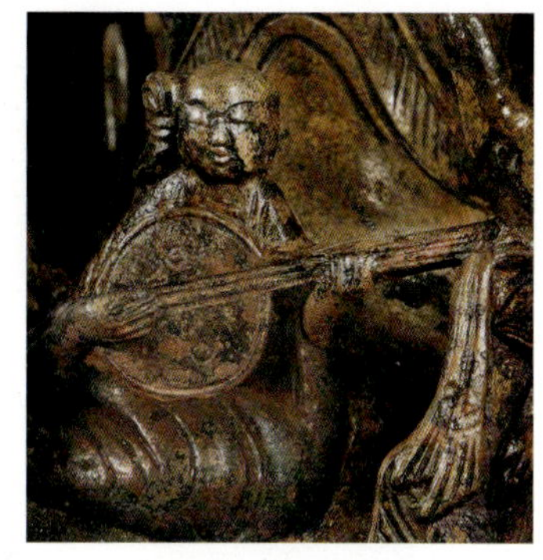

금동대향로 완함 유소
(국립부여박물관 소장)

　　신라의 경우 일연의 『삼국유사』 「경덕왕(742~765)조」에 "왕이 돌날부터 왕위에 오를 때
까지 항상 부녀의 짓을 하여 비단주머니 차기를 좋아했다"는 기록이 있는데, 이때 주머니를
매듭으로 장식했을 것으로 여겨진다. 『삼국사기』 '흥덕왕 9년(834)'조에는 "허리띠와 장화
끈의 호화로운 복식과 장식에 대한 금제가 있었다"는 기록도 있다. 신라의 유물 가운데 6세
기 후반에 제작된 것으로 추정하는 금동미륵보살반가사유상에도 허리띠 양 옆에 매듭과 술
로 구성된 장식물이 드리워져 있어 삼국시대에는 장식용으로 불상에도 매듭이 사용되었음
을 알 수 있다.

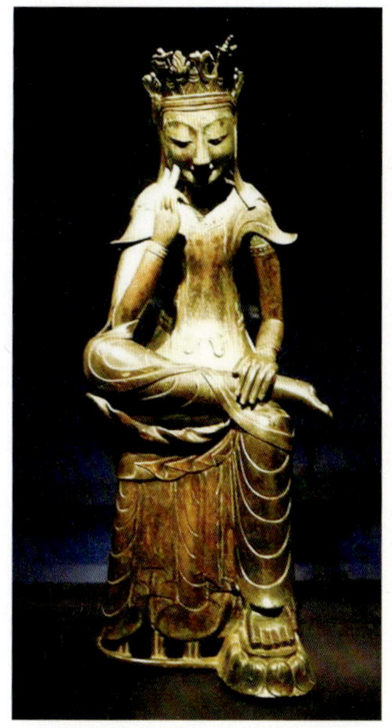
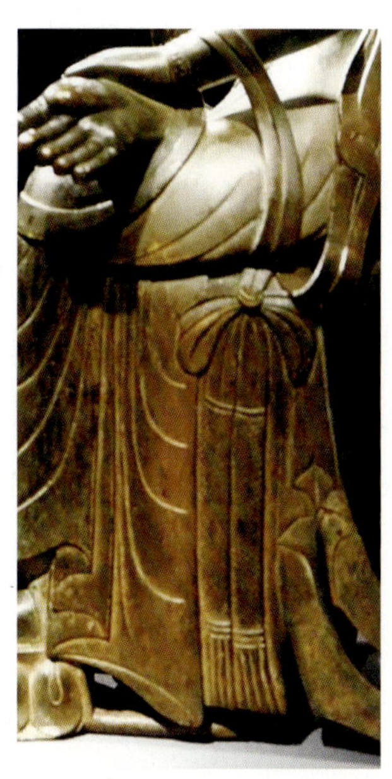
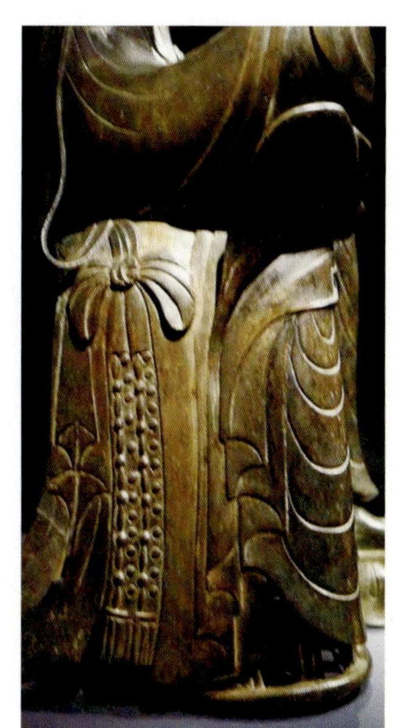

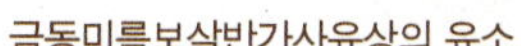

금동미륵보살반가사유상의 유소

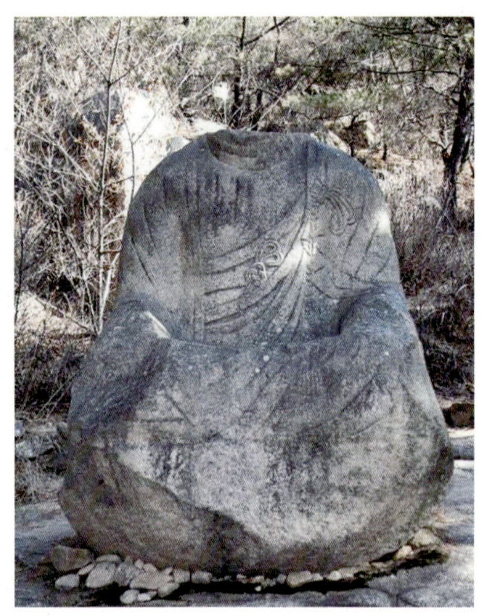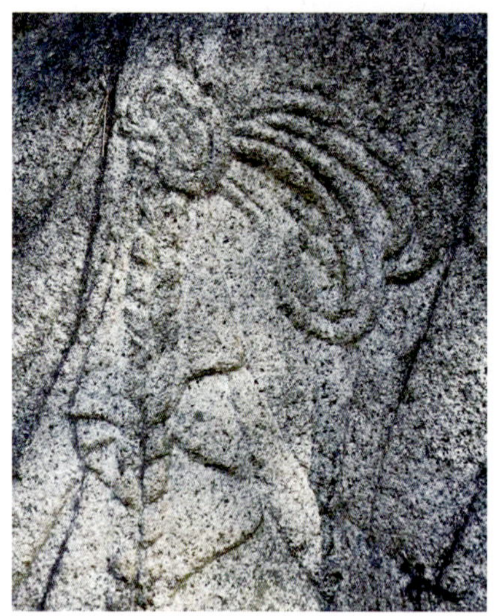

석조여래좌상의 유소, 8세기 후반(경주 남산)

이런 유물과 기록들을 통해 삼국시대부터 매듭이 매우 다양하게 쓰였음을 짐작할 수 있으며, 평양 석암리 205호분 왕우의 무덤에서는 1~6세기경의 광다회廣多繪가 발견되기도 했다. 광다회란 넓은 띠를 말하며, 왕우의 무덤에서 광다회가 출토되었다는 것은 이 시기에 이미 고구려인들이 광다회 기술을 발전시켰다는 증거가 된다.

매듭은 통일신라 이후 더욱 널리 활용되고 발전하였다. 신라 경덕왕은 당나라 대종代宗 황제가 불교를 숭상한다는 것을 알고 침단목沈檀木과 구슬과 옥으로 가산假山을 만들어 오색모직물 위에 놓았다. 이에 관하여 "금과 옥을 새겨 수실이 달린 번개幡蓋, 암라菴羅, 화과花果를 장엄하고, 누각樓閣, 대전臺殿, 당사堂榭 등을 만들었는데, 비록 작지만 위세가 모두 살아 움직이는 것 같았다"[1]는 기록이 남아 있어 번幡을 유소로 장식하였음을 알 수 있다.

또 8세기 후반에 제작된 석조여래좌상의 경우 왼쪽 어깨에서 겨드랑이 밑으로 길게 늘어진 매듭과, 끝에 술을 단 유소가 매우 정교하게 표현되어 있다. 이렇듯 불상 의복 장식에도 매듭이 쓰였음을 확인할 수 있다.

---

1 『三國遺事』卷3, 塔像4, 四佛山掘佛山萬佛山 "更鏤金玉爲流蘇幡蓋 · 菴羅 · 薔薔 · 花果 · 莊嚴百步樓閣 · 臺殿 · 堂榭都大, 雖微勢皆活動."

또 일본의 기록에 "번幡 …… 681년 10월 20일에 일본에 간 신라 사절로부터 금·은·동·철·금金銀銅鐵錦 등 다른 신라 물품과 함께 번도 구입하였으니, 정창원의 번도 신라 제일의 것이다."라는 내용이 있고, "번에 사용된 '비금秘錦'은 신라 궁정공방宮廷工房에서 만든 조하금朝霞錦으로, 이것이 고대의 병絣(무늬 없는 비단)의 명물이었다"는 내용도 있어 신라의 번이 일본에까지 유통되었음을 알 수 있다.

경주 표암의 마애암각화는 통일신라 경문왕 때 제작된 것으로, 이 마애암각화에는 불번佛幡과 함께 유소가 그려져 있다. 경덕왕 때 조성된 에밀레종에서도 매듭을 발견할 수 있으며, 이런 사례들로 보아 통일신라시대에는 불번과 유소가 일상적이었음을 알 수 있다.

발해의 경우 연해주에서 출토된 청동인물상의 여자 복식에서 가슴 아래로 끈을 묶어 길게 늘어뜨린 장식이 있어 매듭이 사용되었을 것이라 여겨지지만, 아직 자료가 많지 않아 그 구체적인 양상을 파악하기는 쉽지 않다.

2) 고려시대의 매듭

불교국가인 고려에서는 문화예술 분야 곳곳에서 매듭이 각종 의례용품과 장식품 그리고 불화와 불상 등에 폭넓게 사용되었다. 고려시대의 매듭에 관한 구체적인 기록으로는 1123년에 작성된 서긍의 『선화봉사고려도경宣和奉使高麗圖經』이 있으며, '화개華蓋, 번幡, 악기' 등을 묘사한 부분에서 매듭에 관한 내용을 찾아볼 수 있다.[2]

"곡개는 2개가 있다. 육각형으로 되어 있으며 각각 유소流蘇가 있다. 진홍색 비단(絳羅)으로 장식 되었고(被飾) 위에는 명주明珠인데, 사이에 금은金銀을 끼워 넣었다. 손잡이는 약간 굽어져 있다. 행차할 때 왕은 곡개 아래에 있는 것이 아니다(不覆其下). 친위군(衞軍)에게 곡개를 잡고 수십 보 앞에서 내달리게 하는 것을 의식儀式으로 삼는다. 그 크기는 높이가 1 길(丈) 1 자(尺), 넓이는 6자이다."

---

2 『宣和奉使高麗圖經』卷9, 儀物1 曲蓋2.

"화개華蓋는 무늬비단〔文羅〕에 그림과 수繡를 놓아 섞어 꾸미고, 위는 6개 귀마다 각각 유소流蘇를 드러내었는데 패환佩環과 비슷하다. 오색 비단으로 떠를 둘러 가지런히 내렸는데 여기서 방울 소리가 난다. 그 덮개〔蓋〕는 세로가 3자〔尺〕이고 가로가 6자이며 길이가 2길〔丈〕 5자이다."

이와 같은 기록을 통해 유소流蘇라는 명칭이 당시에도 사용되었음을 알 수 있다. 또 그림과 수를 섞어 장식하는 유소를 채색 견직물로 만들고 방울을 달아 움직일 때마다 소리가 나게 장식하고 비단주머니에 끈목을 사용했다는 것도 알 수 있다.

온양민속박물관에는 1302년에 조성된 불상의 복장물이 소장되어 있는데, 그 복장물 가운데 토끼무늬 귀주머니가 있다. 이 주머니는 아청색 세 가닥 꼰 끈목으로, 매듭은 외도래매듭, 안경매듭, 날개매듭, 연꽃매듭[3], 안경매듭, 외도래매듭 순으로 맺어져 있다. 1346년 조성된 장곡사 금동약사여래불 복장에서 나온 귀주머니도 세 가닥 꼰 끈목으로 도래매듭, 안경매듭, 날개매듭으로 맺어져 있다. 이를 통해 기본형 매듭이 상당히 오래전부터 사용되었음을 알 수 있다.

고려 최고의 불화로 꼽히는 〈수월관음도〉에서도 매듭을 볼 수 있는데, 보살상의 보관 옆 양쪽 귀에서 내려오는 술과 옷자락 사이로 길게 늘어진 매듭 장식은 섬세하고 화려한 유소를 길게 드리운 것이다.

한편, 고려 말기의 학자인 이제현(1287~1367)의 초상에도 매듭이 장식된 의자가 보여 불화뿐만 아니라 생활용 가구 장식에도 매

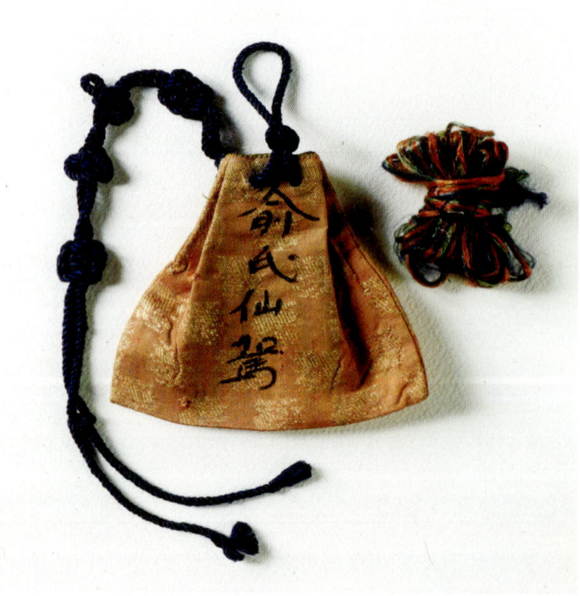

귀주머니(온양민속박물관 제공)

---

3 유물 실견결과 연꽃모양처럼 생겨서 연꽃매듭이라 명명했다.

듭이 사용되었음을 알 수 있다.

또 일본 왕실의 창고인 정창원의 소장품 중에 광다회로 짠 끈의 명칭에 '신라조'라 부르는 것이 있으며, 끈을 짜는 끈틀에는 '고려타'라 불리는 것이 있어 우리나라에서 일본으로 건너갔음을 짐작할 수 있다.

3) 조선시대의 매듭

조선시대에는 매듭이 생활 전반에 활용되었다. 왕실과 상류층에서 먼저 시작되어 일반 평민층에까지 확대되었으며, 나중에는 상품화도 이루어졌다. 왕실용품, 악기 장식, 불교용품, 생활용품, 장신구에 이르기까지 다양한 유물과 기록들이 남아 있다.

① 왕실 의례에 사용된 매듭

『세종실록』 권134 '흉례서례'에는 "대여의 충연 4각에는 용을 만들어 오채를 나타내고 고리를 용구에 설치하여 홍초로 된 길이 17척 2촌의 유소를 드리운다"는 기록이 있다. 왕실 가마인 여는 채여彩輿, 요여腰輿, 대여大輿 등으로 나뉘는데, 모두 유소가 가장 많이 사용된 의례용품들이다. 채여는 왕실 의식 때 귀중품을 실어 옮기던 가마이고, 요여는 시체를 묻은 뒤에 혼백과 신주를 모시고 돌아오는 작은 가마이며, 대여는 왕실의 초상을 치를 때 쓰던 큰 가마이다. 세 가지 여 중에서도 장식이 가장 화려한 것은 장례에 쓰이는 대여로, 조선 전기 대여의 형태에 대해서는 『세종실록』(1451년) '오례' 편에 다음과 같이 구체적인 기록이 보인다.

"사면四面에 상하上下의 판자 처마〔板簷〕를 설치하여 위의 처마는 밖을 향하여 기울어지는데 자황색 雌黃色을 사용하여 비단무늬를 그리고, 아래 처마는 위의 처마를 연결하여 바로 드리우는데 또한 자황 색雌黃色을 사용하여 수파련水波蓮을 그리고, 청색·녹색·홍색 3색色의 저사紵絲를 사용하여 주름을 잡아 세 겹의 처마〔簷〕를 만들어 아래 처마의 안에 드리우고, 또 3색色의 저사紵絲를 사용하여 낙영落

纓을 만들어 서로 섞어서 사면四面에 드리운 처마(垂簷)의 안에 매단다. 충연衝椽의 4각角에는 용龍을 만들어 오채五彩를 나타내고, 고리를 용구龍口에 설치하여 유소流蘇를 드리우고 사면四面에 빙 둘러서 진용振容을 드리운다. 또 홍색 저사紵絲로써 휘장(幃)을 만들어 현벽懸壁의 위와 네 기둥의 밖에 붙인다."[4]

상기내용을 보면, 홍색 비단과 실을 사용하여 대여의 네 모퉁이에 유소를 매달아 장식하였다. 국립민속박물관에 소장된 대봉유소는 상여의 네 모서리에 장식된 유소로 붉은색 꼰 끈을 사용했으며, 거북매듭에 난간매듭을 돌려 맺고 상하上下에 도래매듭·생쪽매듭·삼정자매듭 등을 맺고 방망이술을 했다.

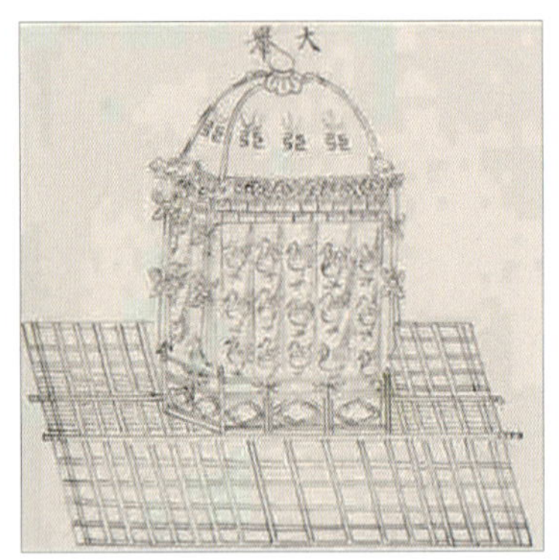

대여(大輿)(『세종실록』 134권 오례)

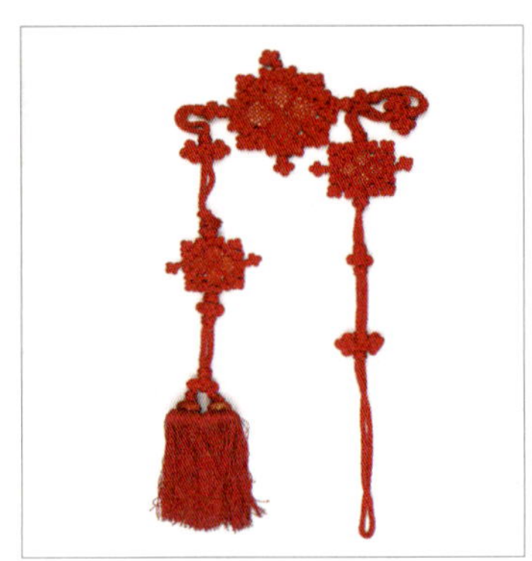

대봉유소(국립민속박물관)

② 불교의식에 사용된 매듭

불교의식에 사용되는 연(輦), 불번, 불자 등에 사용된 유소는 이를 장엄하는 성격이 짙다. 불연은 사찰에서 사용하는 의식용 가마로, 불상이나 사리를 옮기거나 불패佛牌와 경전 등 소중한 물품을 운반할 때 사용되었다. 1752년 제작된 통영 안정사 불연佛輦은 길이 3m, 높이

---

4 『世宗實錄』134卷, 五禮 凶禮 序例 車輿 大輿, 출처: http://sillok.history.go.kr/id/kda_20010004_004, 2020, 11월 20일.

멋과 품격의 예술 매듭

1.3m의 크기로, 영조의 후궁인 영빈이씨가 안정사 주지에게 절 주변 숲을 관리하라는 명을 내린 문서 및 금송패와 함께 하사한 것이다. 불연의 좌우 옆 네 모서리 끝에 매듭과 술이 달린 유소가 아래로 길게 늘어뜨려 있다.

불자는 마음의 먼지를 털어낸다는 의미를 지닌 불교 용구로, 덕망 있는 고승이 소지하는 기물이다. 부산 묘관음사에 있는 불자, 사명대사의 유품으로 전해지는 불자 등이 있다.

묘관음사 불자는 부산광역시 문화재자료 제46호로 지정되어 있으며, 손잡이 끝에 술이 두 개 달린 붉은 유소가 아래로 늘어져 있다. 밀양 표충사 불자에도 매듭과 술이 달린 유소가 장식되어 있다. 또 서산대사(1520~1604) 진영을 살펴보면, 오죽烏竹으로 만든 불자 위쪽 용머리 모양 장식에 유소를 장식했음을 알 수 있다. 매듭은 귀달린 가지방석매듭과 도래매듭으로 했고 아래 술은 방망이술을 달았다. 이처럼 조선시대의 유소는 장엄함을 요구하는 왕실과 사찰 등에서 많이 쓰였음을 알 수 있다.

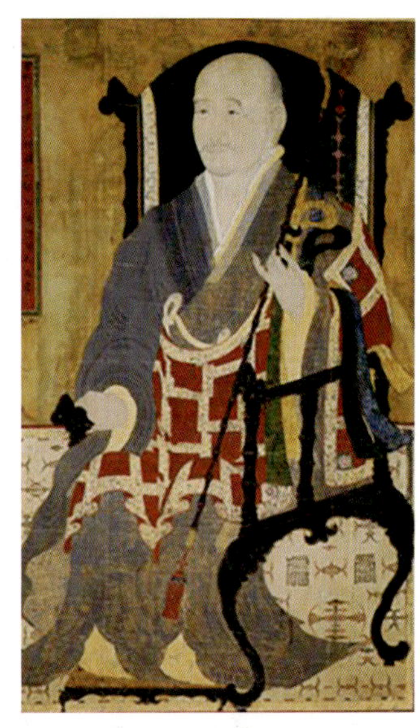

서산대사진영 불자 유소
(국립중앙박물관)

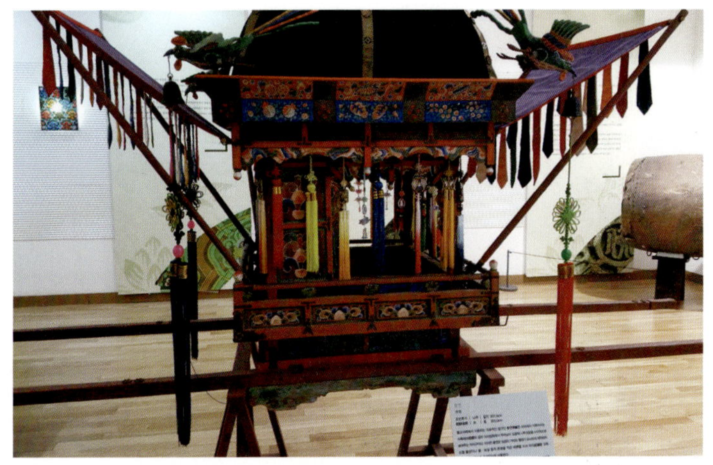

불연(영광 불갑사)

③ 악기 장식에 사용된 매듭

조선시대에는 악기에 다양한 형태의 오방색 유소를 장식했다는 것을 『세종실록』, 『악학
궤범』 「아악부악기도설」 등에서 확인할 수 있다. 이런 기록들을 통해 박, 소, 해금, 운라, 나각,
태평소 등에 세벌감개매듭, 네벌감
개매듭, 난간매듭, 생쪽매듭, 도래매
듭, 가지방석매듭, 장구매듭 등의 여
러 가지 매듭이 사용되었음을 확인
할 수 있다. 악기를 아름답게 장식하
던 유소는 음악이 전하는 감동 외에
사람들의 눈을 즐겁게 하는 시각적
효과를 가져다주었을 것이다.

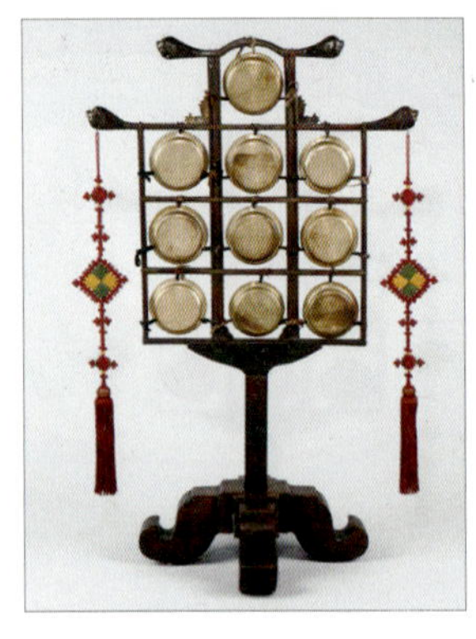
운라 유소

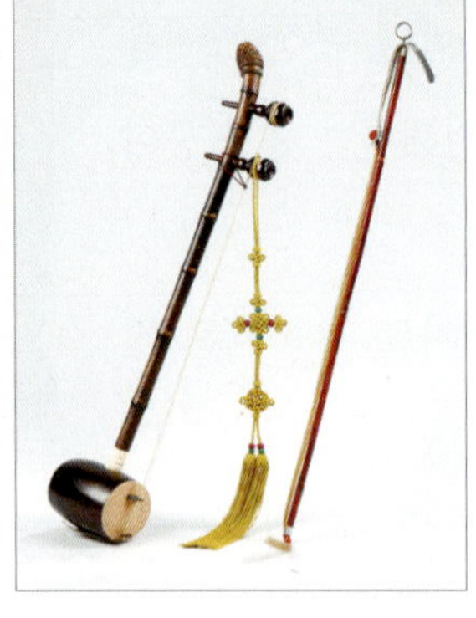
해금 유소

④ 여성용품에 사용된 매듭

노리개, 쓰개, 주머니, 별전別錢(장식용 엽전), 귀걸이 등 주로 몸치레용으로 쓰였다.
노리개는 여성들이 가장 많이 사용하는 치레 가운데 하나로, 저고리 고름이나 치마허리
에 걸어 우아함을 더해주는 장신구이다. 구성은
띠돈, 끈목, 패물, 매듭, 술로 이루어진다. 띠돈은
노리개를 옷에 걸 때 사용하며, 끈목은 매듭을
맺어 주체와 술을 연결하는 역할을 한다. 술은
매듭의 끝부분에 다는 것으로 낙지발술, 딸기술,
봉술, 끈술, 방울술, 무지개술 등이 있다. 패물의
형태나 소재에 따라 노리개의 명칭이 정해지며,
패물은 건강, 장수, 다산, 다복 등의 의미를 담기
도 한다. 봄과 여름에는 옥이나 구슬, 가을과 겨

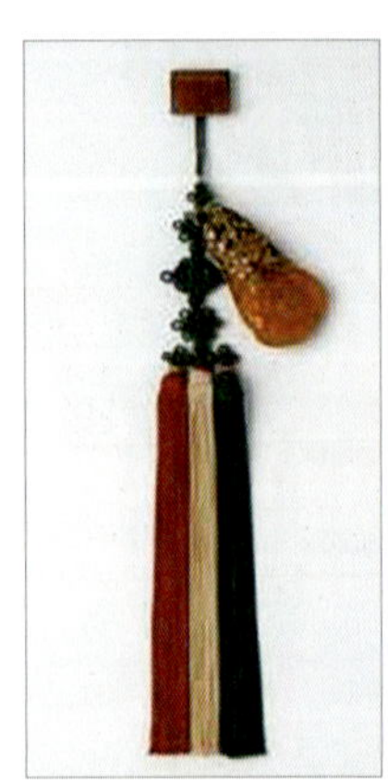
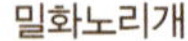
밀화노리개

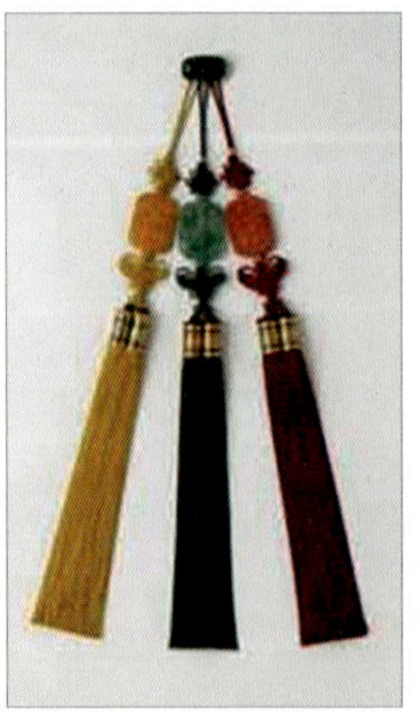
옥향갑노리개

울에는 금, 은, 자마노, 밀화, 자수 등의 패물이 달린 노리개를 많이 하였다. 이 패물의 규모에 따라 노리개는 예복용과 평복용으로 구분할 수 있으며, 간단한 것은 일상생활에서도 사용되었다. 노리개는 단작이나 삼작을 주로 하며 대삼작노리개는 궁중에서 대례복이나 활옷을 입을 때 장식하였으나 차츰 상류사회에서 평민에 이르기까지 결혼식 때 신부가 활옷을 입을 때 패용하게 되고, 자손 대대로 가보로 물려주기도 하였다.

19세기에 이르러 노리개가 일반에게까지 널리 이용되었다는 사실은 〈한양가〉의 내용에서도 확인된다.

"노리개 볼작시면 대삼작과 소삼작과 옥나비 금벌이며 산호가지 밀화불수 옥장도 대모장도 빛 좋은 삼색실로 꼰술, 푼술, 훈술 갖은 매듭 번화하기 측량 없다"

조선시대 전기의 노리개 유물로는 대전시립박물관 소장 용인이씨묘 출토 노리개(16세기 중후), 경기도박물관 소장 성산이씨(1651~1671)묘 출토 노리개 2점, 화유옹주和柔翁主(1741~1777) 부부묘 출토 노리개 4점 등이 있다. 이들 노리개는 꼰 끈목으로 매듭을 맺었다.

주머니는 실용성과 장식성을 겸비한 장신구라 할 수 있으며, 따로 만들어 몸에 지니거나 소지품을 넣고 다니기도 하였다. 두루주머니, 귀주머니, 향낭, 부적낭, 수저집, 부채집, 필낭, 시계집 등 용도에 따라 다양하게 쓰였다. 귀주머니는 여자용에는 다홍이나 연두 등 다른 색을 귀와 배꼽에 덧대고 상침을 떠서 매듭을 맺어 사용했으며, 금박을 찍은 부금 주머니, 자수를 수놓아서 만든 수주머니 등이 있다. 주머니에 달린 끈은 입구를 열거나 오므리는 실용적인 용도로도 사용되고 매듭과 술로 장식적인 효과를 주었다.

『궁중발기宮中撥記』(1915)에 "임금은 십장생줌치 2점, 왕비는 염낭, 오방낭, 부금줌치 등

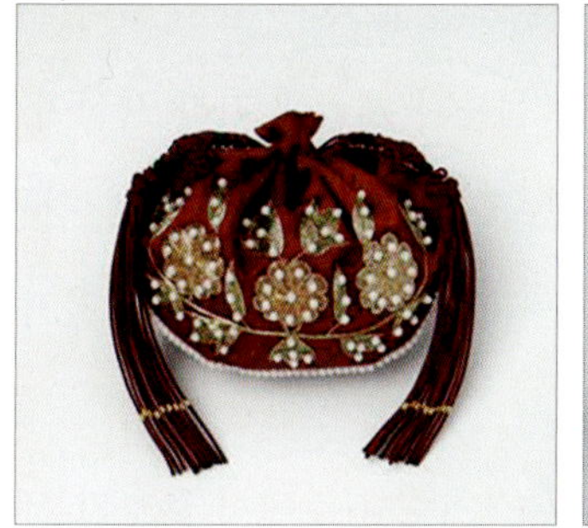

진주낭

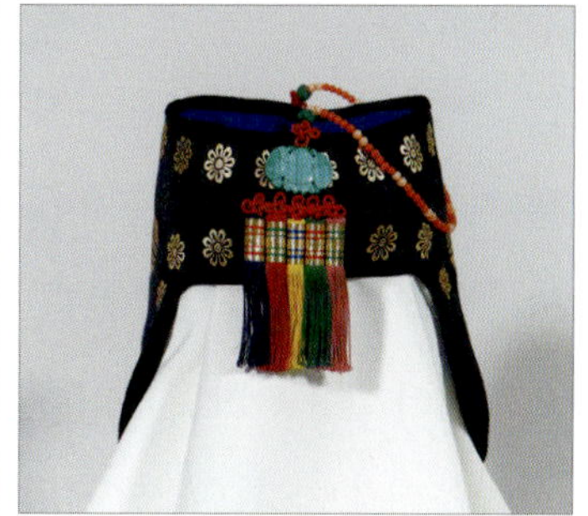

조바위

을 올렸다"는 기록이 있으며, 빙허각憑虛閣 이씨 李氏(1759-1824)의 『규합총서』 권2에는 "당사唐絲 팔척八尺에 날아 동다회를 치면 예자六尺되니, 도래매듭 상·중·하 모두 열, 외귀 매듭 상·하 둘, 가운데 나비매듭 하나 하면 되니, 이것이 궁중의 주머니 만드는 모양이니 품스럽고 좋다. 그러나 요즘 주머니끈은 방석 매듭으로 코를 빼어 드리우고 거꾸로 꿰니 몹시 천하되 그것을 취하는 사람이 많다"는 기록도 있다.

머리에 쓰는 쓰개류 가운데 아얌, 조바위, 휘항, 풍차 등은 앞과 뒤에 매듭과 잔술로 장식하고, 굴레는 끝부분이나 댕기에 작은 매듭을 맺고 잔술 장식을 하는 것이 많다.

별전은 노리개에 달기도 하고 비단끈으로 묶어 꾸러미로 만들기도 하였으며, 큰 별전에는 매듭을 맺어 장식하기도 하였다.

⑤ 남성용품에 사용된 매듭

매듭은 남성용품에도 많이 활용되었다. 매듭이 이용된 대표적인 남성용품으로는 세조대, 주머니, 갓끈, 호패술, 향낭, 부적낭, 안경집, 선추 등이 있다. 세조대는 도포를 입고 허리에 매는 끈으로, 조선시대의 허리띠는 신분과 계급에 따라 색상이 달랐다. 당상관은 다홍색, 분홍색, 자주색 띠를 매었다. 선비들은 초록색, 초시는 보라색, 참봉이나 주사는 회색을 사용했으며 상중에는 흰색을 사용했다. 끈목은 원다회 끝에 술을 달거나, 광다회의 경우 정교하게 망으로 떠서 술을 달기도 하였다.

세조대로 가장 오래된 유물은 경기도 광주에서 출토된 문양군(1431~1489) 이계윤의 세조대이며, 여기에 방망이술이 남아 있어 1400년대 방망이술을 세조대에 사용했음을 알 수 있다. 경기도 양평에서 출토된 조선 전기 무신 변수(1447~1524)·파주의 진주강씨(1541~1624) 묘에서 나온 광다회에는 망수를 하고 술을 하였다. 광다회 허리띠는 무관의 융복 차림에 주

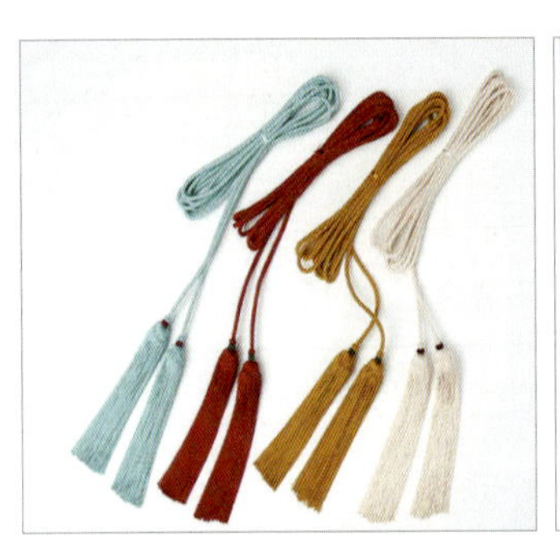

세조대

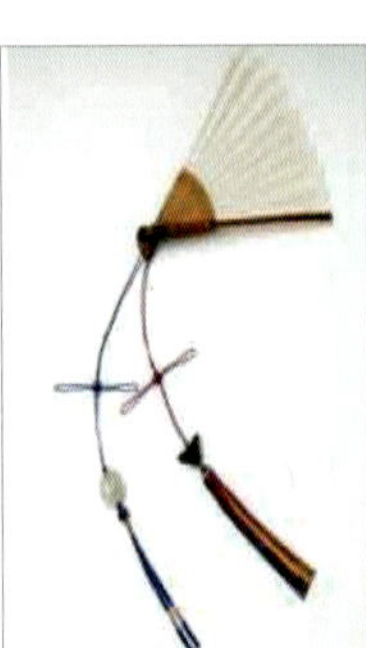

선추

로 하였으나 후기에 와서는 선비들이 입던 심의에도 광다회를 한 경우를 볼 수 있다.

호패는 지금의 주민등록증과 같은 것으로 조선시대에는 16세 이상의 남자가 허리끈에 차고 다녔는데 방망이술로 장식하였다. 지위에 따라 명문이 달랐으며 매듭과 술의 색도 달랐다.

선추란 부채 손잡이 끝에 다는 장식품으로, 나침판, 이쑤시개, 귀이개, 향 등을 넣기도 하였다. 개화기 이전에는 벼슬이 없으면 사용할 수 없던 장식품이며, 끈목은 동다회로 중앙에 동심결매듭을 맺고 끝에 방울술이나 딸기술을 주로 했다.

⑥ 생활용품에 사용된 매듭

여름에 햇빛을 가리기 위해 대청마루에 드리운 대나무 발을 걷어 올릴 때 사용하는 발걸이 유소가 있고, 겨울에 바람이나 한기를 막기 위해 방에 두르는 방장을 걷어 올릴 때 사용하는 방장걸이 유소, 옷을 걸어 두었던 횟대 유소 등이 있다. 또 붓을 넣어두는 필낭, 도장을 넣어두는 도장집, 약을 넣어두는 약낭, 부적을 넣어두는 부적낭, 수저를 넣어두는 수저집과 함께 안경집이나 시계집 등에도 매듭을 맺어 장식하였다.

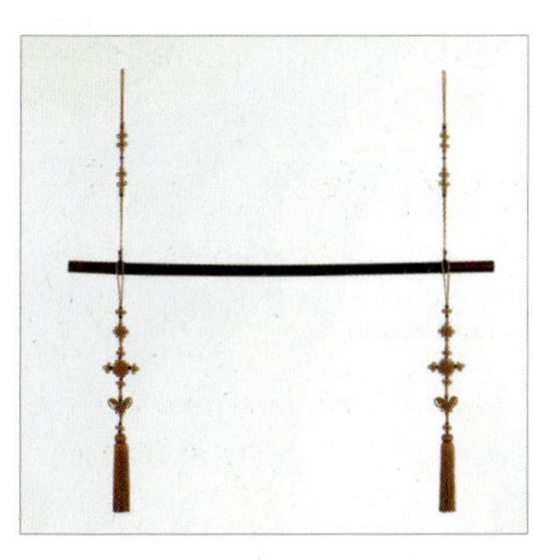

횟대 유소

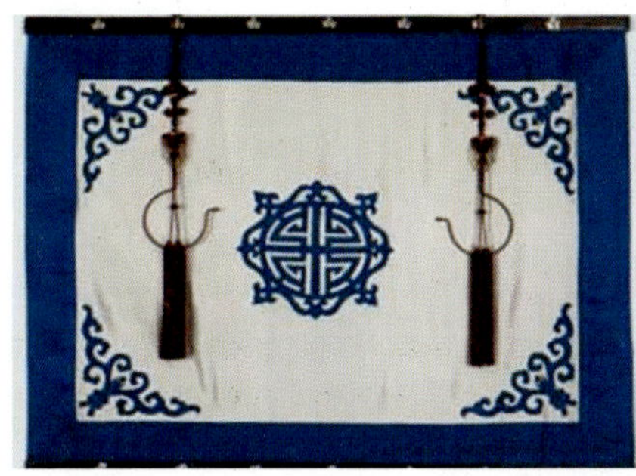

방장유소

가마의 경우에도 결혼할 때 신부나 부녀자가 타는 가마, 왕이 타는 연, 왕비가 타는 소교 등에 여러 가지 매듭 장식을 드리웠다. 또 상여의 네 모퉁이에도 대봉유소를 달고 사면에는 수십 점의 소봉유소를 장식하기도 했다. 다음은 17세기의 조선 선비 이응희가 남긴 『옥담유고』에 실린 시로, 상여에 장식된 유소 관련 내용이다.

옥담유고[5]

남의 상여를 보고 감회가 일어	見人靈轝有感
십 리라 황량한 마을은 먼데	十里荒郊遠
황천길을 인도하는 해가(만가) 소리	薤歌引路長
유소는 금빛 봉황이 토하고	**流蘇金鳳吐**
푸른 깃발에 채색이 빛난다	油碧彩翬翥
흰 운삽(雲翣)은 찬 달빛에 흔들리고	素翣搖寒月
붉은 명정(銘旌)은 새벽 서리에 나부낀다	丹旌拂曉霜
사람이 살다 이 날에 이르면	人生到此日
만사가 그만 망양인 것을	萬事已忘羊

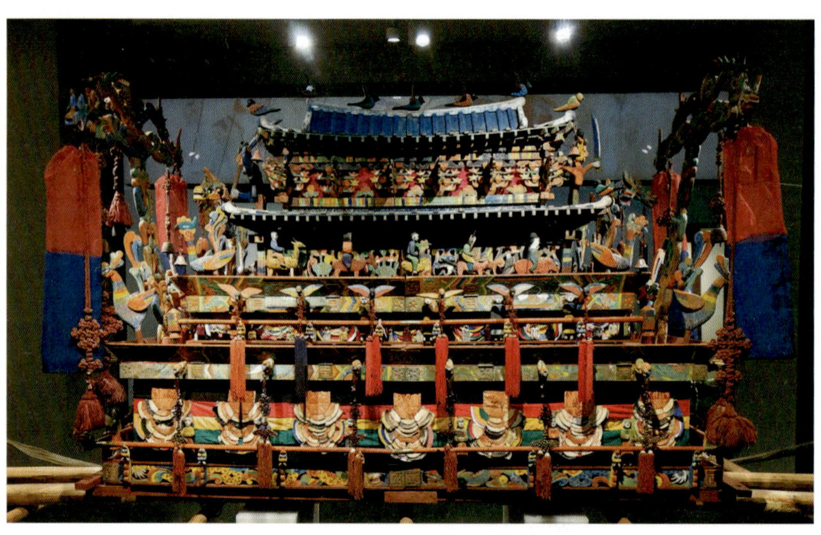

상여 유소(국립민속박물관)

---

5 한국고전번역원 한국고전종합DB 참조

풍속화 중 영국 대영박물관에서 소장하고 있는 19세기 기산 김준근(생몰 미상)의 끈목치는 모양의 그림에는 8사 짜는 모습과 도구들이 사실적으로 표현되어 있다. 끈을 천장에 메달아놓고 짜는 것과 두 사람이 마주 보고 짤 수 있는 틀로 보이는 모습은 여러 가닥으로 짤 때의 형태인 것으로 보인다.

4) 일제강점기

선조들의 생활에 다양하게 쓰이던 매듭은 1900년대 초까지만 해도 수구문(광희문) 일대에 매듭을 생업으로 하는 사람들이 모여 살고 방물장수들이 행상을 하면서 팔러 다닐 만큼 그 수요가 많았다.[6]

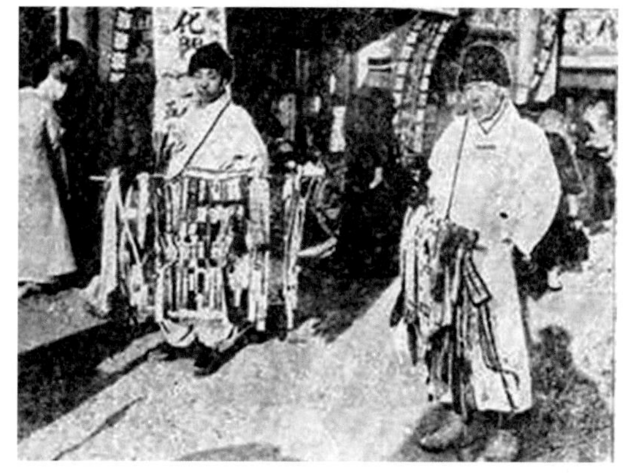

「陰正압두고 시세 만난 다회장사」, 1929년 2월 8일 『동아일보』

그러나 개화와 일제강점기를 거치면서 전통매듭은 쇠퇴의 길을 걷게 되었다.

이러한 사실은 당시 신문기사를 통해 확인할 수 있다.

1918년 5월 24일 『매일신보每日申報』 기사는 집성촌에서 가내수공업 형태로 유지되던 매듭공예가 기계화로 변화되는 과정을 보여주고 있다.

「공업촌工業村 집집이 짤깍짤깍 경성안의 모범촌」 경성 직뉴 정도로 수많은 재직 기계를 마련하지는 못하지만, 여러 직뉴공장에서 기계 유입을 시도하였다. …

---

6 수구문 일대에서 만든 주머니끈, 염낭끈, 허리띠, 노리개술 등은 횃대에 뻗쳐 들고 길로 다니며 팔기도 하였고, '동산전'이나 '시구문', '애오개' 등 장안에 물건을 진열해 놓고 파는 '오방五房'이라고 하는 곳에서도 매매하였다(예용해, 「매듭장」, 『민속공예의 맥(예용해전집 4)』, 대원사, 1997, p.122).

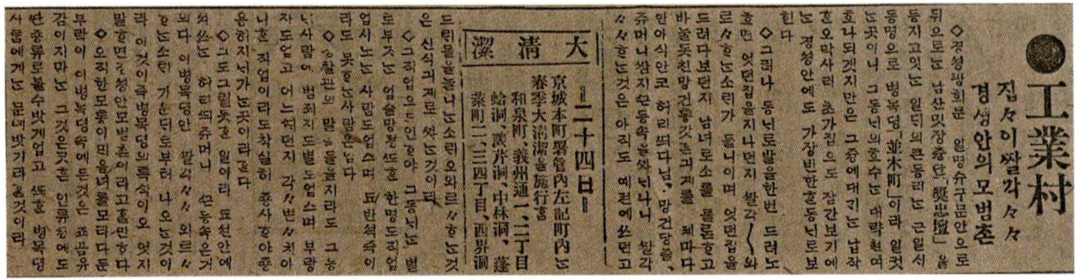

1918년 5월 24일 『매일신보每日申報』

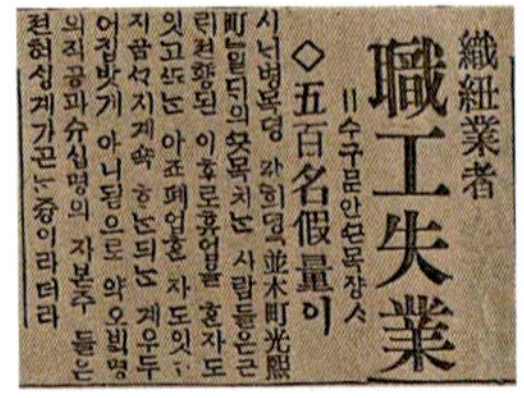

1920년 7월 19일
『매일신보每日申報』

1920년 7월 19일 『매일신보』 기사를 보면 수구문水口門에는 끈목을 업으로 삼는 껏끈목장수 오백여 명이 있었으나, 대부분 생계가 어려워 폐업이나 이직을 했다고 한다.

문화재위원을 역임한 예용해(1929~1995) 선생은 1960.7.10. ~1962.11.30일 까지 전국 각지의 전통문화 장인들을 찾아다니며 인간문화재 매듭장을 조사하고 소개하였다. 다음은 조선시대부터 집성촌을 이루고 있던 수구문[시구문] 일대 매듭장에 대한 이야기이다.

옛날 시구문 안 일대가 실·끈·매듭의 본고장이었다.

20~30년 전까지만 해도 시구문 안 하면 누구나 끈을 연상할 정도였으며 정씨도 시구문안에서만 4대를 살아왔다는 것이다. 시구문일대에서는 어느 집 할 것 없이 모두가 집집마다 '손앞[專門]'대로 실이면 실, 끈이면 끈, 매듭이면 매듭으로 분업分業을 했으며 따라서 장안의 젊은 왈자曰字들이 득실득실 몰려들었던 것이라고 한다.

그들이 만들어내던 실, 끈, 매듭은 용도에 따라 다 달랐으니, 그 종류는 이루 헤아릴 수가 없다.[7]

이처럼 소중한 문화유산인 전통매듭은 개화와 일제강점기, 근대화의 물결 속에 점점 사라져가고, 소수 장인들의 손끝에서만 명맥이 이어져 오늘에 이르고 있다.

---

7 芮庸海,『人間文化財』, 語文閣, 1963, pp.366~367.

2. 끈목(다회)

매듭을 맺기 위해서는 끈목이 필요하다.

끈목은 자연에서 얻은 재료들 2-3가닥으로 엮거나 맺어 사용하다가 삼국시대부터 명주실을 염색하고 합사하여 꼬아서 만들었다. 이렇게 끈 만드는 작업을 '다회친다'라고 한다.

다회에는 끈목의 둘레가 둥근 동다회童多繪와 넓고 납작한 광다회廣多繪가 있다.

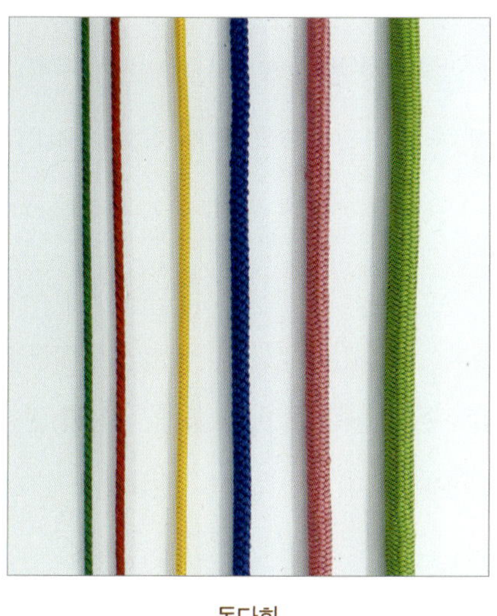

동다회

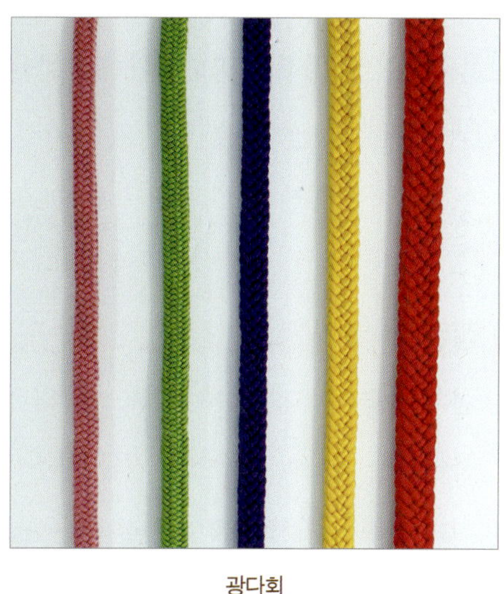

광다회

1) 동다회

동다회는 끈목의 둘레가 둥글며 원다회圓多繪라고도 한다. 다회 종류는 3사, 4사, 8사, 16사, 20사, 24사, 28사, 32사 등이 있고, 주로 8사를 노리개, 주머니끈 등에 사용하고, 20사 이상은 세조대, 유소 등 제작에 사용한다. 3사(三甲所, 세겹바), 4사는 끈틀을 이용하지 않고 할 수 있다.

2) 광다회

광다회는 납작한 끈으로 허리띠, 방울술 노리개, 선추, 안경집 등에 주로 사용하며, 기본 조직이 12사이다. 실의 가닥에 따라 12사, 16사, 20사, 24사, 28사, 32사 등으로 나눈다.

3. 명주실 염색하기

다회를 치기 위해서는 명주실이 필요한데, 누에고치에서 뽑아낸 생사生絲(생명주실)는 피브로인과 세리신의 단백질로 되어 있어 거칠고 뻣뻣한 견교질을 말끔히 제거하는 정련을 거친 후, 염색하여 사용한다.

1) 정련

① 실의 불순물을 제거하기 위해 생사의 양에 맞추어 비누를 물에 희석해서 실을 삶는다.

② 불순물을 깨끗이 헹구어 물기를 꼭 짠다(이때 비틀어 짜지 말고 감싸듯 누르며 짠다).

③ 위의 과정을 거치면 뻣뻣한 실이 부드러워진다.

2) 염색하기

천연염색의 재료는 뿌리, 열매, 잎, 꽃 등 자연에서 얻어지는 것이 대부분이다.

우선 천연재료를 준비한 후, 원하는 색상을 얻기 위해 여러 차례 염색을 진행한다. 이 과정을 반복하는 동안 실의 뒤엉킴이 많아 조심히 다루어야 한다. 실에 염료가 잘 물들게 하려면 매염제(백반, 잿물, 철, 소금, 식초, 패분貝粉) 등이 필요하며 매염제에 따라 다른색이 나오기도 한다.

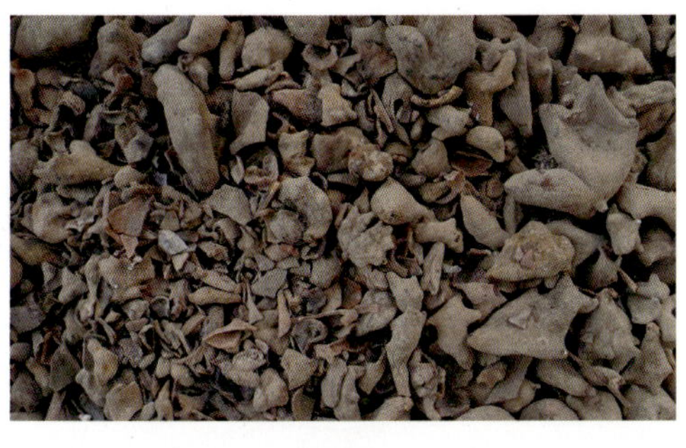
오배자

소목

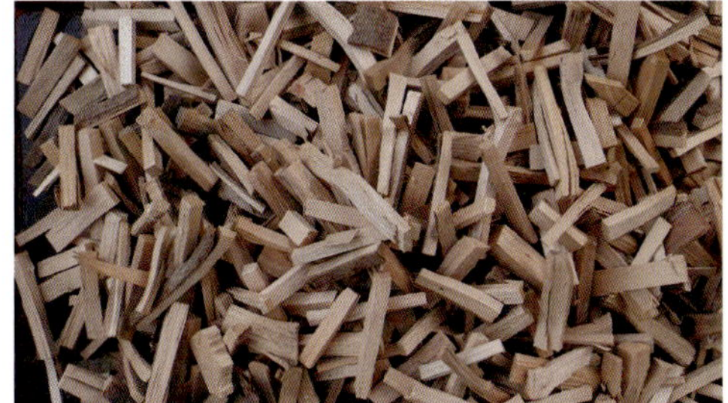
신나무

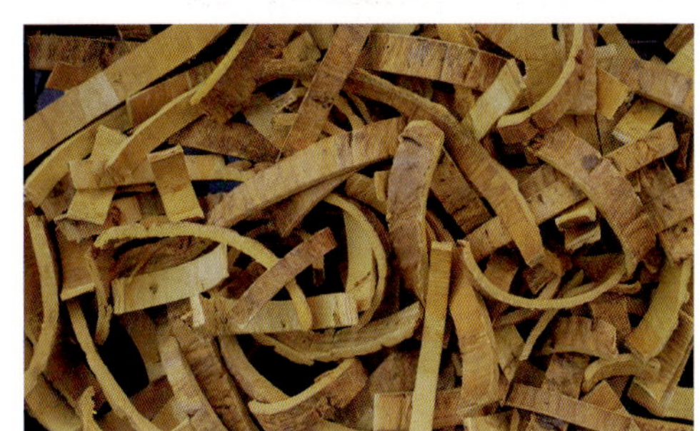
황벽

① 정련된 비단실을 깨끗한 물에 충분히 적셔 다시 헹군 뒤, 물기를 꼭 짠다.

② 실타래를 잘 털어서 서로 붙지 않게 손질한다.

③ 물과 천연재료를 넣고 20-30분간 끓인다.

④ 끓인 염액을 염색할 통 위 소쿠리에 고운천을 깔고 붓는다.

⑤ 물에 적셔둔 비단실을 염액에 담궈 골고루 염색될 수 있게 20여분간 미지근한 온도를 유지하면서 염색한다. 이때 얼룩이 지지 않게 잘 뒤적여 준다.

⑥ 중탕한 매염제(백반, 철)를 맑은 물에 섞고 비단실을 행구어 준다(매염제에 따라 색이 달라진다).

⑦ 원하는 색이 나올 때까지 ⑤와 ⑥을 반복한다.

⑧ 깨끗하게 물로 헹군 다음[水洗] 물기를 꼭 짠다.

⑨ 통풍이 잘 되는 그늘에서 말리고 서로 붙지 않게 가끔 털어주면서 말린다.

⑩ 염색된 실을 얼레에 감는다.

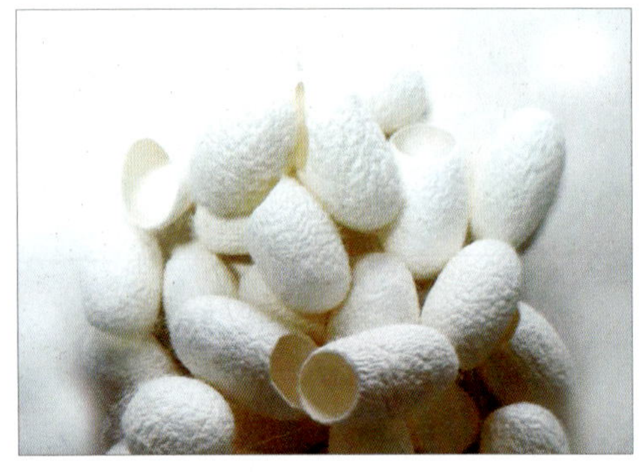

누에고치

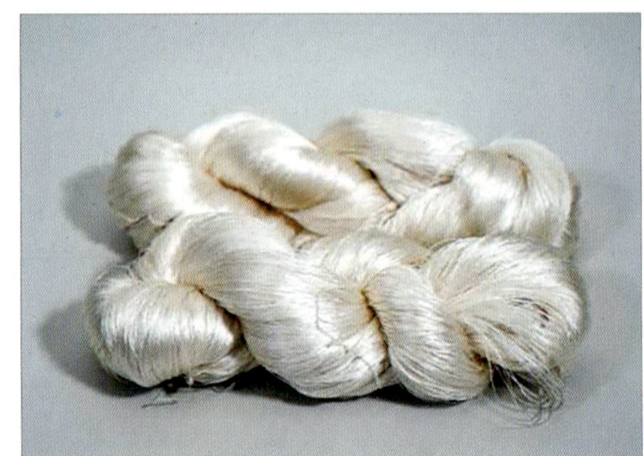

염색하지 않은 명주실

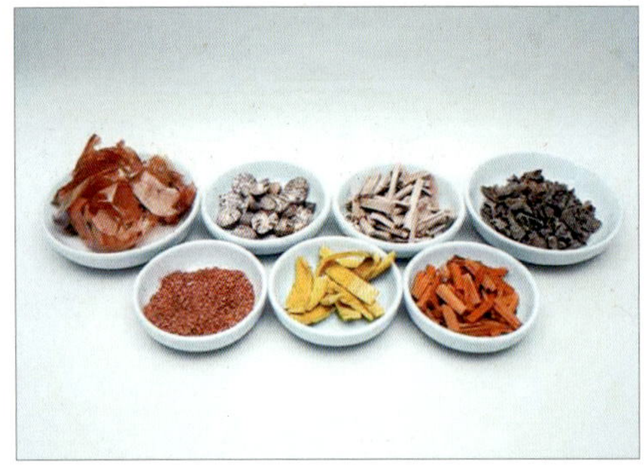

천연염색 재료

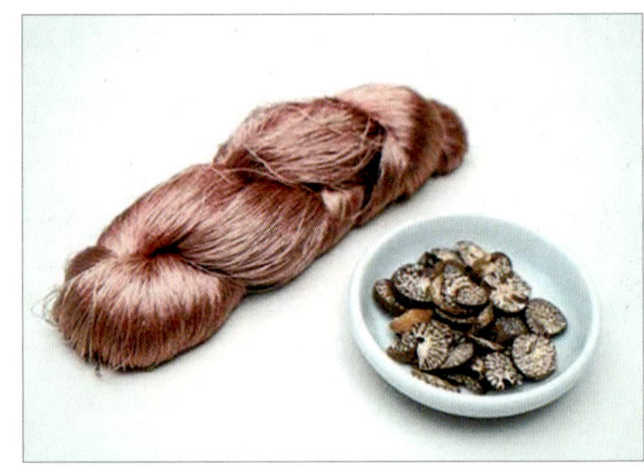

빈랑

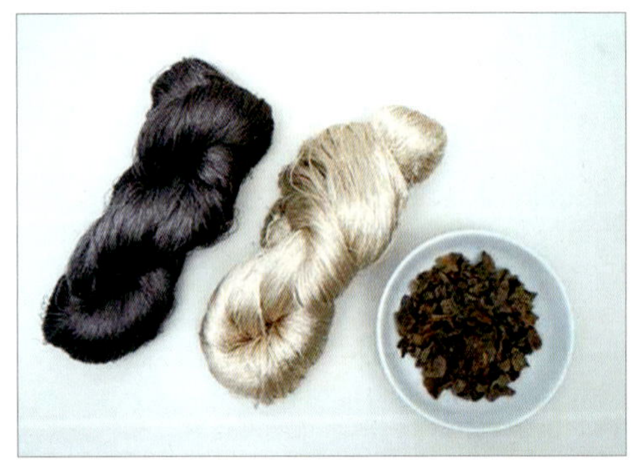

오배자

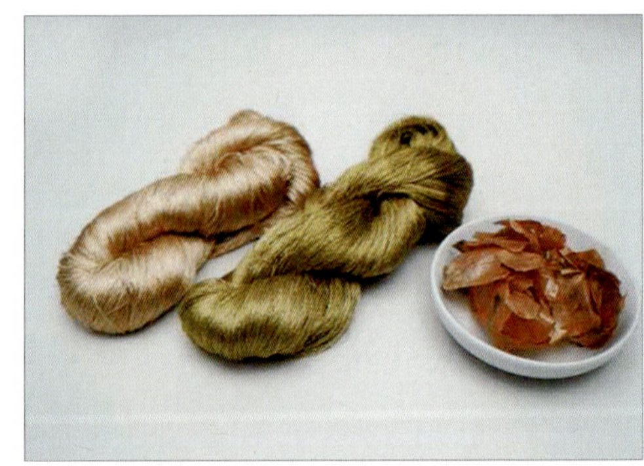

양파껍질

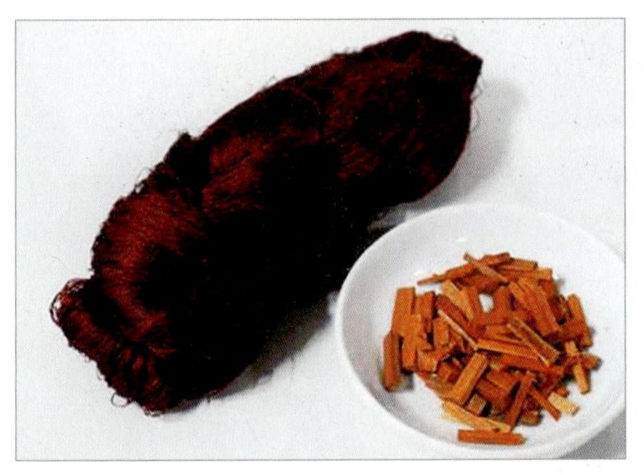

소목

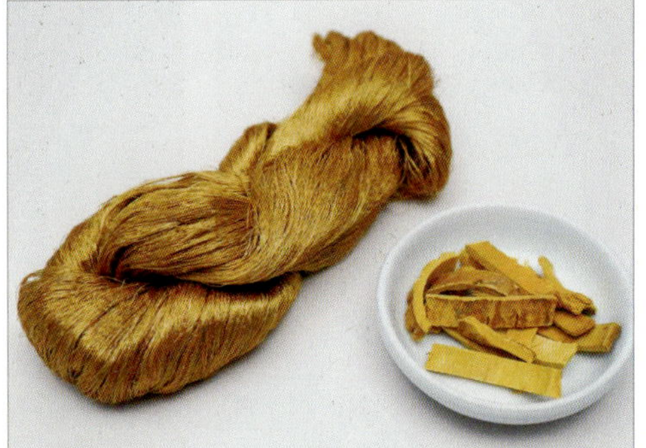

황벽

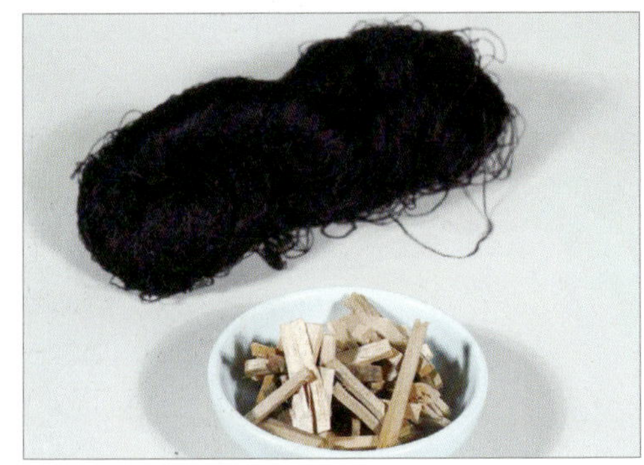

신나무

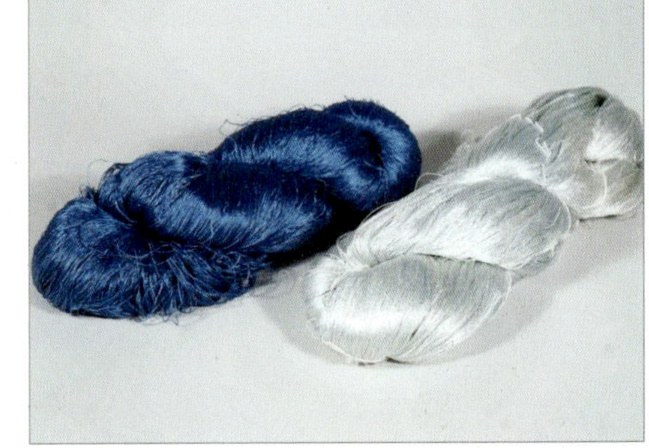

쪽

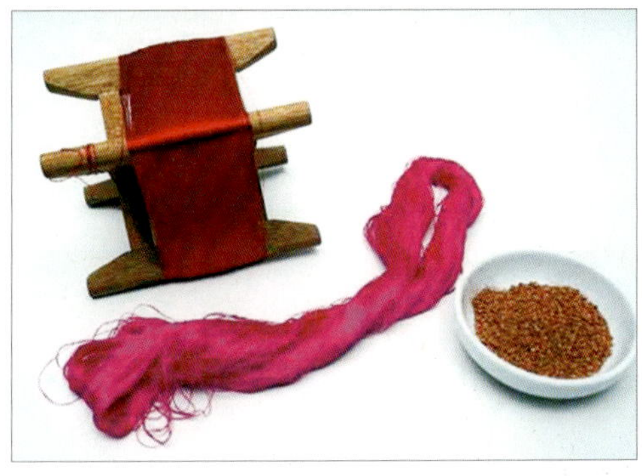

꼭두서니

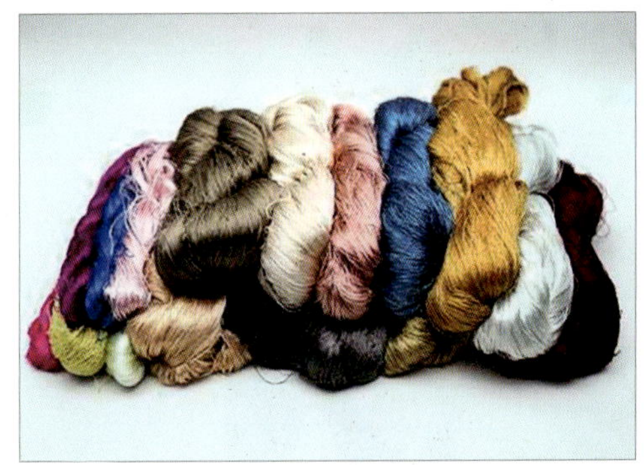

천연염색한 명주실

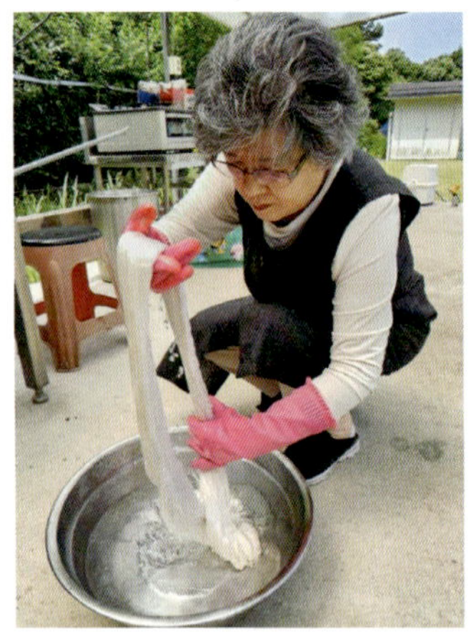

실을 맑은 물에 적신다

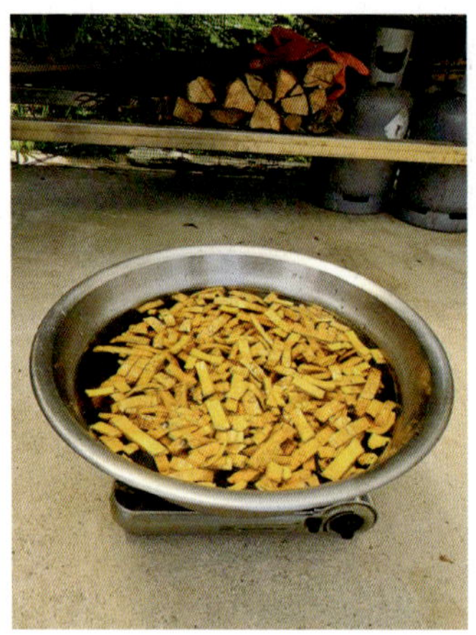

염료를 끓인다

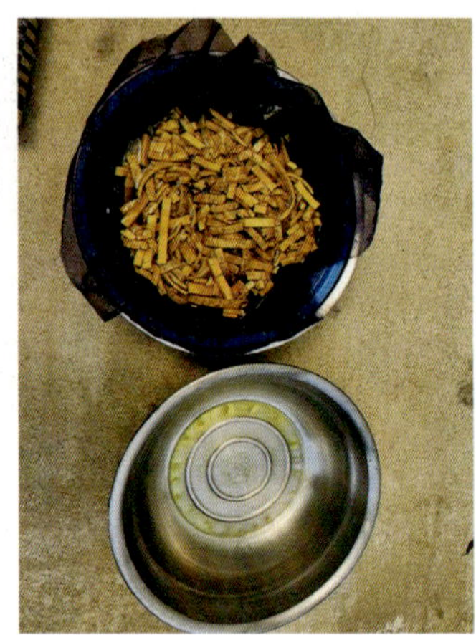

염액을 고운채에 받힌다

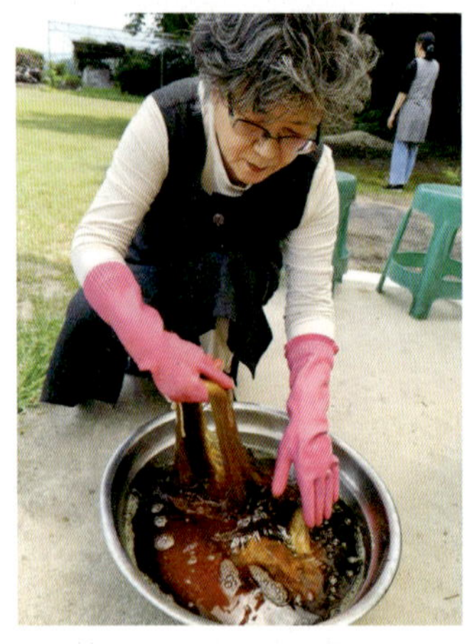

염액에 실을 담궈 염색한다

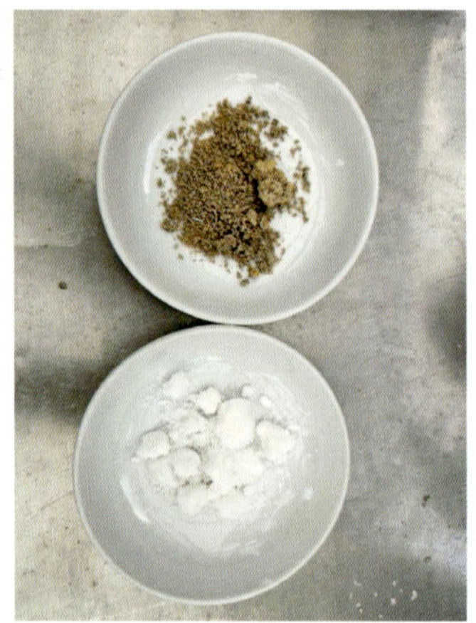

매염제(철,백반)

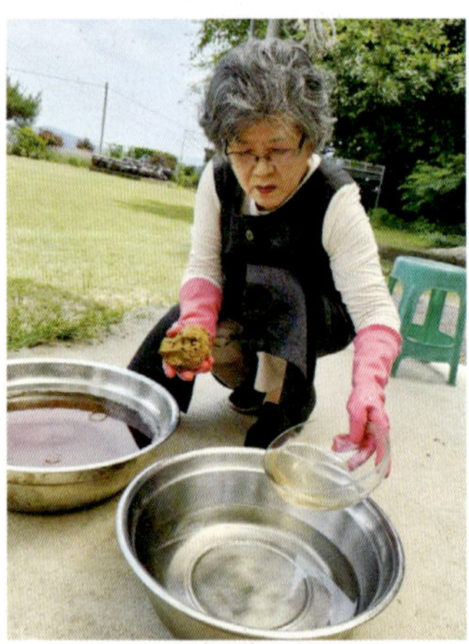

매염제를 넣는다

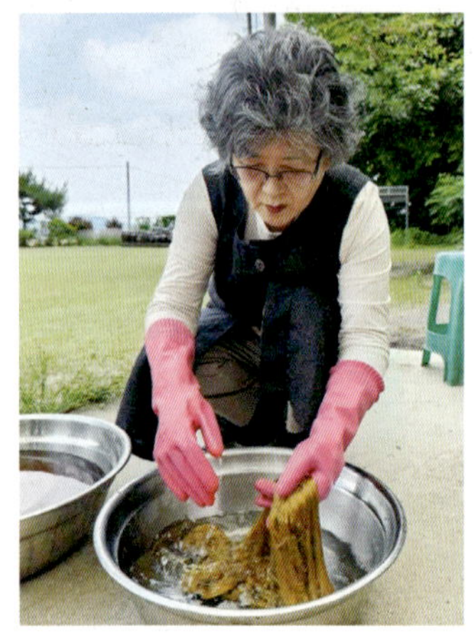

염색한다

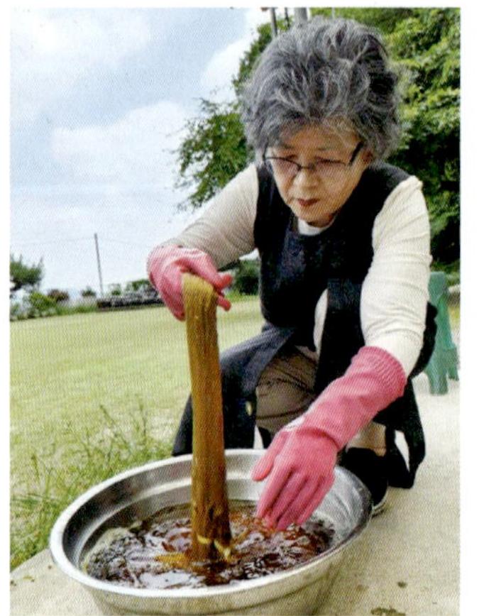

깨끗한 물로 헹군다

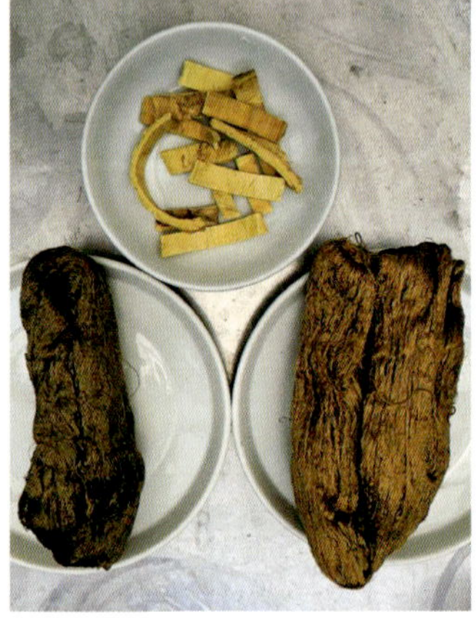

철, 백반으로 염색한실

황벽 염색 과정

멋과 품격의 예술 매듭

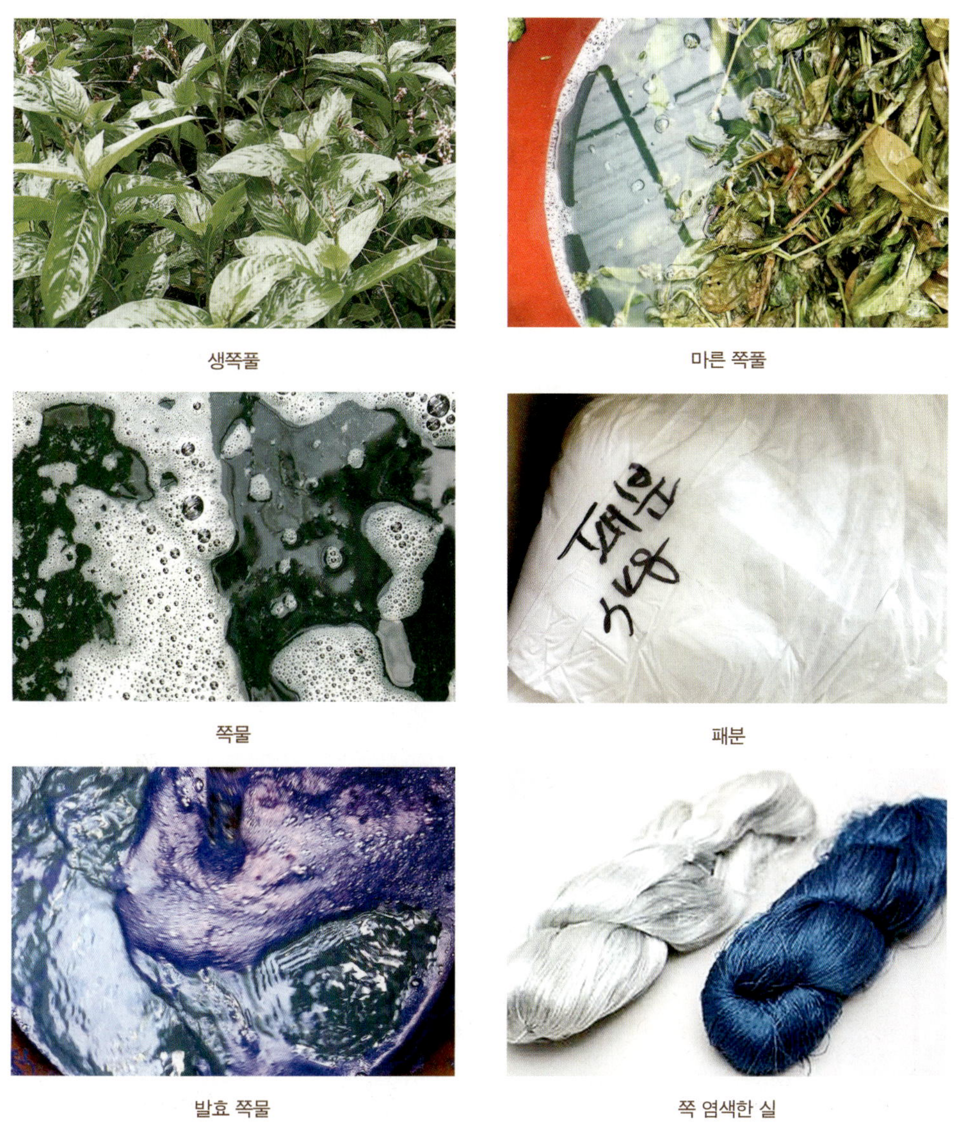

생쪽풀

마른 쪽풀

쪽물

패분

발효 쪽물

쪽 염색한 실

쪽 염색 과정

① 쪽풀은 꽃봉오리가 맺히기 시작한 7월 말경에 벤다.

② 쪽풀을 큰 통에 담아 물을 붓고, 돌로 눌러서 비닐로 덮어둔다.

③ 2-3일이 지나 쪽물이 우러나면 쪽풀을 건져낸다.

④ 패분(조개가루)을 첨가한 후 당구레질을 한다.

⑤ 색소가 가라앉기 시작하면 하룻밤 재워둔다.

⑥ 맑은 윗물을 버리고 소쿠리에 한지를 깔고 쪽 앙금을 받아낸다.

⑦ 잿물을 붓고 으깬 앙금을 염색 통에 담아 발효시킨다.

⑧ 쪽물이 발효될 때까지 잘 저어준다.

⑨ 3-4일 지나면 짙은 보라색 반점으로 보이면서 노란색을 띤다.

⑩ 물이 발효되어 노랗게 변하면 물에 적셔둔 비단실을 염액에 담궈 원하는 색이 나올 때
  까지 반복해서 염색한다.

⑪ 깨끗한 물로 헹구고 물기를 꼭 짠다. 통풍이 잘 되는 그늘에서 말리고 서로 붙지 않게
  가끔 털어주면서 말린다.

⑫ 염색한 명주실을 해사틀(자애)에 걸고 얼레(자구리)에 옮겨 감는다.

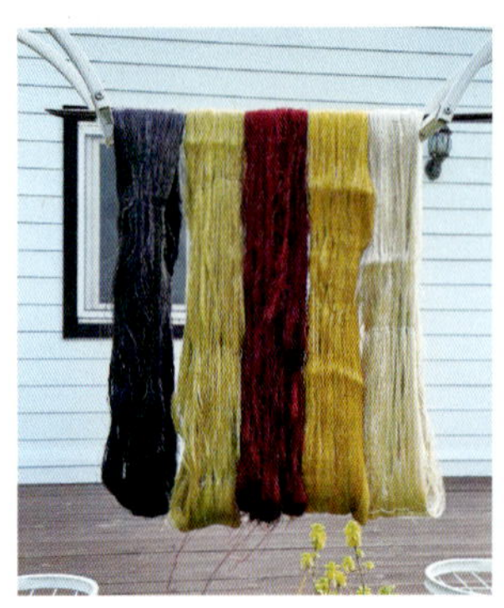

염색한 명주실

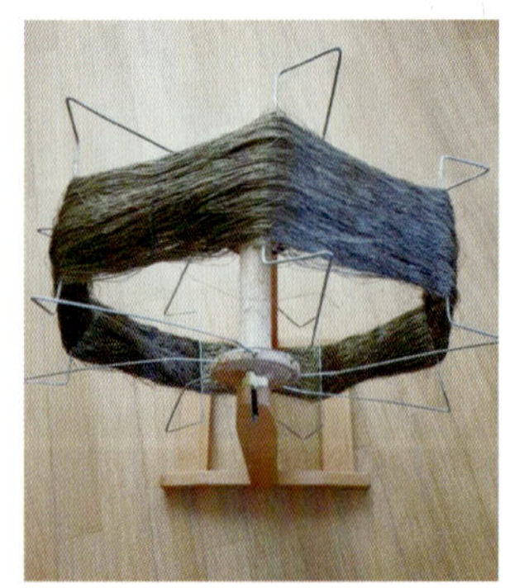

해사틀

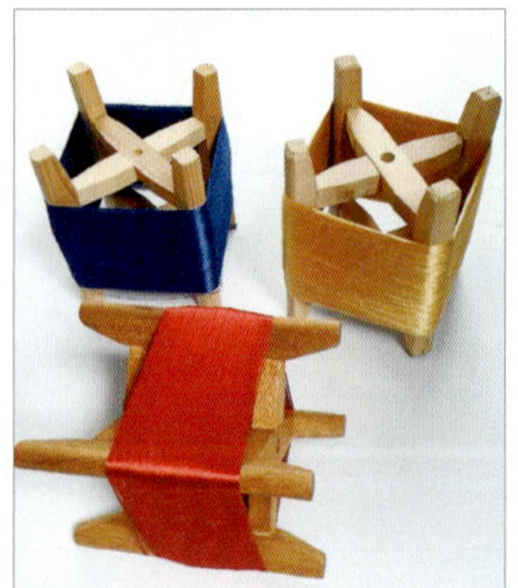

얼레

4. 다회 치기(끈목 만들기)

매듭 재료인 끈목을 만들려면 염색한 실을 원하는 굵기만큼 합사하여 바탕을 꼬아 끈을 짜야 한다. 꼬은 실의 가닥 수에 따라 3사, 4사, 8사, 12사, 16사, 20사, 24사, 28사, 32사 등 그 이상 여러 가닥으로 짜는 끈목이 있다.

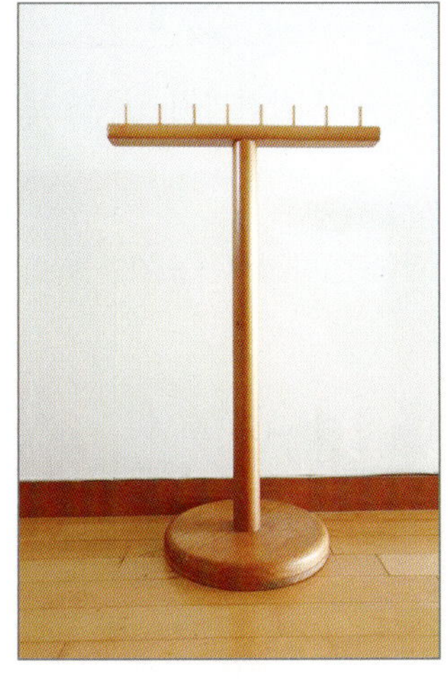

상사걸이

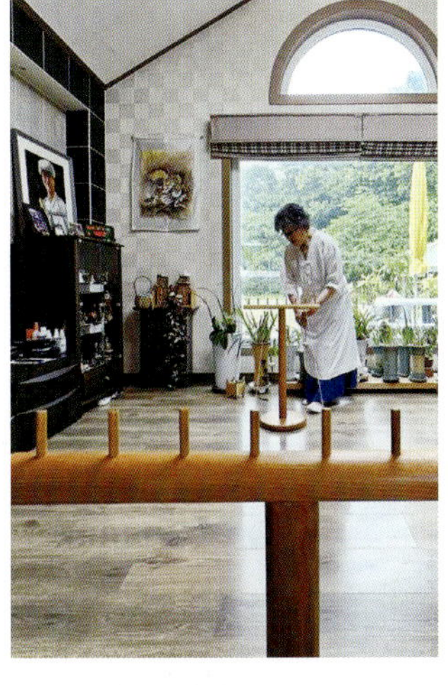

실 나르기

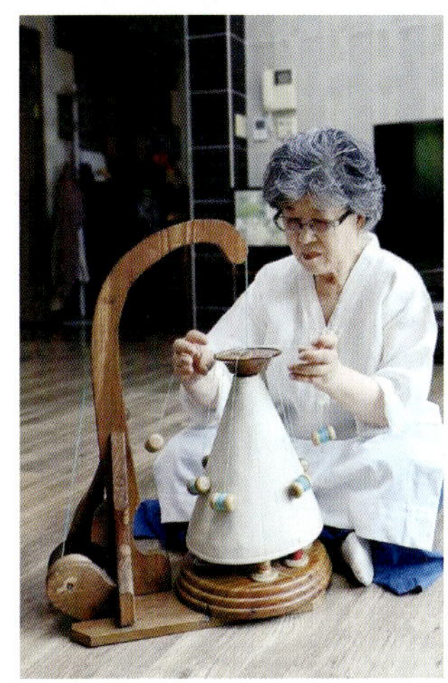

끈목 짜기

(1) 바탕 꼬기

① 원하는 길이에 맞추어 상사걸이를 세운다.

② 끈목을 짜려면 굵기에 따라 실을 합사한다.

③ 합사하여 실을 비톳(대나무를 코바늘로 깎아 만든 끝에 40g정도의 무게의 찰흙을 단 것)에 감는다.

④ 오른쪽으로 돌려서 오른올을 만든다.

⑤ 왼쪽으로 돌려 왼올을 만든다.

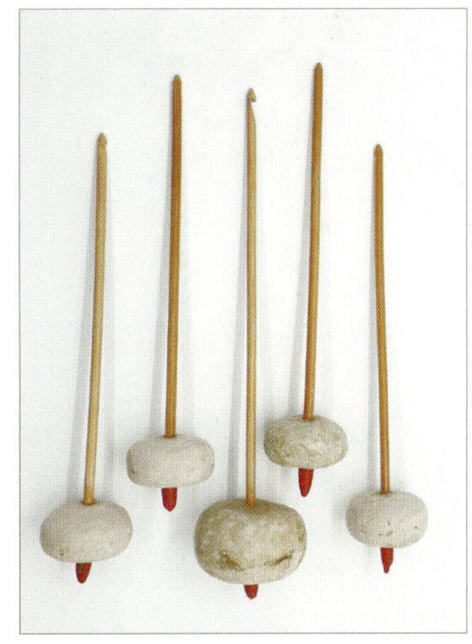

비톳

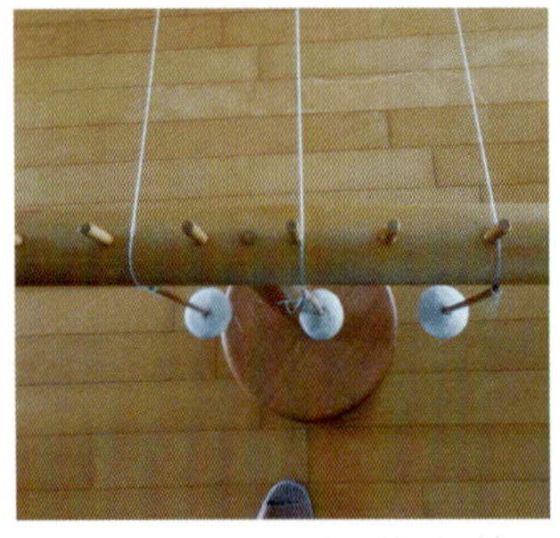

1단계

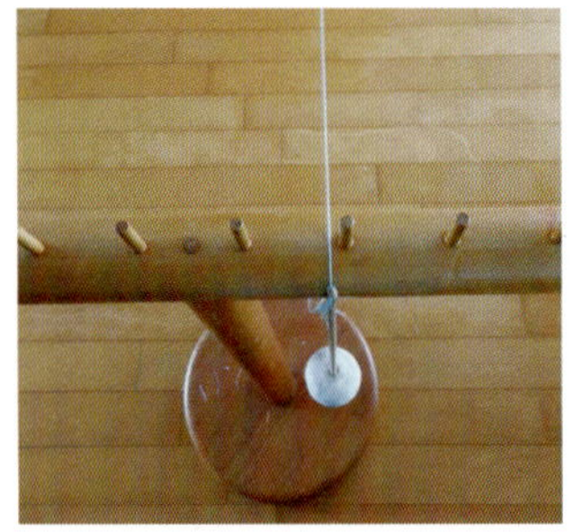

2단계

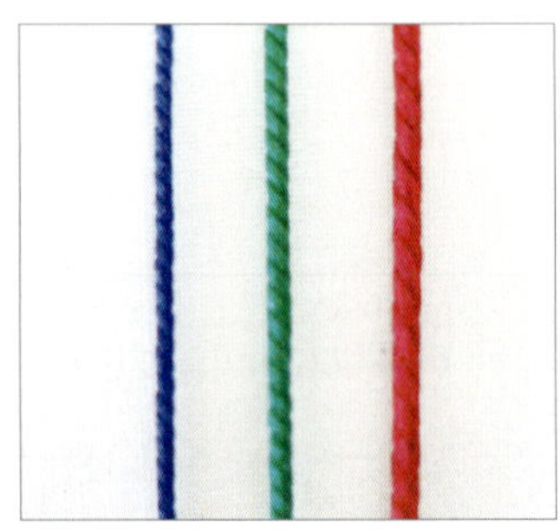

3사 끈목

① 원하는 길이 3가닥을 상사걸이에 걸어 각 가닥을 고수리가 생기기 직전까지 왼쪽으로 꼰다(1단계).

② 각각 꼰 3가닥을 합쳐서 다시 오른쪽으로 꼰다(실의 꼬임에 따라 약간 차이는 있지만 3m를 꼬았을 때 30㎝ 정도 줄어든다)(2단계).

③ 고려시대와 조선시대 제작된 유물은 많지만 현재는 잘 사용하지 않는다.

(3) 4사絲

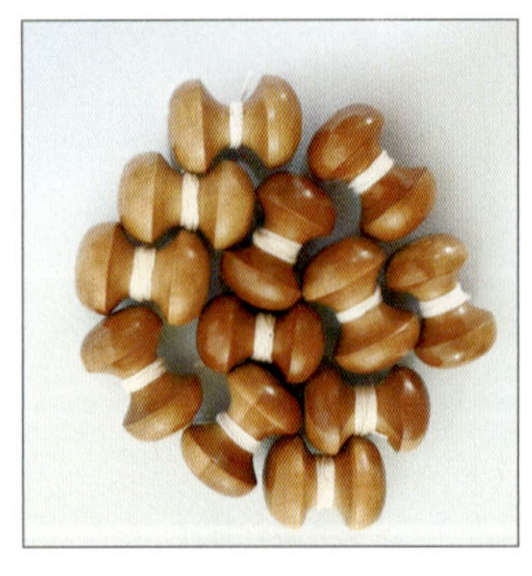

토짝

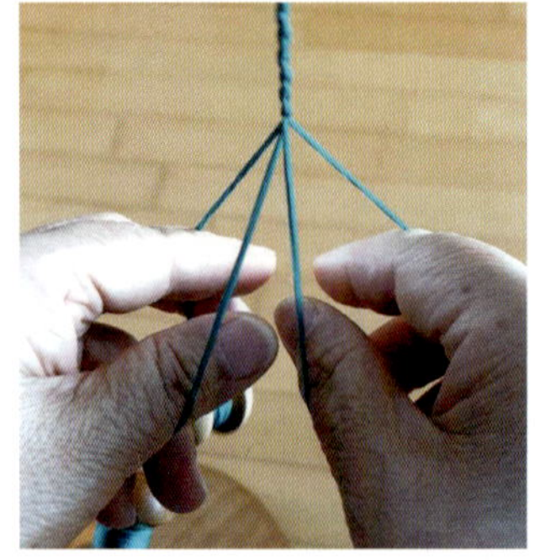

4사 치는 과정

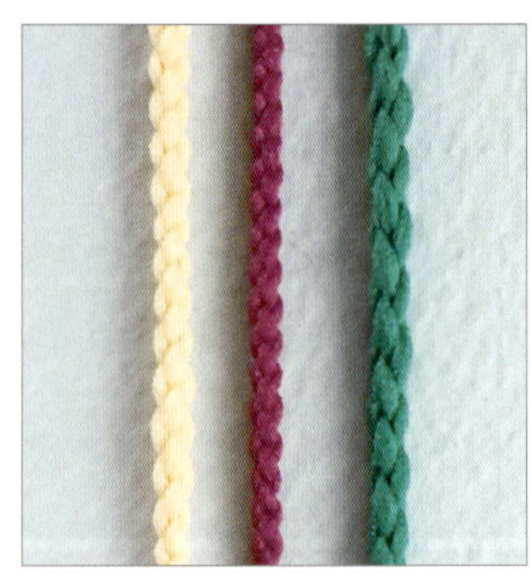

4사 끈목

① 길이와 굵기에 알맞게 합사해서 토짝 네 개에 감는다.

② 4가닥을 한데 묶어 어깨 높이 정도에 고정시켜 놓는다.

③ 양쪽 손에 두 개씩 토짝을 나누어 쥐고, 오른손 엄지손가락으로 잡은 토짝과 왼손의 검지 손가락으로 잡은 토짝을 엇바꾸고, 왼손의 엄지손가락으로 잡은 토짝과 오른손 검지손 가락으로 잡은 토짝을 서로 엇바꾸어 가며 4가닥에 고루 힘을 주어 잡아당기면서 짠다.

(4) 8사絲

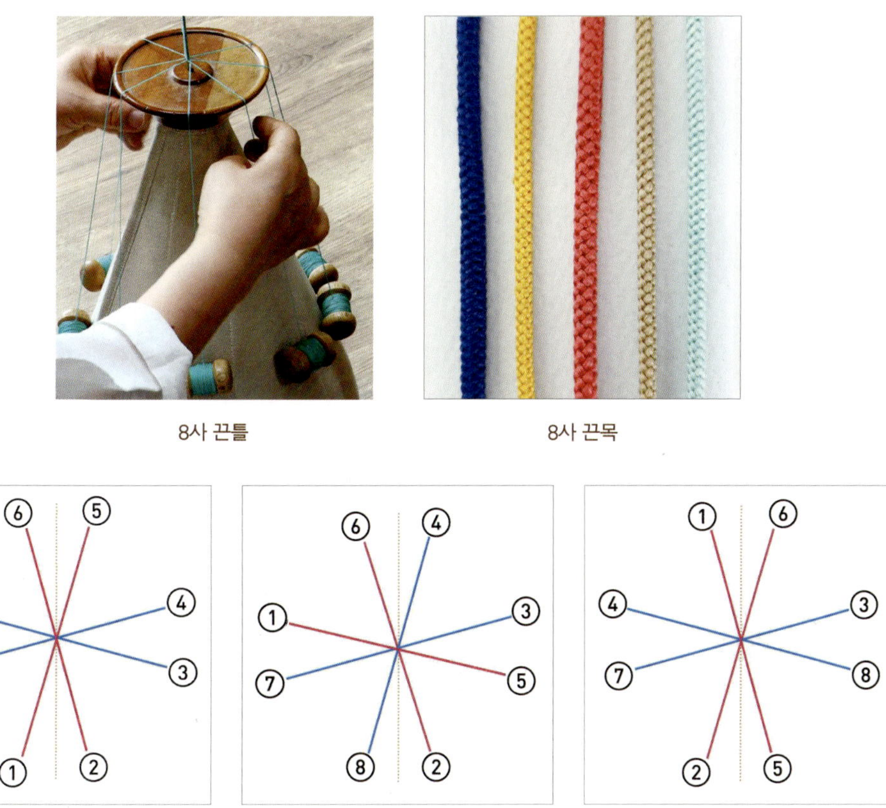

8사 끈틀

8사 끈목

정위치

1단계

2단계

※ 8사 정위치: 빨간 색은 오른쪽 꼬임(우연사) 올, 파란 색은 왼쪽 꼬임(좌연사)올

1) 정위치에서 오른손은 엄지와 검지 사이에 ③번을 놓고, 왼손은 엄지와 검지 사이에 ⑦번을 놓아서 시작한다. 오른손 검지로 ④번을 들어 올리며 그 밑으로 ⑤번을 집어 ③번과 ②번 사이에, 왼손 엄지로 ⑧번을 들어 올리며 그 밑으로 ①번을 집어 ⑦번과 ⑥번 사이에 놓는다. 오른손과 왼손을 동시에 움직인다(1단계).

2) 1단계에서 오른손 엄지로 ②번을 들어 올리며 그 밑으로 왼손에서 넘어온 ⑧번을 집어 ⑤번과 ③번 사이에, 왼손 검지로 ⑥번을 들어 올리며 그 밑으로 ④번을 집어 ①번과 ⑦번 사이에 놓는다. 오른손과 왼손을 동시에 움직인다(2단계).

3) 8사 정위치에서 1)과 2)를 반복한다.

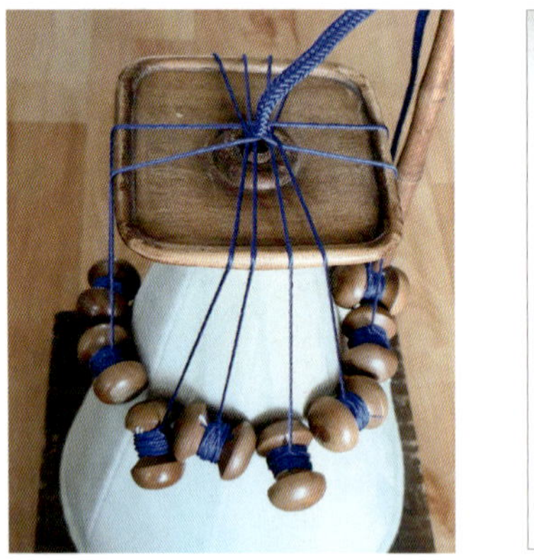

12사 끈틀

12사 끈목

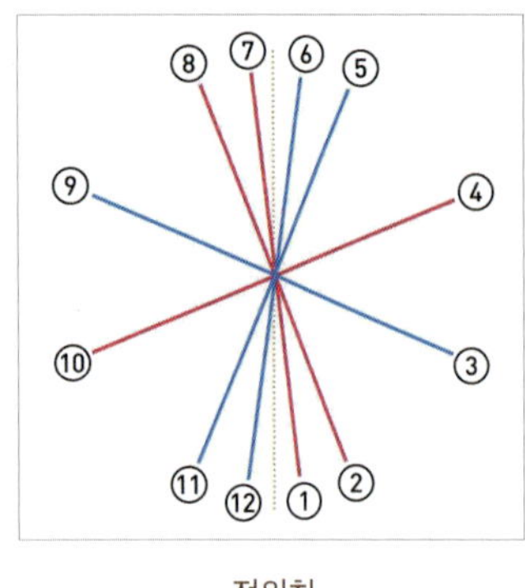

정위치

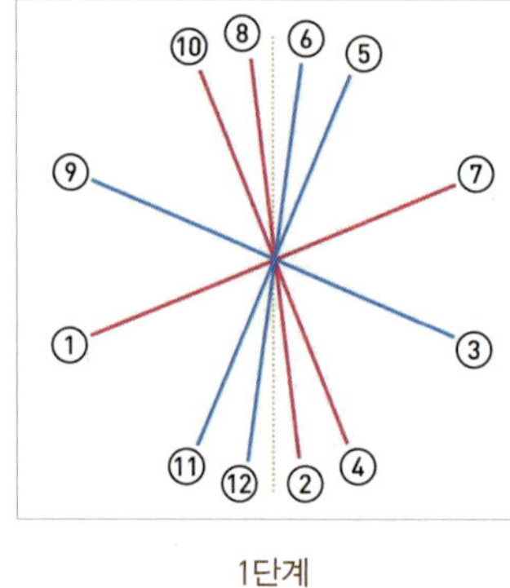

1단계

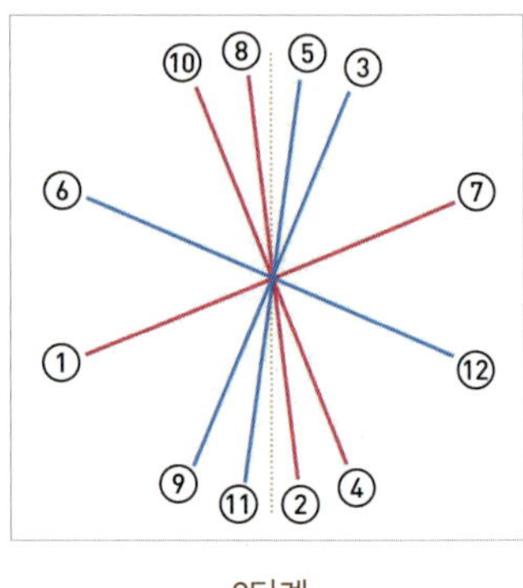

2단계

※ 12사 정위치: 빨간색은 오른쪽 꼬임(우연사) 올, 파란색은 왼쪽 꼬임(좌연사) 올

1) 정위치에서 오른손은 ⑦번을 들어 올려 ④번자리에, ④번을 들어 올려 ②번자리에 놓는다. ②번은 ①번 자리로 밀린다.(이후 같은 색이 그 옆으로 밀리는 것은 생략한다) 왼손은 ①번을 들어 올려 ⑩번자리에, ⑩번은 ⑧번자리에 놓는다. 오른손과 왼손을 동시에 움직인다(1단계).

2) 1단계에서 오른손은 ⑫번을 ③번자리에, ③번은 ⑤번자리에, 왼손은 ⑥번을 ⑨번자리에, ⑨번은 ⑪번 자리에 놓는다. 오른손과 왼손을 동시에 움직인다(2단계).

3) 12사 정위치에서 1)과 2)를 반복한다.

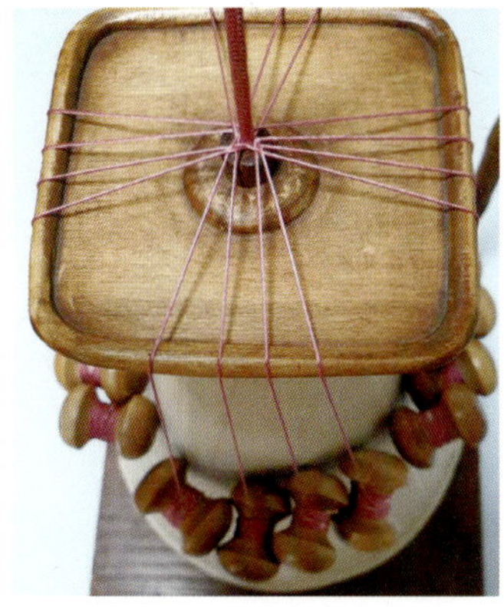

16사 끈틀

16사 끈목

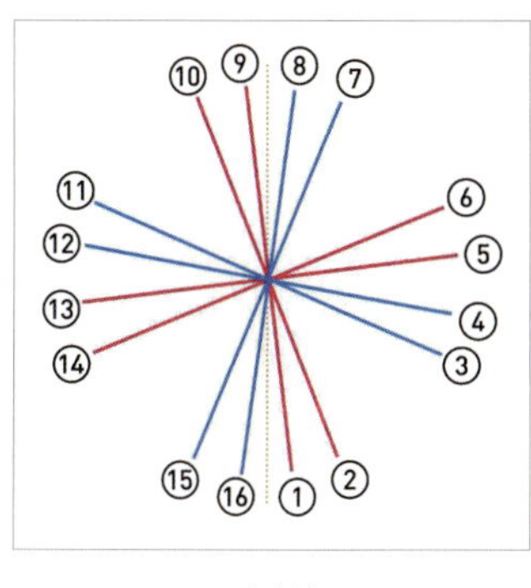

정위치

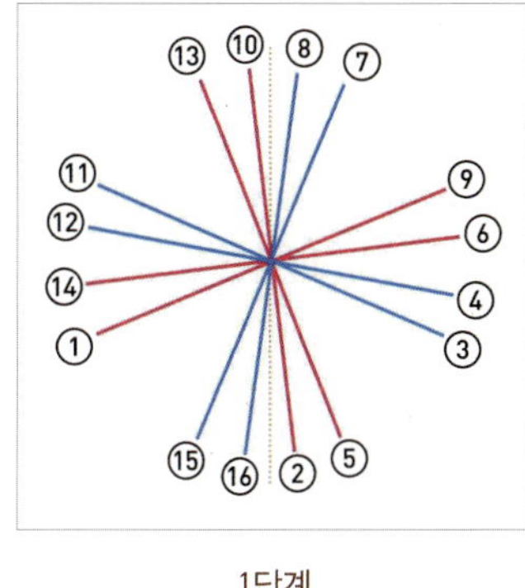

1단계

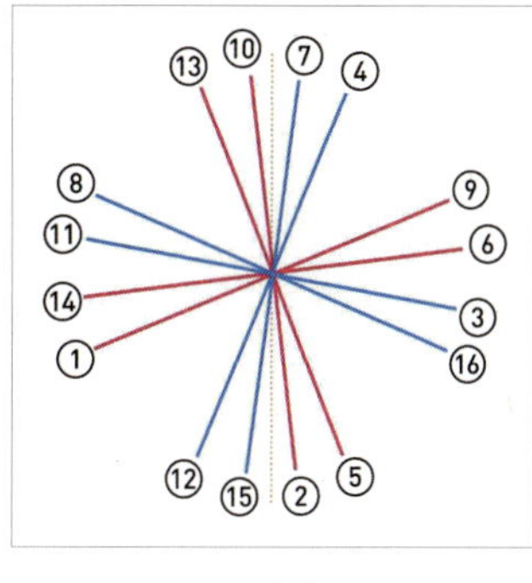

2단계

※ 16사 정위치: 빨간색은 오른쪽 꼬임(우연사) 올, 파란색은 왼쪽 꼬임(좌연사) 올

1) 정위치에서 오른손은 ⑨번을 들어 ⑥번 자리에, ⑤번은 ②번 자리에 놓고, 왼손은 ①번을 들어 ⑭번 자리에, ⑬번은 ⑩번 자리에 놓는다. 오른손과 왼손을 동시에 움직인다.

2) 1단계에서 오른손은 ⑯번을 들어 ③번 자리에, ④번은 ⑦번 자리에, 왼손은 ⑧번을 들어 ⑪번 자리에, ⑫번은 ⑮번 자리에 놓는다. 오른손과 왼손을 동시에 움직인다.

3) 16사 정위치에서 1)과 2)를 반복한다.

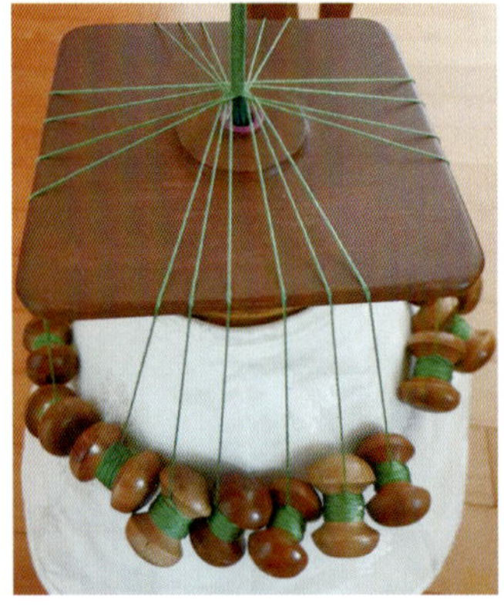

20사 끈틀

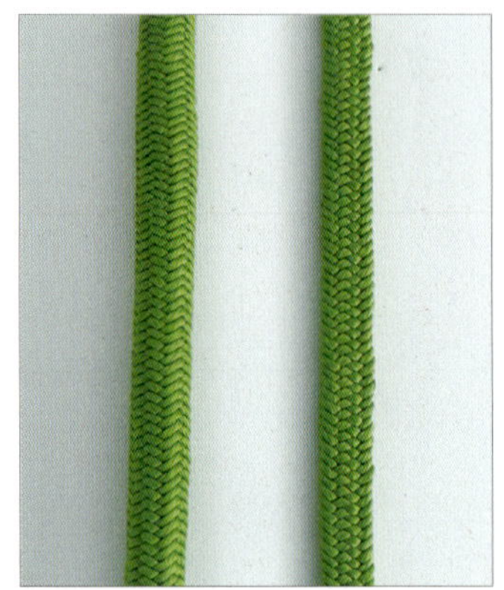

20사 끈목

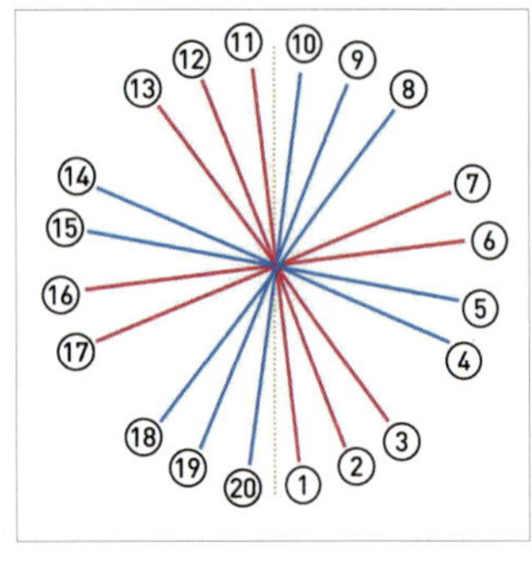

정위치

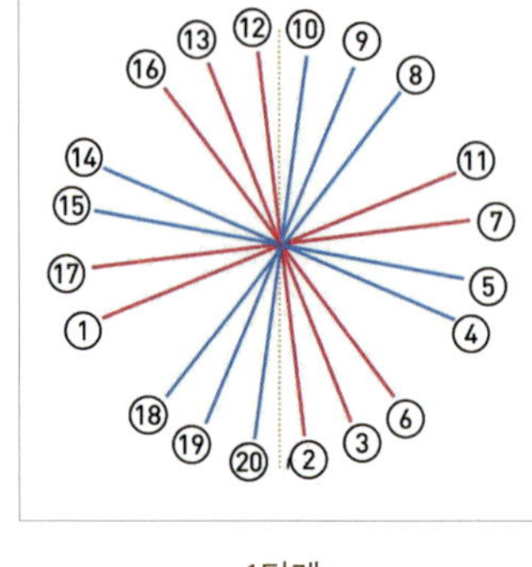

1단계

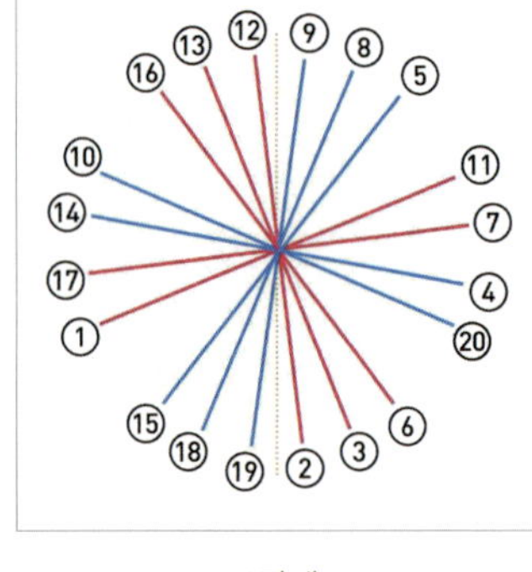

2단계

※ 20사 정위치: 빨간색은 오른쪽 꼬임(우연사) 올, 파란색은 왼쪽 꼬임(좌연사) 올

동다회

1) 정위치에서 오른손은 ⑪번을 들어 ⑦번자리에, ⑥번은 ③번자리에, 왼손은 ①번을 ⑰번 자리에, ⑯번은 ⑬번 자리에 놓는다. 오른손, 왼손이 동시에 움직인다(1단계).

2) 1단계에서 오른손은 ⑳번을 들어 ④번 자리에, ⑤번은 ⑧번 자리에, 왼손은 ⑩번을 ⑭번자리에, ⑮번은 ⑱번 자리에 놓는다. 오른손, 왼손을 동시에 움직인다(2단계).

3) 20사 정위치에서 1)과 2)를 반복한다.

광다회

1) 정위치에서 오른손은 ⑪번을 ⑩번 밑으로 ⑨, ⑧번 위로 지나 ⑦번자리에, ⑥번은 ③번 자리에, 왼손은 ①번을 ⑳번 밑으로 ⑲, ⑱번 위로 지나 ⑰번 자리에, ⑯번은 ⑬번 자리에 놓는다. 오른손, 왼손을 동시에 움직인다.

2) 1단계에서 오른손은 ⑳번을 ②번 밑으로 ③, ⑤번 위로 지나 ④번 자리에, ⑤번은 ⑧번 자리에, 왼손은 ⑩번을 ⑫번 밑으로 ⑬, ⑯번 위로 지나 ⑭번 자리에 ⑮번은 ⑱번 자리에 놓는다. 오른손, 왼손을 동시에 움직인다.

3) 20사 정위치에서 1)과 2)를 반복한다.

(8) 24사絲

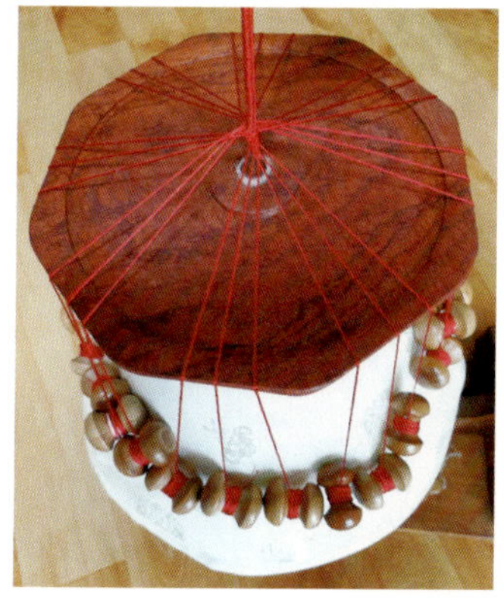

24사 끈틀

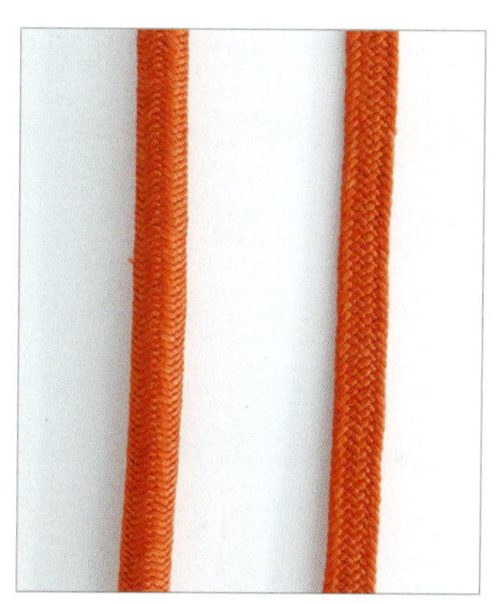

24사 끈목

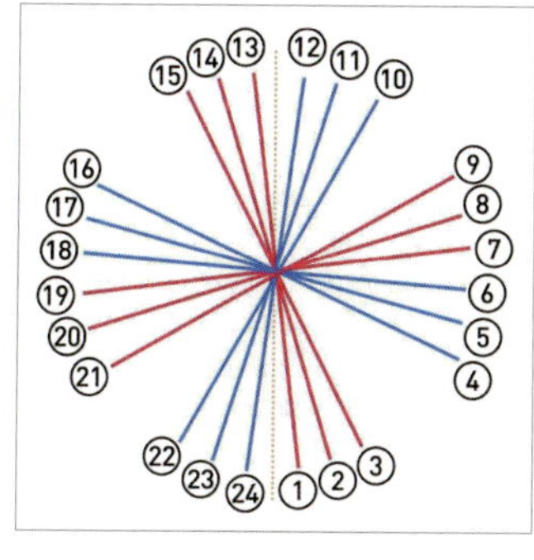

정위치

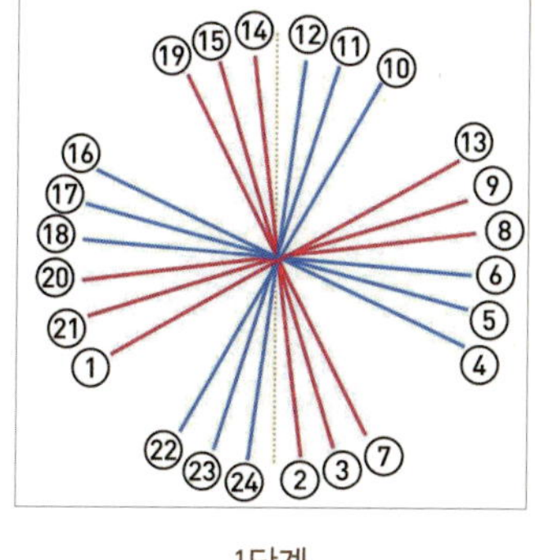

1단계

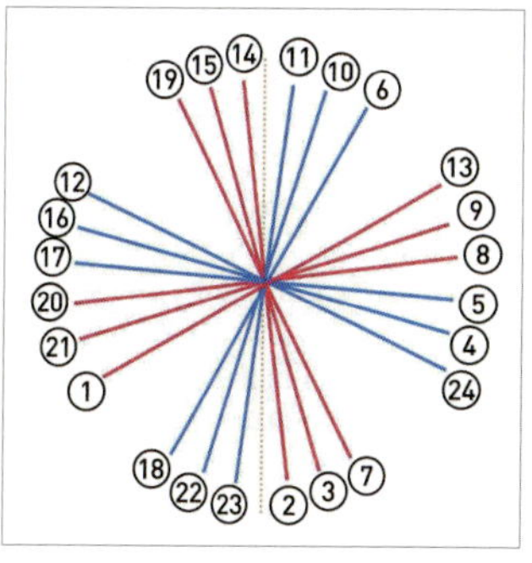

2단계

※ 24사 정위치: 빨간색은 오른쪽 꼬임(우연사) 올, 파란색은 왼쪽 꼬임(좌연사) 올

동다회

1) 정위치에서 오른손은 ⑬번을 들어 ⑨번 자리에, ⑦번은 ③번자리에, 왼손은 ①번을 ㉑번 자리에, ⑲)번은 ⑮번 자리에 놓는다. 오른손, 왼손 동시에 움직인다.

2) 1단계에서 오른손은 ㉔번을 ④번 자리에, ⑥번은 ⑩번 자리에, 왼손은 ⑫번을 ⑯번 자리에, ⑱번은 ㉒번 자리에 놓는다. 오른손, 왼손 동시에 움직인다.

3) 24사 정위치에서 1)과 2)를 반복한다.

광다회

1) 정위치에서 오른손은 ⑬번을 ⑫번 밑으로 ⑪, ⑩번 위로 지나 ⑨번자리에, ⑦번은 ③번 자리에, 왼손은 ①번을 ㉔번 밑으로 ㉓, ㉒번 위로 지나 ㉑번 자리에, ⑲번은 ⑮번 자리에 놓는다. 오른손, 왼손을 동시에 움직인다(1단계).

2) 1단계에서 오른손은 ㉔번을 ②번 밑으로 ③, ⑦번 위로 지나 ④번 자리에, ⑥번은 ⑩번 자리에, 왼손은 ⑫번을 ⑭번 밑으로 ⑮, ⑲번 위로 지나 ⑯번 자리에, ⑱번은 ㉒번 자리에 놓는다. 오른손, 왼손을 동시에 움직인다(2단계).

3) 24사 정위치에서 1)과 2)를 반복한다.

(9) 28사絲

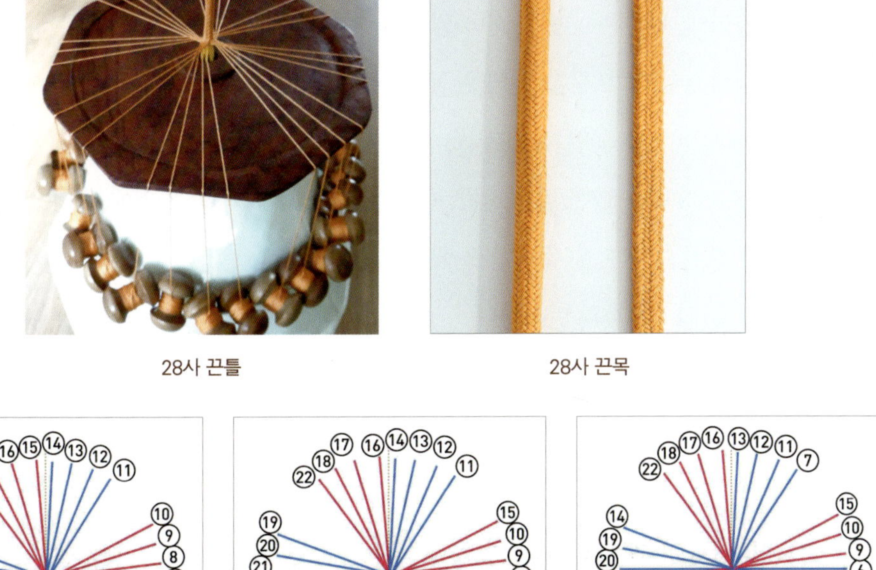

28사 끈틀

28사 끈목

정위치

1단계

2단계

※ 28사 정위치: 빨간색은 오른쪽 꼬임(우연사) 올, 파란색은 왼쪽 꼬임(좌연사) 올

동다회

1) 정위치에서 오른손은 ⑮번을 들어 ⑩번 자리에, ⑧번은 ④번 자리에, 왼손은 ①번을 ㉔번 자리에, ㉒번은 ⑱번 자리에 놓는다. 오른손, 왼손을 동시에 움직인다(1단계).

2) 1단계에서 오른손은 ㉘번을 들어 ⑤번 자리에, ⑦번은 ⑪번 자리에, 왼손은 ⑭번을 ⑲번 자리에, ㉑번은 ㉕번 자리에 놓는다. 오른손, 왼손을 동시에 움직인다(2단계).

3) 28사 정위치에서 1)과 2)를 반복한다.

광다회

1) 정위치에서 오른손은 ⑮번을 ⑭번 밑으로 ⑬, ⑫, ⑪번 위로 지나 ⑩번 자리에, ⑧번은 ④번 자리에, 왼손은 ①번을 ㉘번 밑으로 ㉗, ㉖, ㉕번 위로 지나 ㉔번 자리에, ㉒번은 ⑱번 자리에 놓는다. 오른손, 왼손을 동시에 움직인다.

2) 1단계에서 ㉘번을 ②번 밑으로 ③, ④, ⑧번 위로 지나 ⑤번 자리에, ⑦번은 ⑪번 자리에, 왼손은 ⑭번을 ⑯번 밑으로 ⑰, ⑱, ㉒번 위로 지나 ⑲번 자리에, ㉑번은 ㉕번 자리에 놓는다. 오른손, 왼손을 동시에 움직인다.

3) 정위치에서 1)과 2)를 반복한다.

(10) 32사絲

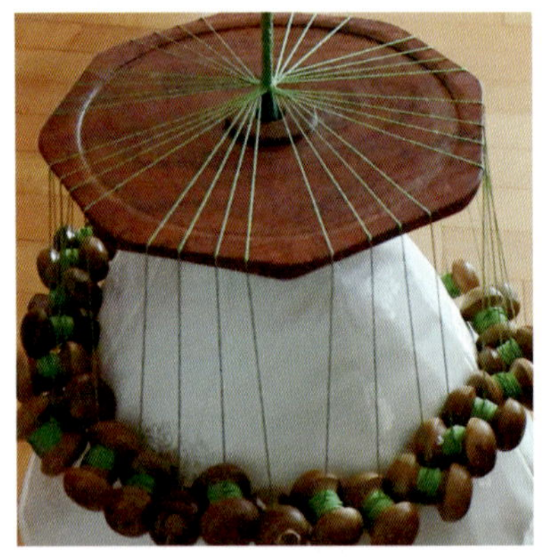

32사 끈틀

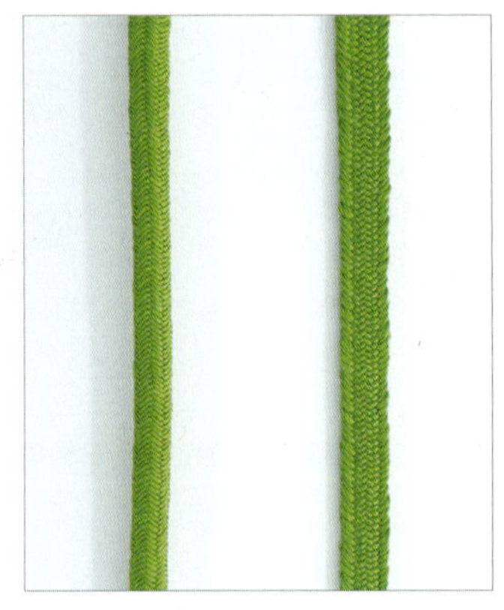

32사 끈목

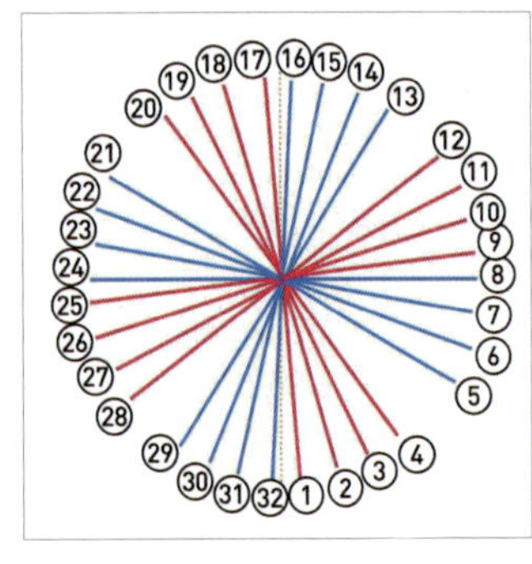

정위치

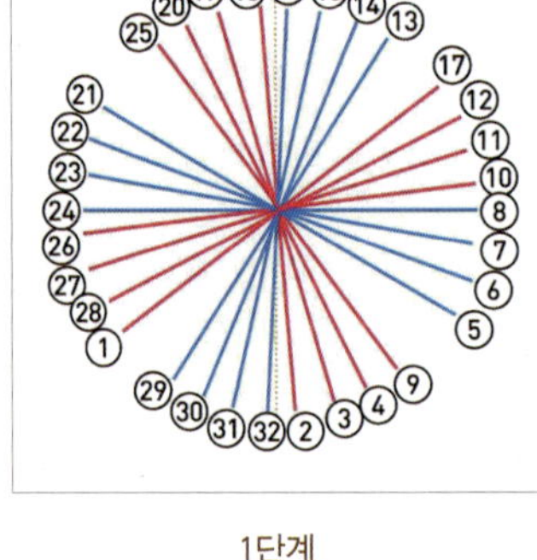

1단계

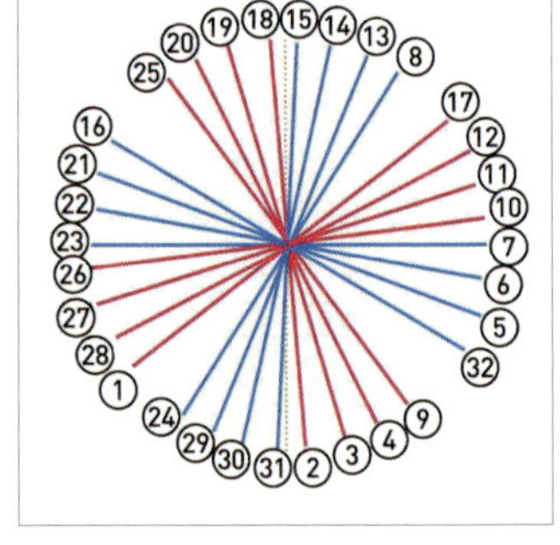

2단계

※ 32사 정위치: 빨간색은 오른쪽 꼬임(우연사) 올, 파란색은 왼쪽 꼬임(좌연사) 올

동다회

1) 정위치에서 오른손은 ⑰번을 ⑫번 자리에, ⑨번은 ④번 자리에, 왼손은 ①번을 ㉘번 자리에, ㉕번은 ⑳번 자리에 놓는다. 오른손, 왼손을 동시에 움직인다(1단계).

2) 1단계에서 오른손은 ㉜번을 ⑤번 자리에, ⑧번은 ⑬번 자리에, 왼손은 ⑯번을 ㉑번 자리에, ㉔번은 ㉙번 자리에 놓는다. 오른손, 왼손을 동시에 움직인다(2단계).

3) 32사 정위치에서 1)과 2)를 반복한다.

광다회

1) 정위치에서 오른손은 ⑰번을 ⑯번 밑으로 ⑮, ⑭, ⑬번 위로 지나 ⑫번자리에, ⑨번은 ④번 자리에, 왼손은 ①번을 ㉜번 밑으로 ㉛, ㉚, ㉙번 위로 지나서 ㉘번 자리에, ㉕번은 ⑳번 자리에 놓는다. 오른손과 왼손을 동시에 움직인다.

2) 1단계에서 오른손은 ㉜번을 ②번 밑으로 ③, ④, ⑨번 위로 지나 ⑤번 자리에, ⑧번은 ⑬번 자리에, 왼손은 ⑯번을 ⑱번 밑으로 ⑲, ⑳, ㉕번 위로 지나 ㉑번 자리에, ㉔번은 ㉙번 자리에 놓는다. 오른손과 왼손을 동시에 움직인다.

3) 32사 정위치에서 1)과 2)를 반복한다.

* 광다회는 다른 방법으로도 짤 수 있다.

5. 매듭의 종류와 맺기

1) 매듭의 종류

매듭은 맺을 수 있는 숫자는 많이 있지만, 기본형 매듭은 42가지를 주로 사용하고 있다. 매듭 명칭은 연봉, 국화, 나비, 생쪽, 매미, 잠자리, 병아리, 안경 매듭 등 생활 주변에서 볼 수 있는 형태를 바탕으로 명명하고, 지역에 따라 부르는 명칭이 다른 경우가 많다.

연번	명칭	사진	연번	명칭	사진
1	연봉매듭 단추매듭		2	도래매듭	
3	외도래매듭		4	귀도래매듭 외귀매듭 납작이매듭 콩매듭	
5	가락지매듭		6	생쪽매듭 정자井字매듭	
7	삼정자매듭		8	장고매듭 이귀매듭	
9	매화매듭		10	국화매듭 두벌감개매듭	
11	세벌감개매듭 소차매듭 세벌강정매듭 방석매듭		12	네벌감개매듭 대차매듭 네벌강정매듭	

연번	명칭	사진	연번	명칭	사진
13	다섯벌감개매듭 다섯벌강정매듭		14	병아리매듭	
15	십일고매듭		16	석씨매듭	
17	사색판매듭 거북매듭		18	벌매듭	
19	난간매듭[8]		20	나비매듭 암나비매듭	
21	숫나비매듭		22	잠자리매듭 온정자매듭	
23	날개매듭		24	매미매듭	
25	가재눈매듭		26	게눈매듭	

8   난간매듭은 생쪽매듭으로 난간을 두른 것.

연번	명칭	사진	연번	명칭	사진
27	꼰디기매듭		28	파리매듭	
29	안경매듭		30	동심결매듭 생生동심결매듭 동승결매듭 동결매듭	
31	가지방석매듭		32	삼발창매듭	
33	오발창매듭		34	망사매듭	
35	전복술매듭		36	혼백매듭	
37	사死동심결매듭		38	거꾸로암나비매듭	
39	딸기매듭		40	거꾸로숫나비매듭	
41	법륜매듭		42	변형석씨매듭	

* 여기에서는 유물에 있는 매듭을 종합하여 42종류로 하였다.

멋과 품격의 예술 매듭

2) 매듭의 형태

매듭은 끈목의 중심을 반으로 접어 두 가닥의 끈을 순서에 따라 번갈아 가며 엮고 조이며 맺는다. 매듭을 맺을 때는 끈목의 결을 반듯하게 하여 꼬이거나 틀어지지 않게 하면서 송곳을 이용하여 몸의 중심을 바로 잡아놓고 차례대로 질서있게 길을 따라 균형을 잡으면서 조인다.

이러한 매듭의 특징은 중심에서 시작해서 중심에서 끝나며 3점 이상이 한 선 위에 교차하면서 형태를 이룬다. 완성된 매듭은 좌우가 대칭이고, 앞뒤가 거의 같은 형태이다. 앞뒤 모양이 같은 매듭은 연봉매듭, 가락지매듭, 도래매듭, 귀도래매듭, 안경매듭, 잠자리매듭, 삼발창매듭, 오발창매듭이 있다.

앞뒤 모양이 다른 매듭은 생쪽매듭, 삼정자매듭, 가지방석매듭, 십일고매듭, 석씨매듭, 벌매듭, 파리매듭, 딸기매듭, 국화매듭, 병아리매듭, 나비매듭, 세벌감개매듭, 네벌감개매듭, 다섯벌감개매듭, 사색판매듭, 매화매듭, 법륜매듭, 변형석씨매듭이 있다.

기본형 매듭의 명칭은 생활 주변에서 볼 수 있는 식물이나 동물, 물건 등에서 볼 수 있다.

식물형매듭 : 연봉매듭, 생쪽매듭, 국화매듭, 매화매듭, 딸기매듭, 석씨매듭(석류알).

동물형매듭 : 파리매듭, 병아리매듭, 벌매듭, 잠자리매듭, 나비매듭. 꼰디기매듭, 매미매듭. 사색판(거북)매듭, 게눈매듭, 가재눈매듭

사물형 : 가락지매듭, 안경매듭, 장구매듭, 가지방석매듭. 삼발창매듭. 오발창매듭. 난간매듭. 망사매듭.

기타 : 도래매듭, 외도래매듭, 귀도래매듭. 삼정자매듭. 십일고매듭. 동심결매듭, 사동심결매듭, 법륜매듭. 혼백매듭.

기본형 매듭에서 가장 많이 쓰이는 매듭은 생쪽매듭과 국화매듭이다.

생쪽매듭으로 연결하여 맺는 매듭 : 삼정자매듭, 파리매듭, 딸기매듭. 벌매듭, 장구매듭. 가지방석매듭, 십일고매듭, 석씨매듭. 매미매듭, 난간매듭, 법륜매듭, 변형석씨매듭.

국화매듭으로 연결하여 맺는 매듭 : 병아리매듭, 나비매듭, 거꾸로나비매듭, 사색판매듭, 세벌감개매듭 등이 있다.

3) 매듭 맺기

거꾸로나비매듭

중심에서 날개매듭을 위로 붙이면 거꾸로 암나비매듭이고 아래로 붙이면 거꾸로숫나비
매듭이다. 국화매듭을 엮는 과정 중에 날개매듭을 만들면서 완성한다. 주머니, 노리개, 발걸
이 유소 등에 많이 이용한다.

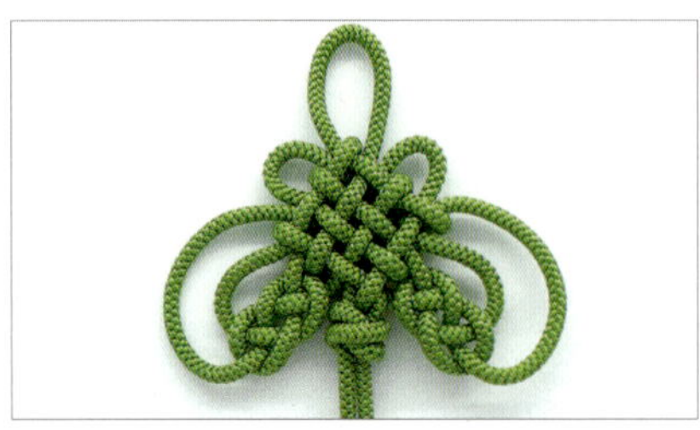

완성된 거꾸로숫나비매듭

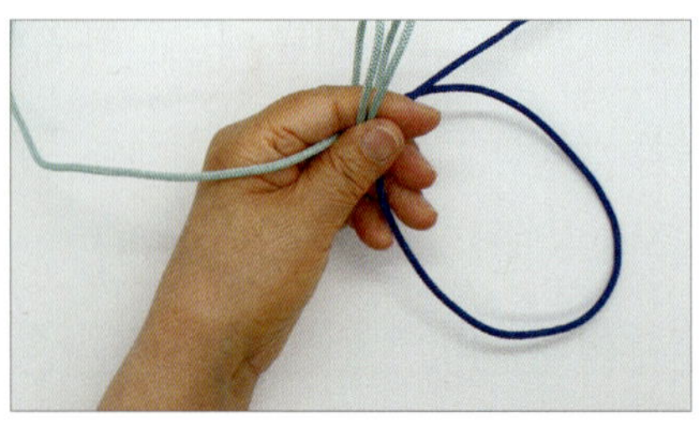

① 중심에서 왼쪽 끈으로 오른손에 두 번 감은 뒤
왼손으로 옮겨 쥐고 큰 고를 만든다.

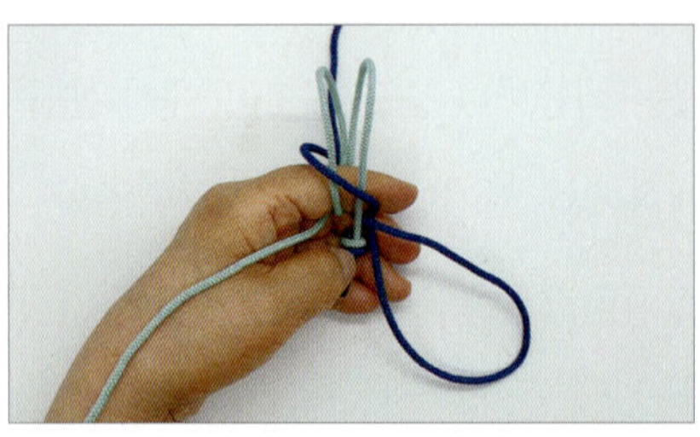

② 큰 고 뒤쪽 끈으로 앞에서 뒤로 감은 뒤 바깥쪽
으로 젖혀 놓는다.

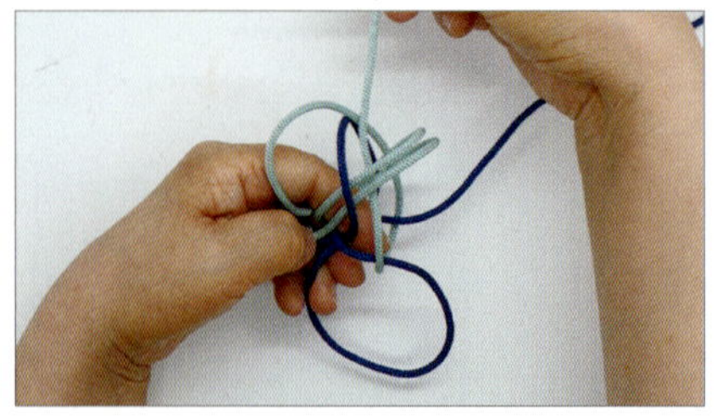

③ 왼손등에 있는 끈을 두 고 사이로 왼쪽에서 오른
쪽으로 통과 시킨 다음 연결된 끈 아래로 가서
큰고 아래에서 위로 빼어 두 고 사이로 나간다.

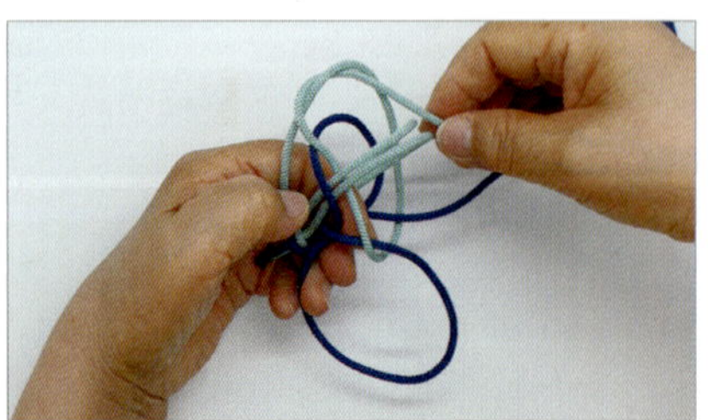

④ 마지막 통과한 고 아래에서 위로 뺀다

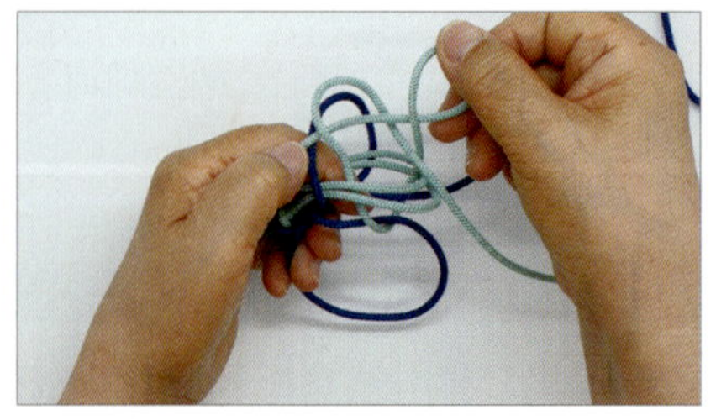

⑤ 오른쪽으로 고를 밖으로 젖힌다.

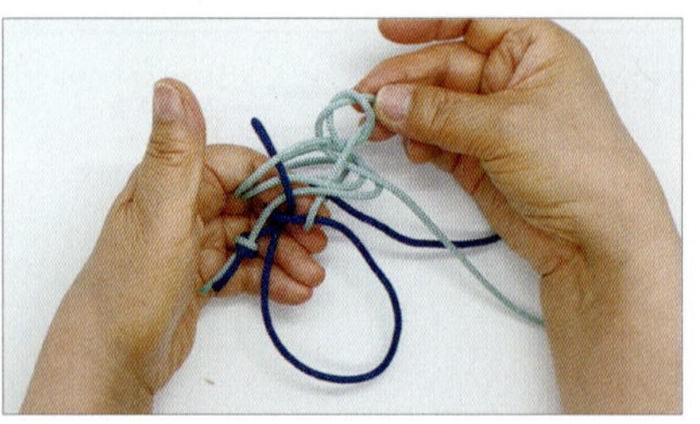

⑥ 젖혀 놓은 고 사이로 아래에 있는 끈을 위로 뺀다

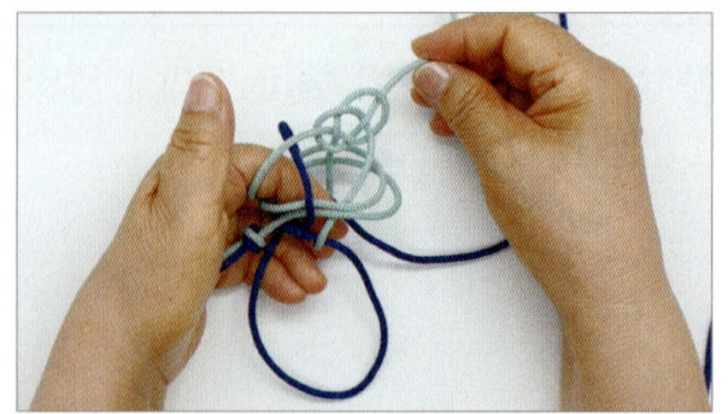

⑦ 빼낸 고 사이로 끈을 끼워 날개를 완성한다.

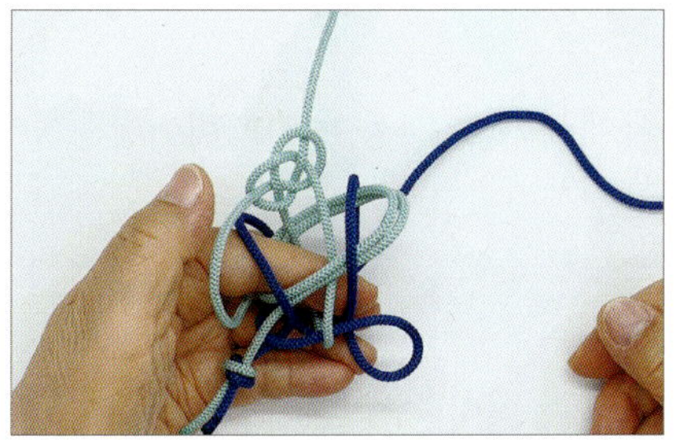
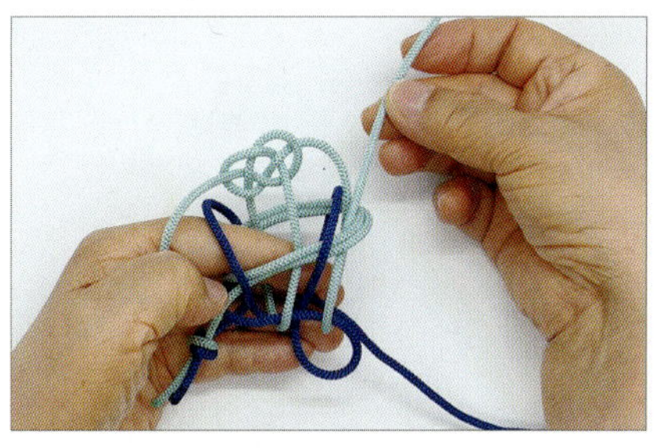

⑧ 큰 고를 바로 펴서 왼 손 두 고 앞에서 뒤로 감은 다음 바깥으로 젖혀 놓는다.

⑨ 왼손 에 있는 끈으로 두고를 통과시키고 오른쪽 끈 밑으로 가서 젖혀 놓은 고 아래에서 위로 끼우고 나간다.

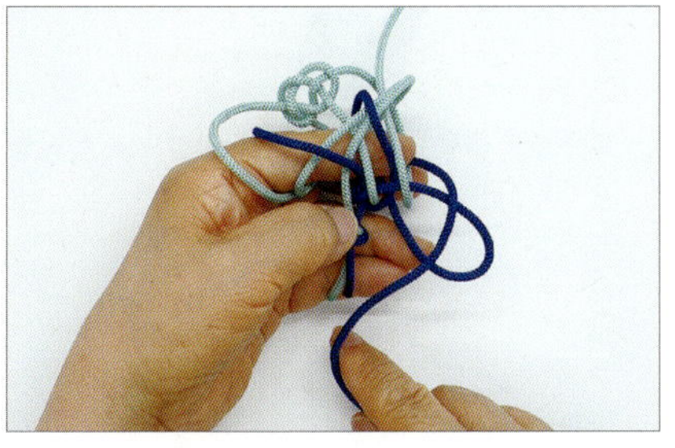
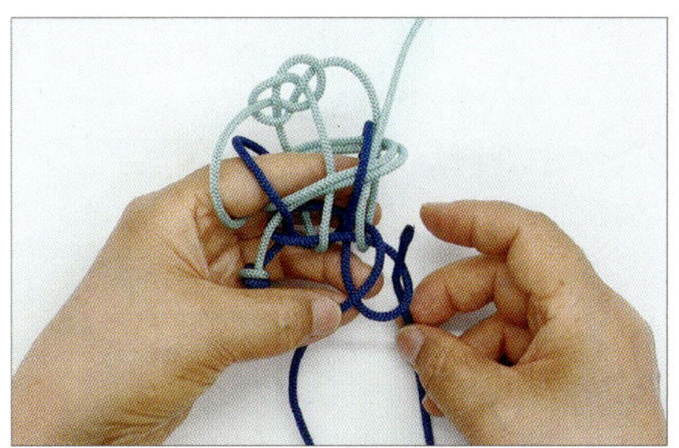

⑩ 오른쪽 끈으로 젖혀 놓은 고 위로 놓는다.

⑪ 젖혀 놓은 고 아래에서 위로 끼운다.

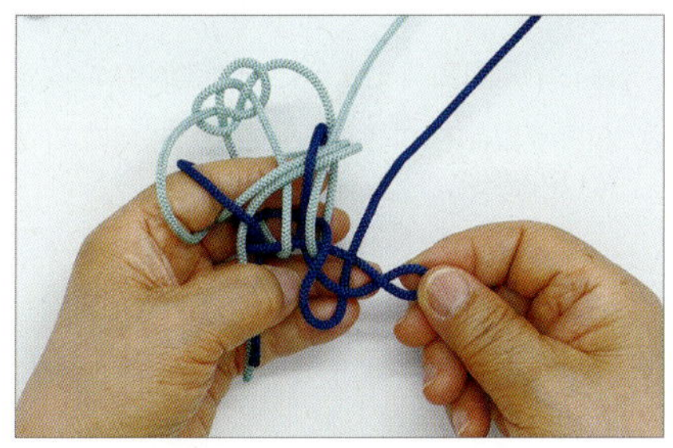
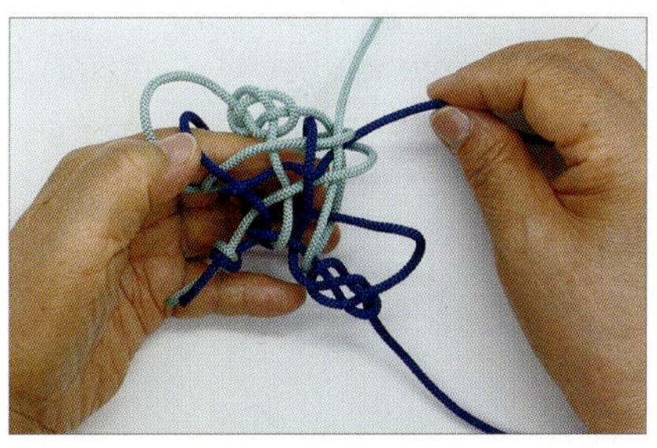

⑫ 젖혀 놓은 고를 안쪽으로 엎어 놓는다.

⑬ 젖힌 고를 연결된 끈위에 얹고 아래끈을 위로 빼준다.

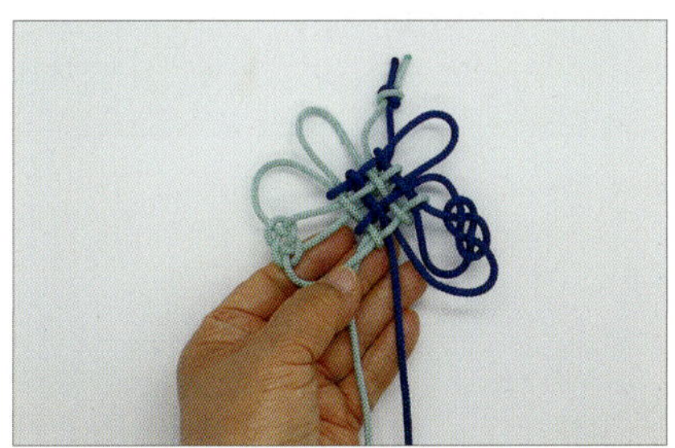
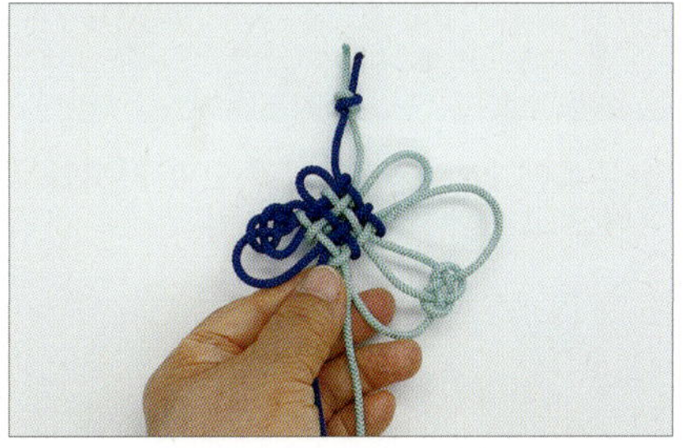

⑭ 왼손의 두 고 사이로 오른쪽에서 부터 끈을 끼우고 다시 뒤집어서 고를 끼운다.

⑮ 몸을 먼저 잘 조이고 날개를 조여 붙인다. 중심에서 위의 고를 길게 하면 거꾸로 숫나비매듭이 되고 아래 고를 길게 하면 거꾸로 암나비매듭이 된다.

딸기매듭

딸기모양과 닮아서 붙여진 이름인데 궁중 유물에서 주로 사용했으며 비취발향등에서 많이 볼 수 있다.

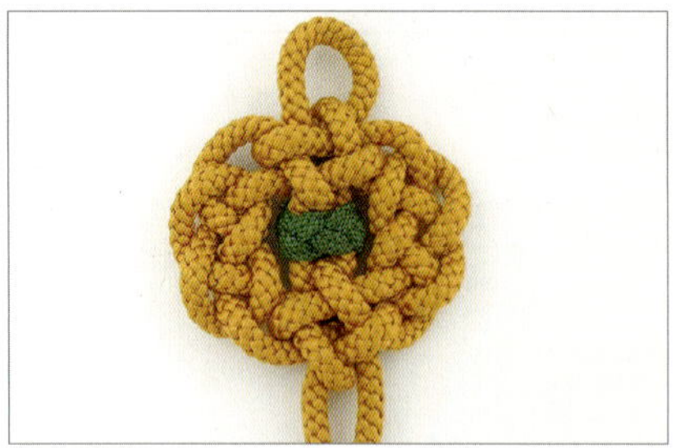

① 완성된 딸기매듭

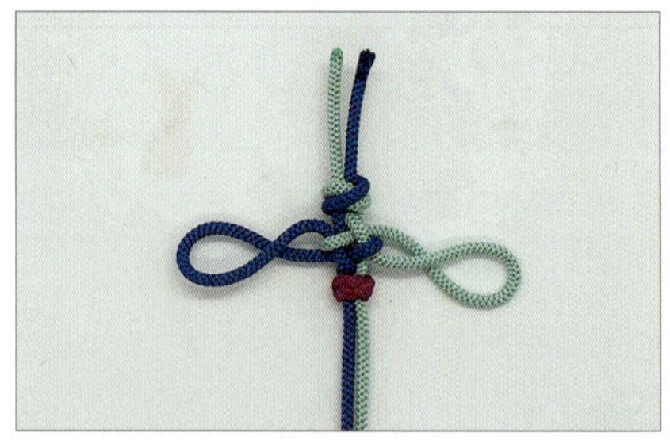

② 생쪽매듭 양쪽고를 길게 해서 바같으로 젖혀놓고 가락지매듭을 끼운다

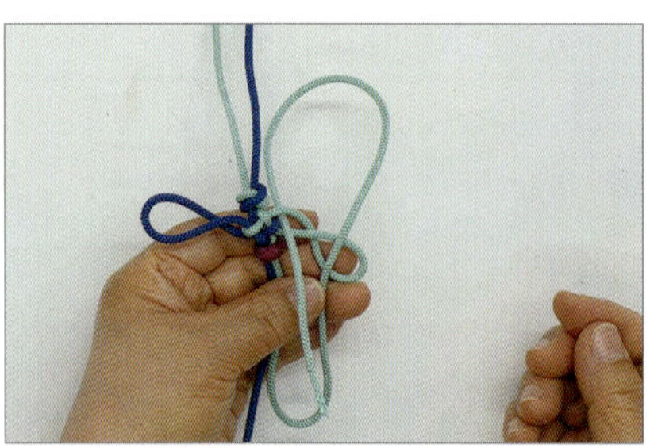

③ 오른쪽 끈목으로 젖혀 놓은 오른쪽 고 원 위를 돌아서 위쪽 끈 아래에서 위로 끼운 다음 위에서 아래로 끼운다.

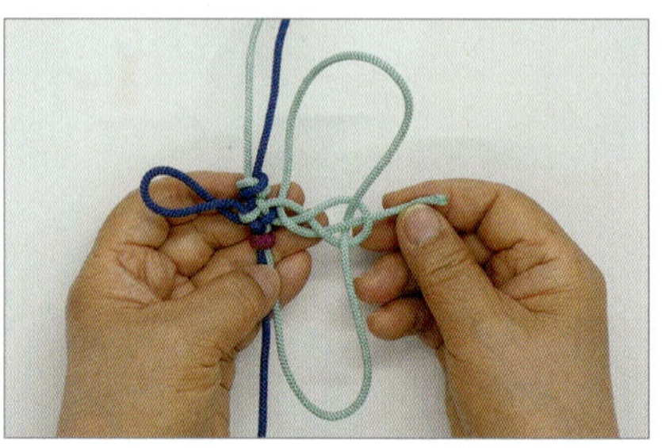

④ 원 안에 있는 끈 아래에서 위로 위에서 아래 끼워 나비날개처럼 만든다.

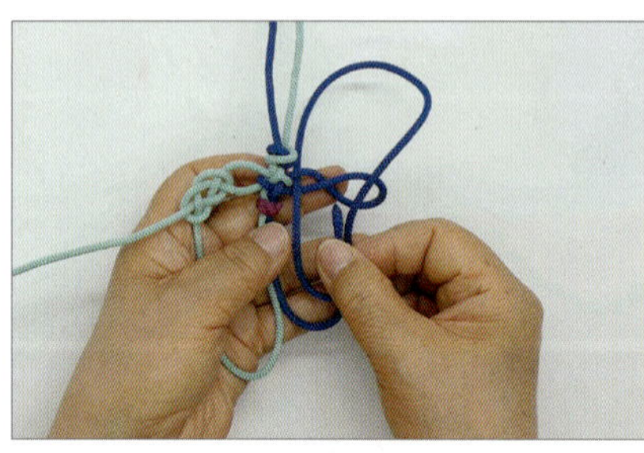

⑤ 왼쪽에 있는 끈을 오른족으로 가져와서 젖혀진 고 위에서 아래로 끼운다.

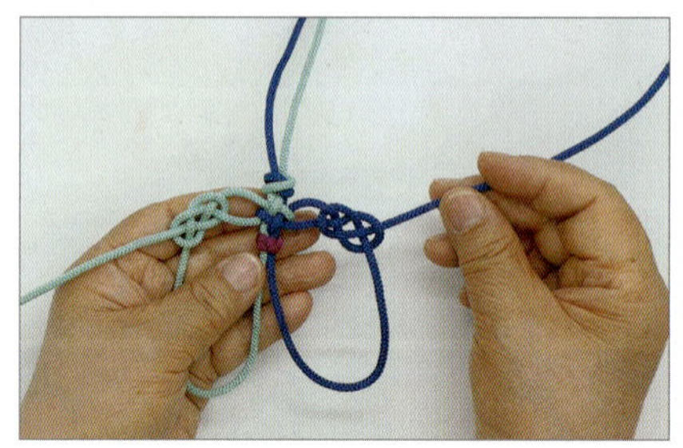

⑥ 4, 5번처럼 똑같이 엮는다.

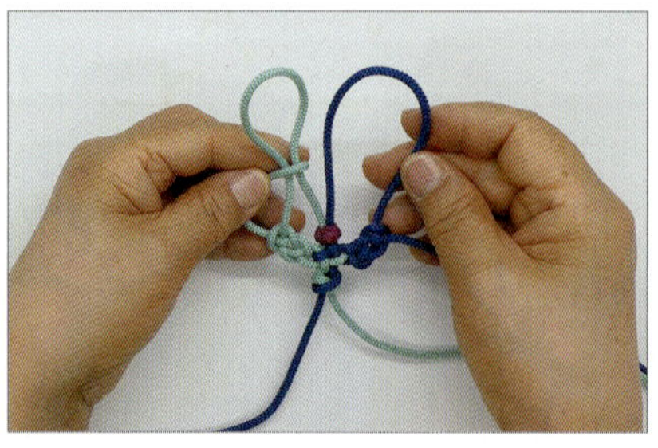

⑦ 생쪽매듭을 바로 놓고 양쪽 고 로 생쪽매듭을 맺는다.

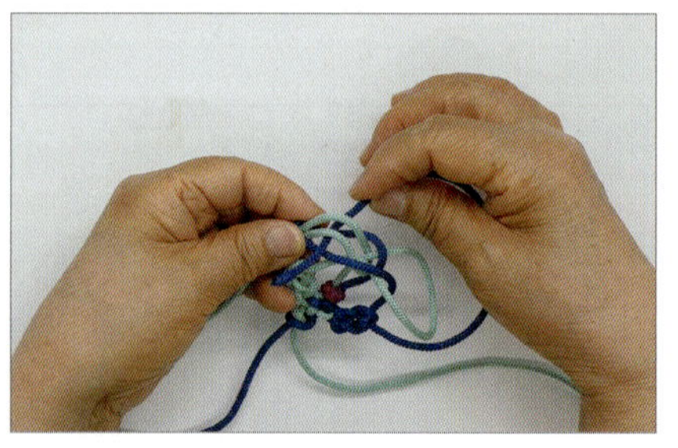

⑧ 생쪽매듭을 맺은 다음 조인다.

법륜매듭

불번유소에서 볼 수 있으며 불번은 불교의식구 중 하나이며 불교의식을 봉행할 때 사용된다. 서울공예박물관 아미타불번에서 볼 수 있다.

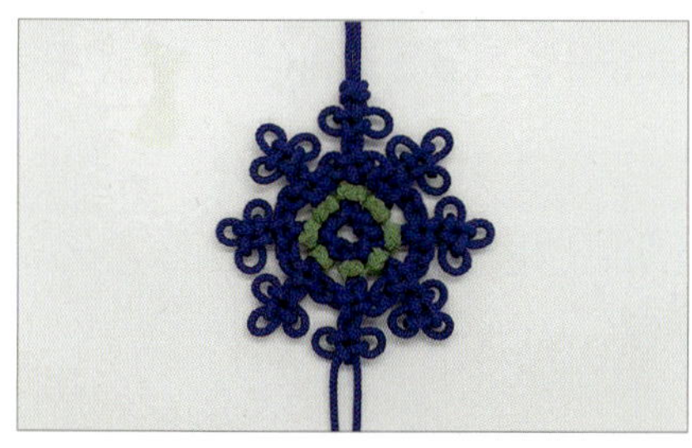

① 완성된 법륜매듭

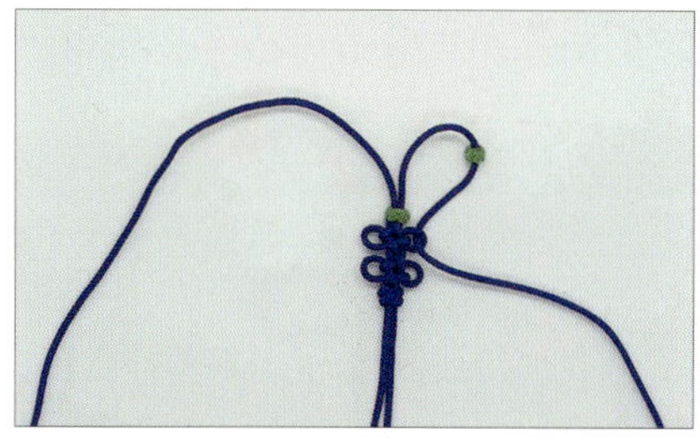

② 생쪽매듭 둘을 맺은 다음 가락지매듭을 끼우고 오른쪽 끈에 가락지매듭을 끼운 다음 생쪽고에 끈을 아래에서 위로 끼운다.

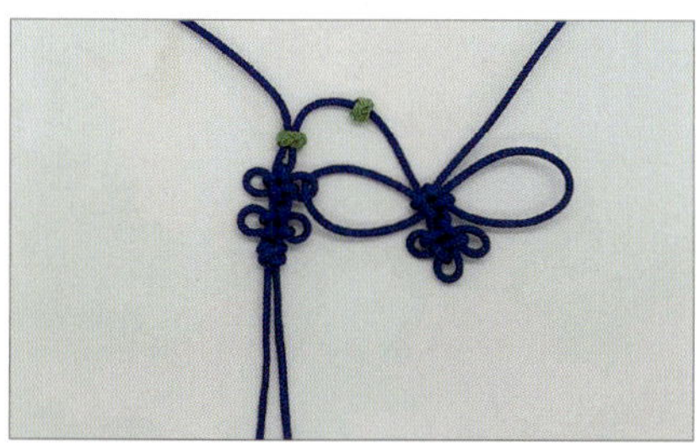

③ 오른쪽 끈 하나로 생쪽매듭 두 개를 맺는다.

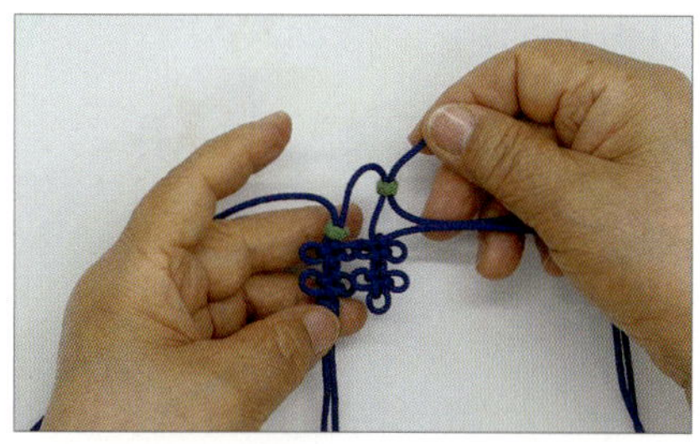

④ 생쪽매듭을 맺은다음 끼워둔 가락지매듭으로 끈을 통과 시킨다.

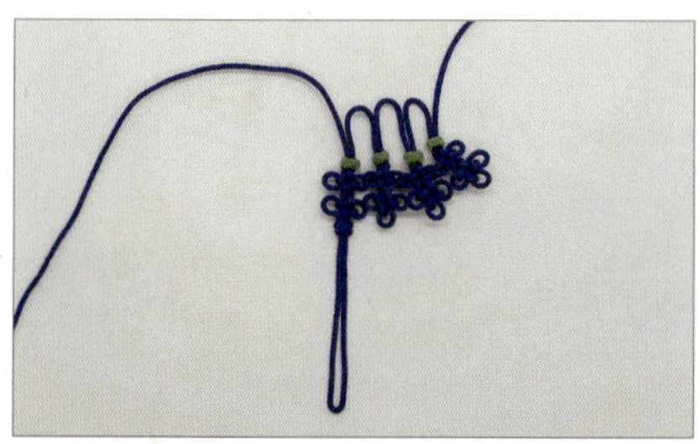

⑤ 생쪽매듭 두 개씩 맺고 가락지매듭을 끼운 것을 오른쪽으로 3개 반복하여 맺는다.

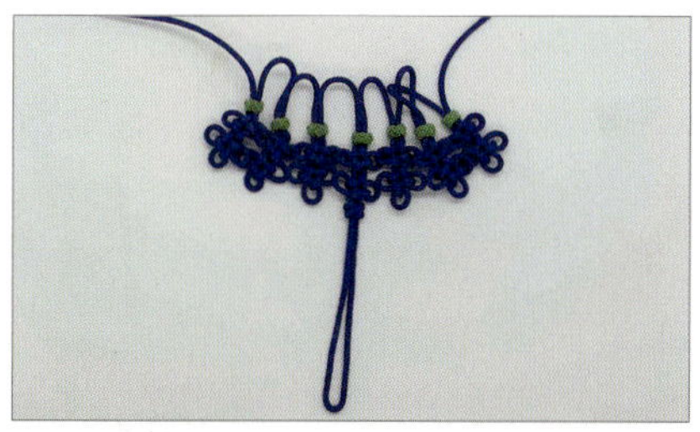

⑥ 왼쪽에 있는 끈은 오른쪽으로 바꾸어서 3개를 더 맺은 다음 오른쪽 고를 왼쪽 고 위로 얹어서 왼쪽고를 위로 올리고 연속해서 한 다음 마지막 고를 남겨둔다.

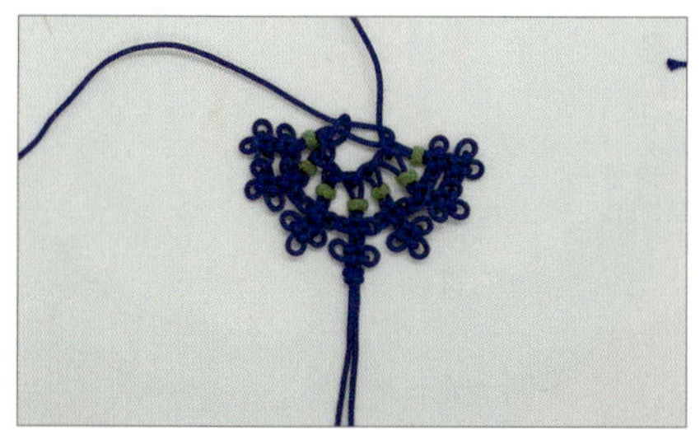

⑦ 연결하여 뺀 고 사이로 오른쪽 끈을 끼운다.

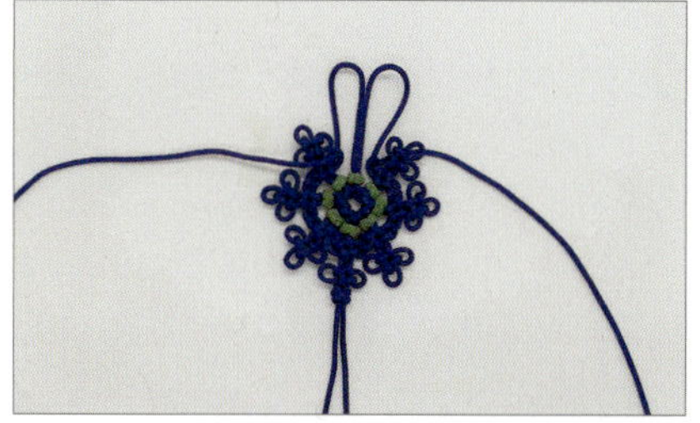

⑧ 연결한 두 끈목에 가락지매듭을 맺고 생쪽매듭 양쪽고에 연결하여 다시 생쪽매듭을 맺는다.

혼백매듭

사람이 운명할 때 머리맡에서 매듭을 맺어 두었다가 탈상때 산소옆에 묻거나 소각한다.

잘 조여지지 않으며 마음대로 움직인다. 죽은 후에 영혼이 자유롭게 떠돌아 다니라는 뜻이 있다. 앞, 뒤가 다르며 앞면은 우물정자(井)자 모양이고 뒷면은 십자(十) 모양이다.

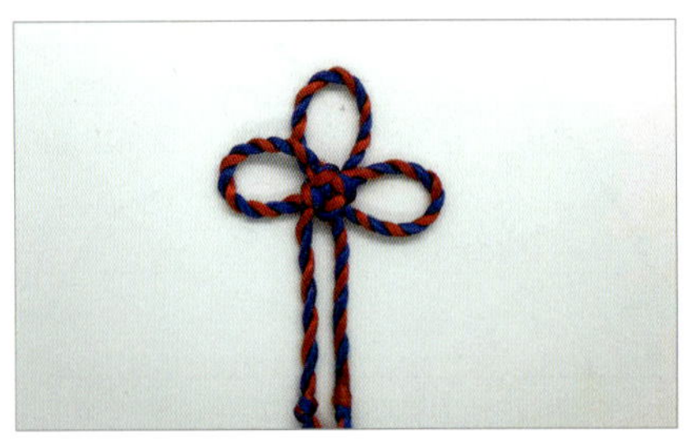

① 완성된 혼백매듭

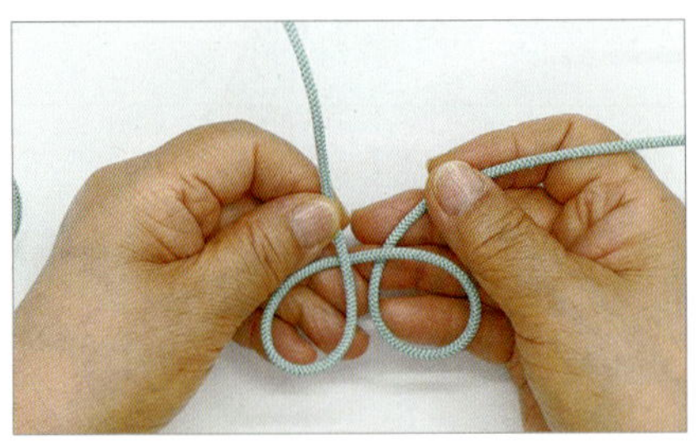

② 중심에서 왼쪽고는 끈목을 위로 오른쪽은 아래로 하여 고를 만든다.

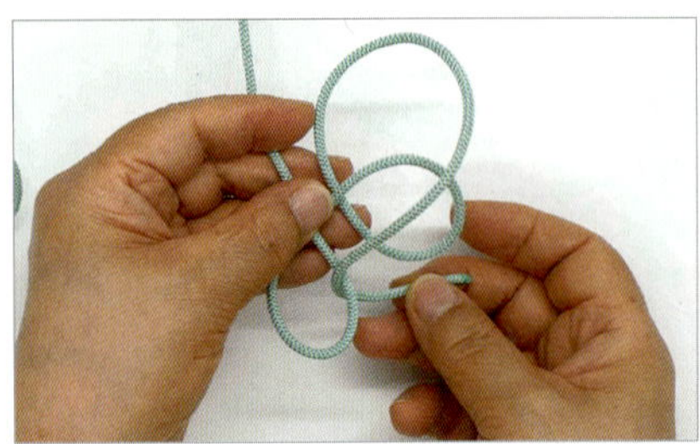

③ 오른쪽 끈으로 오른쪽 고 위를 지나 왼쪽 고 아래로 간다.

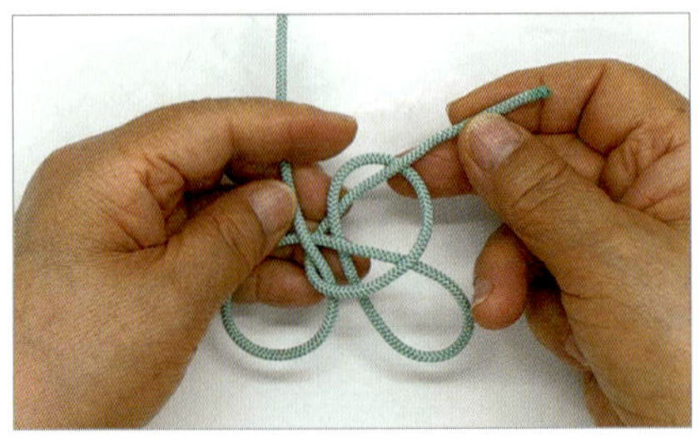

④ 마지막 고 아래에서 위로 뺀다.

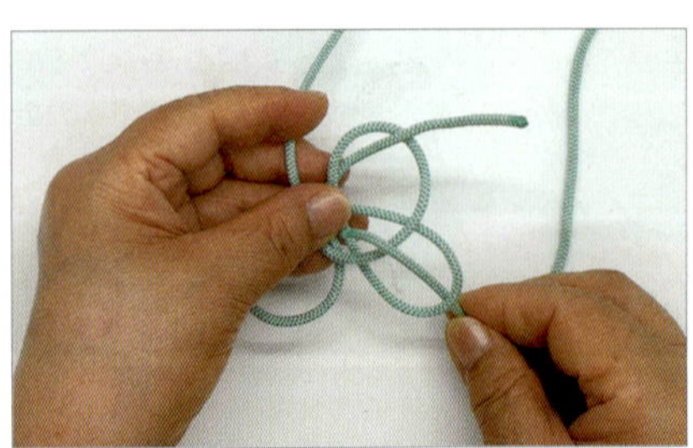

⑤ 왼쪽 끈을 고 아래로 지나 처음 만든 오른쪽 고 아래에서 위로 뺀다.

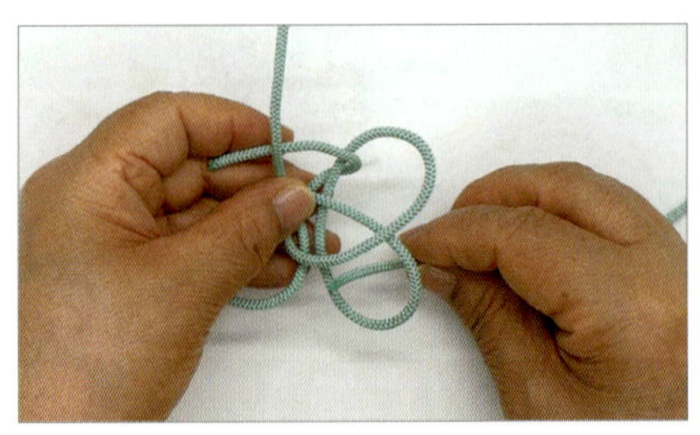

⑥ 오른쪽에 있던 끈을 왼쪽으로 보낸다.

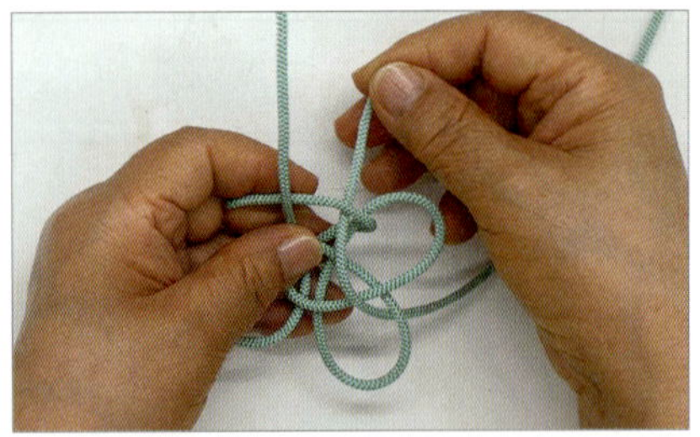

⑦ 중간 고 아래에서 위로 뺀 끈을 왼쪽으로 보낸 끈 아래로 끼워서 조인다. 잘 조여지지 않는다. 앞, 뒤가 다르다.

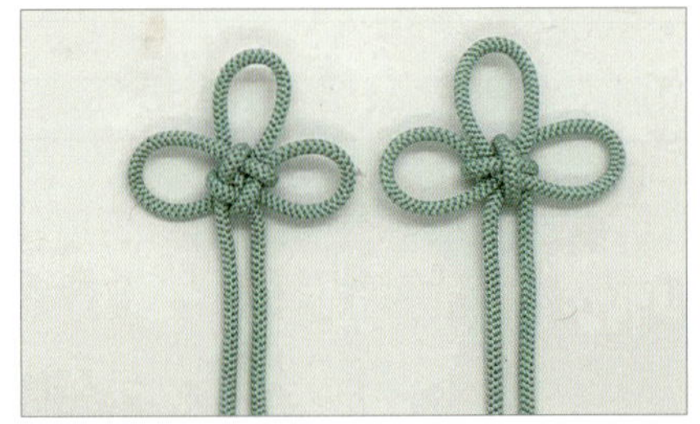

⑧ 앞면과 뒷면

6. 술의 종류와 만들기

술은 매듭의 끝에 달리는 것으로, 여러 가닥의 실로 만들어진다. 술은 전체적인 매듭의 구성을 돋보이게 하는 역할을 하며 끈목, 매듭, 술의 세 가지가 조화를 이룰 때 비로소 단아하고 아름다운 작품이 완성된다. 끈목의 색채나 매듭의 구성이 훌륭하더라도 끝에 달려 있는 술이 아름답지 않으면 좋은 작품이 될 수 없다. 술은 주체를 아름답고 화려하게 해 주면서 정적인 멋과 함께 움직일 때 더욱 동적인 분위기를 고조시킨다.

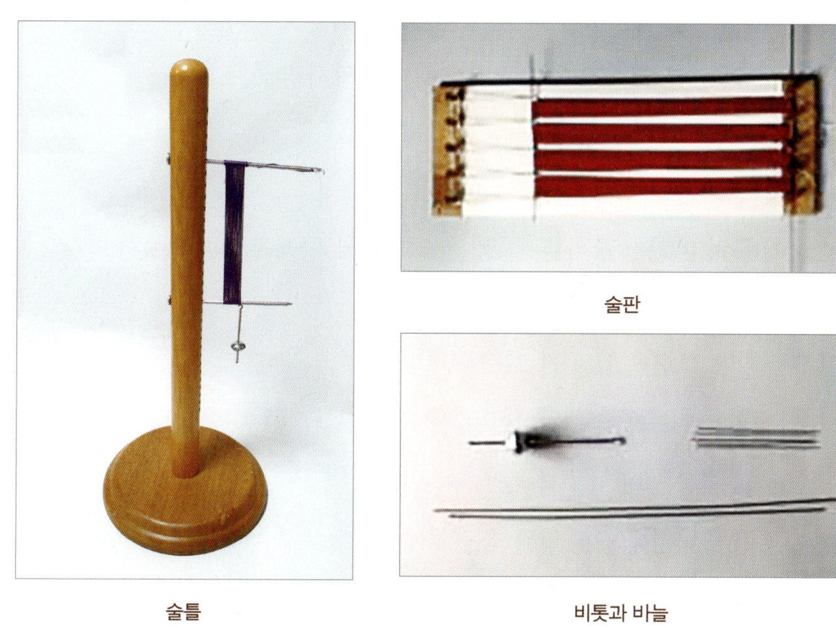

술판

술틀

비톳과 바늘

딸기술, 봉술, 방망이술, 잔술 등을 만들기 위해 아래와 같은 과정이 필요하다.

술이 두 개인 것은 이봉술, 세 개는 삼봉술, 다섯 개는 오봉술이라고 한다.

① 염색한 명주실을 술의 굵기에 맞추어 두 가닥으로 날아 놓는다.

② 두 가닥 나른 실을 각각 오른쪽으로 꼰 후, 두 가닥을 합쳐 왼쪽으로 고수리가 지기 직전까지 꼰다(10m를 날랐을 때 3m 정도 줄면 적당 하지만 실의 굵기에 따라 차이가 있다).

③ 꼬아둔 술 올을 길이에 맞춰 술 틀의 위는 긴 못을, 아래에는 짧은 못으로 끼워 놓고, 힘을 고르게 주면서 팽팽히 감는다.

④ 술 실의 맨 끝부분은 위의 긴못 구멍에 고정시켜 놓는다.

⑤ 금속 비톳으로 한 올씩 빼서 오른쪽으로 돌려 왼손에 쥐고 있는 긴바늘에 끼운다.

⑥ 다 꼰 후 바늘에 끼워진 술 올을 왼쪽으로 돌려 모아 꼬아서 전체를 고정시킨다.

⑦ 술 틀 위쪽 사장못 끝의 구멍에 실을 끼운 채 긴 금속 바늘대에 같이 끼워 둔다.

⑧ 술 실을 술판에 오른쪽으로 펴서 고정시킨다.

⑨ 김을 쏘일 용기에 물을 붓고 끓으면 술판을 엎어 놓고 두꺼운 보자기로 씌운 뒤, 김이 오르면 꺼낸다.

⑩ 하루 정도 술판에 고정시킨 상태로 완전히 마를 때까지 둔다.

(1) 딸기술

① 김 쏘이기를 하고 완전히 마른 술 올을 술판 위로 아래쪽 3 cm 위에서 8묶음, 10묶음, 12묶음, 14묶음 등 짝수로 묶는다.

② 묶어둔 술 올을 앞뒤로 절반 갈라놓는다.

③ 앞뒤로 서로 한 묶음씩 서로 교차하면서 엮는다.

④ 모두 엮은 후 뒤집은 다음 순서대로 다시 엮는다.

⑤ 엮어 놓은 딸기 머리에 심을 넣는다.

⑥ 순서대로 조인다.

⑦ 뒤집어서 다시 한번 엮은 것을 반복하면 겹딸기술이 된다. 노리개, 주머니, 세조대, 선추, 각종 유소 등에 쓰였다.

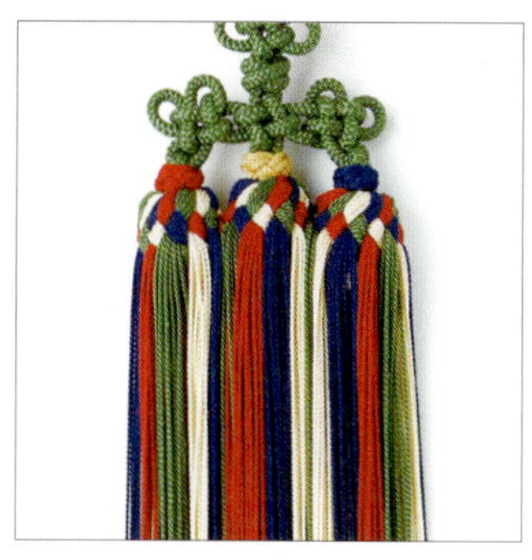

딸기술

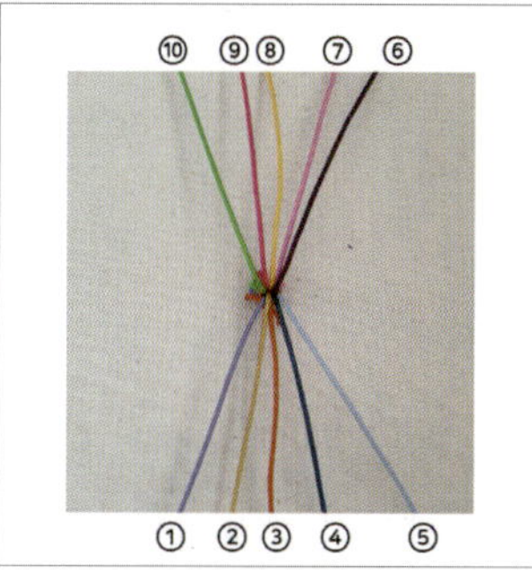

묶어둔 술 올을 앞뒤로 절반 갈라놓는다

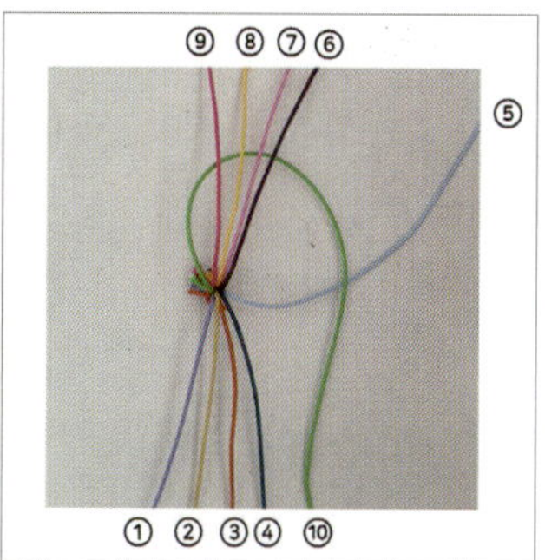

⑤번을 위로 올리고 ⑩번을 ⑨ ⑧ ⑦ ⑥
번 밑으로 가져와서 ⑤번 위로 놓는다.

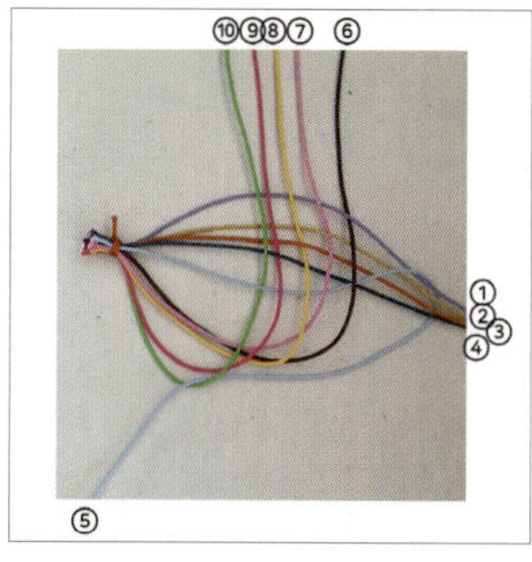

④번을 ⑩번위로 지나 ⑤번과 나란히
놓는다. ⑨번을 ⑧ ⑦ ⑥ ⑤번 밑으로 가
져와서 ④번 위로 놓는다. ③ ② ①번도
같은 순서로 한다.

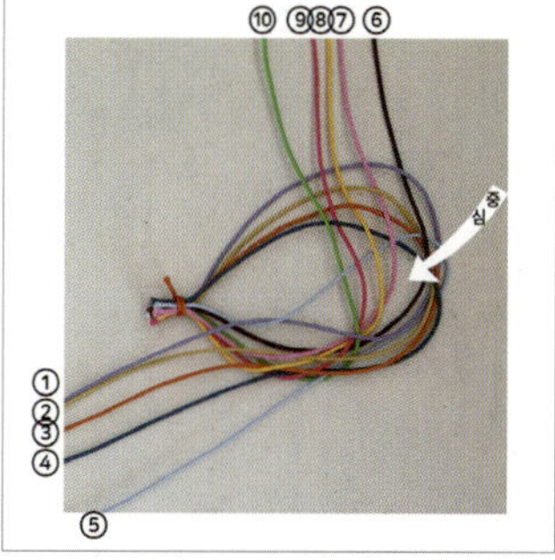

모두 엮은 다음 뒤집어 놓는다

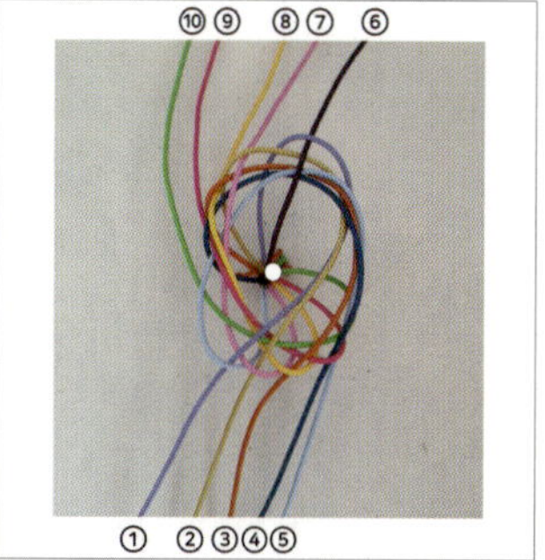

⑤번을 ① ② ③ ④번 위로 지나 그 밑으
로 가져와서 ⑩번 고 밑에서 위로 뺀다.

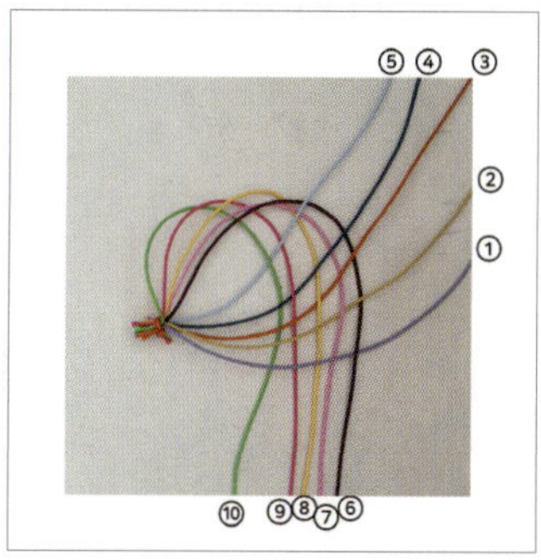

④번을 ① ② ③번 위로 지나 그 밑으로
가져와서 ⑨번 고 밑에서 위로 뺀다. ③
② ①번도 같은 순서로 한다.

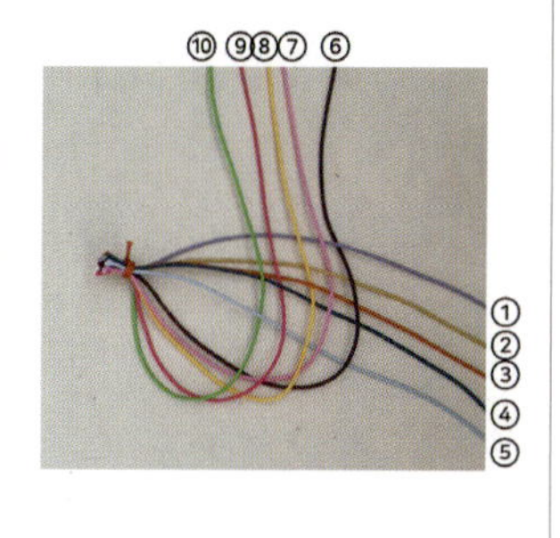

모두 엮은 다음 끈목이 통과할 구멍을
남기고 한지로 만든 둥근 심을 넣고 중
심을 한 묶음씩 차례대로 조인다.

※ 딸기술은 한 올씩 술올을 묶어서 하지만 알아보기 쉽게 끈목으로 하였다.

(2) 봉술

① 술판 위에서 떼어 낸 후, 원하는 봉 굵기만큼 실의 분량을 나누고 술 올 윗부분에 대바늘을 끼워 둥글게 묶는다.

② 풀칠한 한지 종이를 머리에 감는다.

③ 마른 후 뒤집어서 술 올을 고르게 한다.

④ 금사와 색실로 무늬를 넣으며 술머리를 감는다.

노리개, 선추, 수저집, 주머니, 각종 유소, 가마 장식, 귀걸이 등에 다양하게 쓰였다.

(3) 방망이술

① 술 머리를 나무로 깍거나 한지에 풀을 발라 동그랗게 만들어서 금색물을 올리거나 금전지를 바른다.

② 술 머리의 크기에 맞추어 합사하여 꼬아 놓은 실로 망을 떠서 씌운다.

③ 술머리 아래에 김쏘이기를 한 술을 감아 치마처럼 입힌다. 악기, 족자, 가마, 번, 호패 등에 사용되었다.

(4) 낙지발술

① 동다회 끈목으로 술 길이의 두 배 길이를 잡아 세 가닥씩 세 묶음을 만든다.

② 반으로 접어 맺어 놓은 매듭을 중심에 끼우고 그 끈목으로 외도래를 맺어 고정시킨다.

③ 중심에 도래매듭을 맺고 ②번을 반복하면 이봉낙지발술이 된다.

④ 세 번째 끈목도 반으로 접어서 같은 방법으로 마무리하면 삼봉낙지발술이 된다.

⑤ 고정시킨 외도래매듭 양쪽으로 금사를 감고 술의 아래 끝부분에도 금사를 감는다.

(5) 끈술

끈으로만 이루어진 술이라 해서 붙여진 이름이다. 동다회 끈목으로 술 길이의 두 배 길이로 잡아 양쪽에 각각 한 묶음씩을 곱접어 도래매듭을 맺어 고정시킨다. 술의 아래 끝에서 $3\,cm$

위로 금실과 색실을 감는다. 노리개, 유소 등에 사용한다.

(6) 방울술

12사, 16사, 20사, 24사, 28사 등 광다회 끈목으로 만든다. 연봉매듭을 맺고 아래로 두 가닥을 늘어뜨린 후 연봉매듭 바로 아래와 두가닥의 끝 부분에도 각각 적당한 위치에 금사와 배색이 잘 되는 색실로 벼나사를 둘러 감는다. 용도는 노리개, 선추, 장도, 안경집 등에 사용한다.

(7) 무지개술

① 술 올을 색깔별로 꼬아서 머리를 금전지나 은전지로 감는다.
② 따로 감아 놓은 술 올을 금전지나 은전지 하나로 감싸 주체 아래에 고르게 끼워 넣어 고정시킨다.
③ 술올은 가지런히 하여 끝을 반듯하게 놓고 풀칠한 다음 풀이 마른 후 똑바로 잘 자른다. 주로 노리개에 쓰였다.

(8) 금전지술

실술의 일종으로 술 올의 중심을 묶어 금종이나 은종이 사이에 비단실을 끼우고, 풀을 붙여 삼각형 모양으로 만든다. 보자기, 굴레, 족두리, 화관 등에 달았다.

(9) 잔술

봉술과 같은 것으로 아주 작고 짧게 만들어 셋이나 다섯, 혹은 일곱 개를 붙여 아얌, 조바위, 남바위, 주머니 등에 달았다.

(10) 후수술

후수는 예복이나 제복 입을 때 뒤에 드리우는 것으로 관복에 두루는 대대의 후수에 붙는 술이다.

(11) 가마술

망사매듭을 보통 5단 정도 엮은 다음 가락지매듭을 하고 아래 딸기술을 다는 것이다. 가
락지매듭은 딸기술의 색에 따라 달라진다.

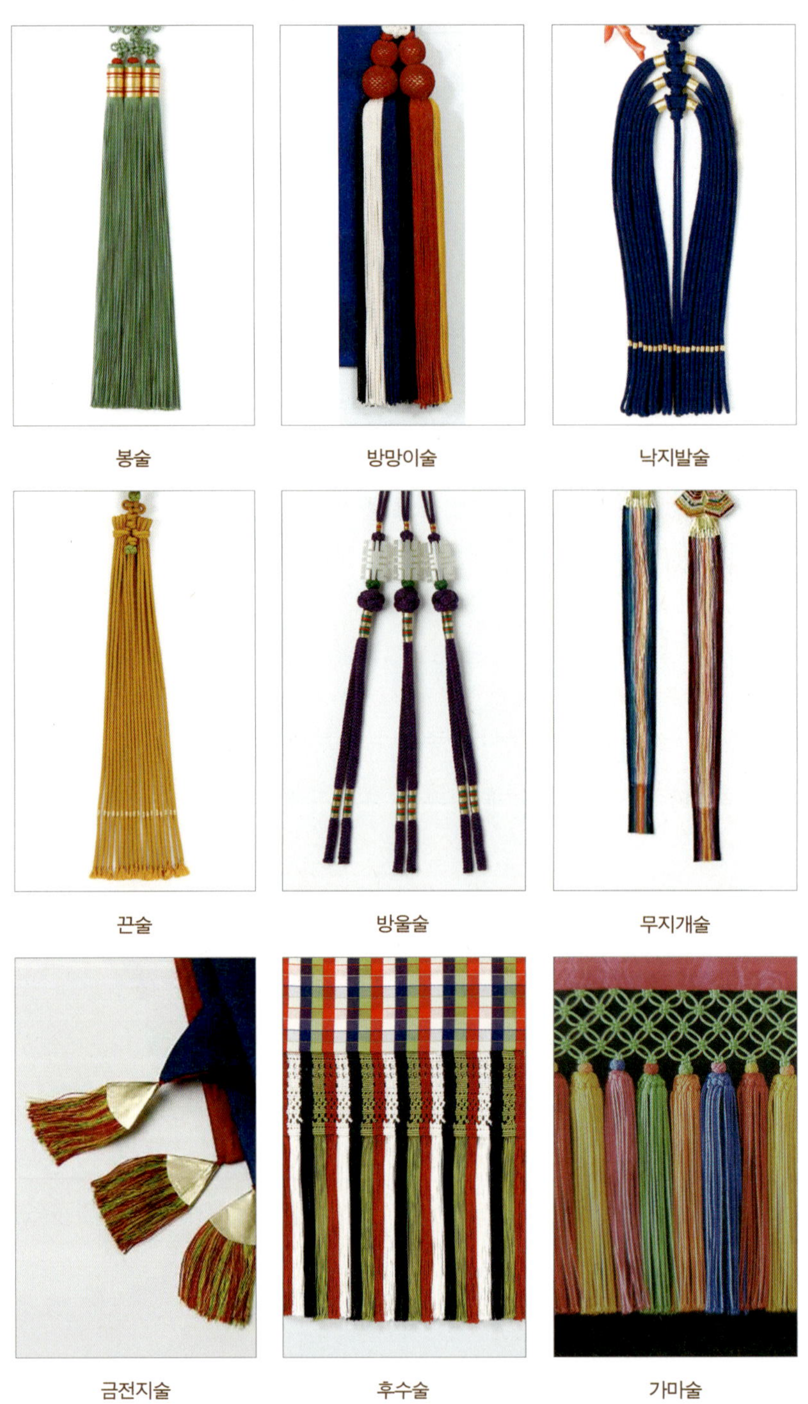

봉술	방망이술	낙지발술
끈술	방울술	무지개술
금전지술	후수술	가마술

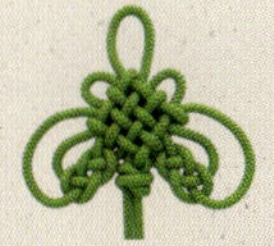

생활 속의 매듭, 박양자 맺다

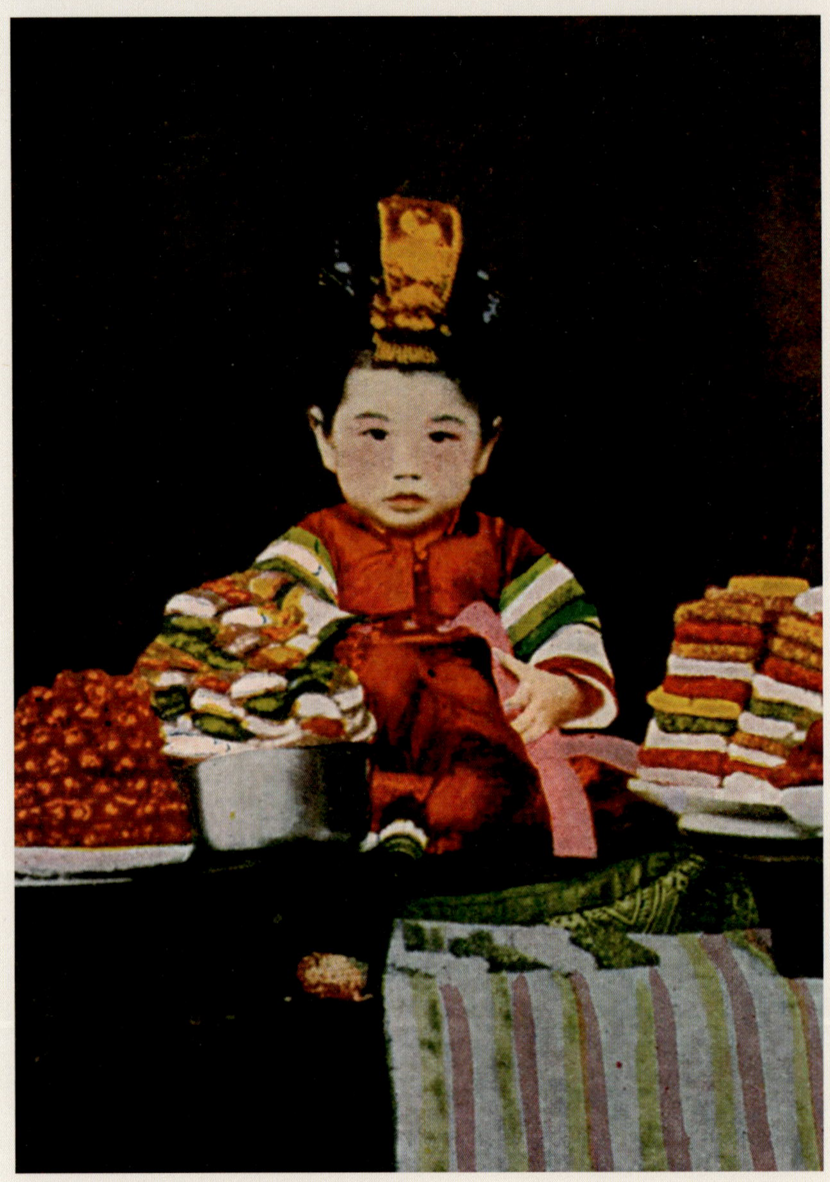

돌상 받은 여자아이, 고불미술관 소장

멋과 품격의 예술 매듭

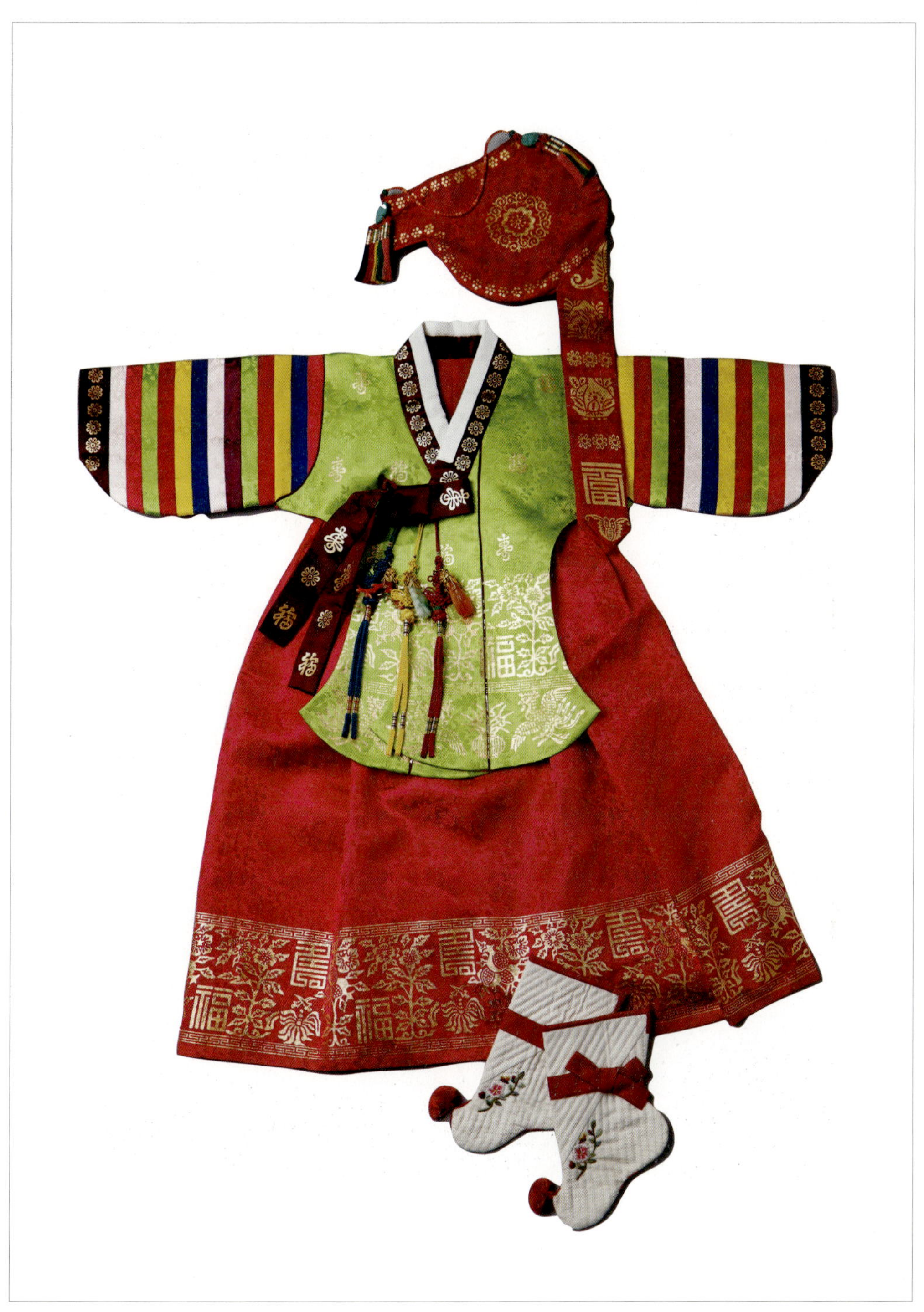

돌옷과 노리개, 2007년작

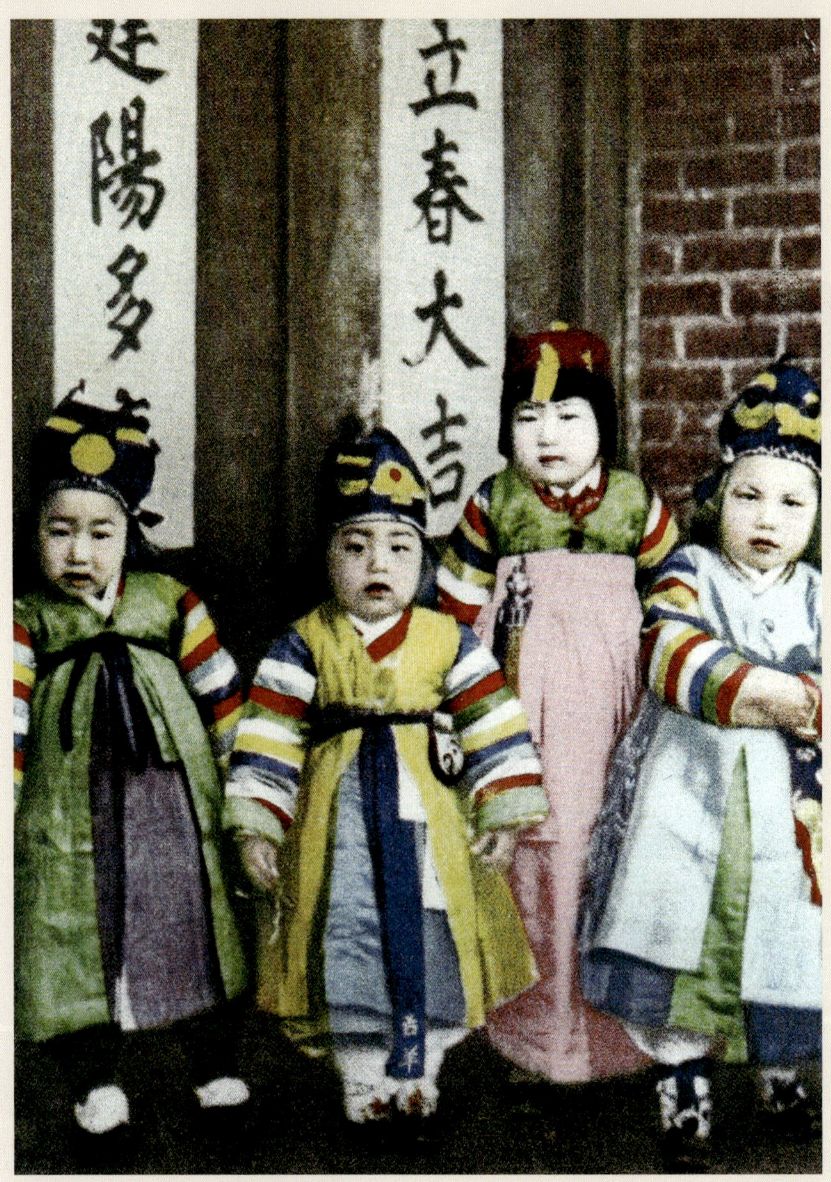

아이들, 고불미술관 소장

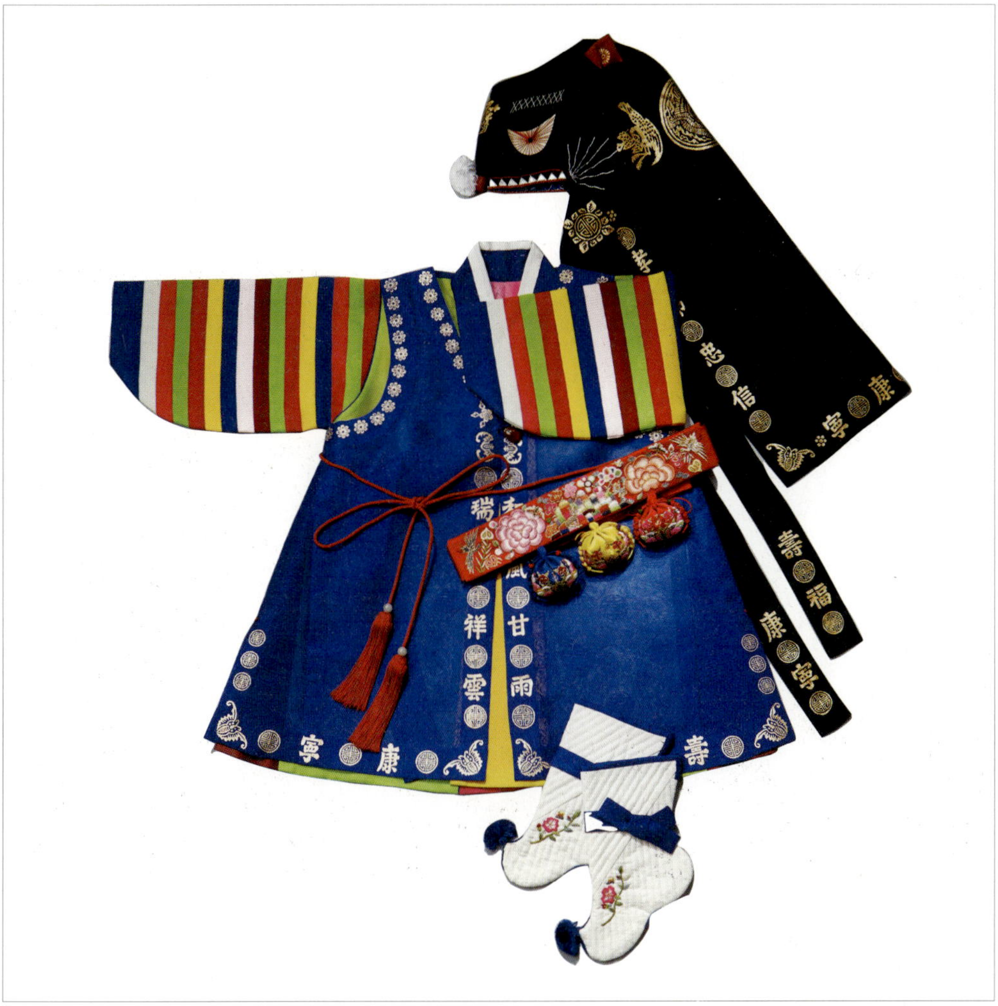

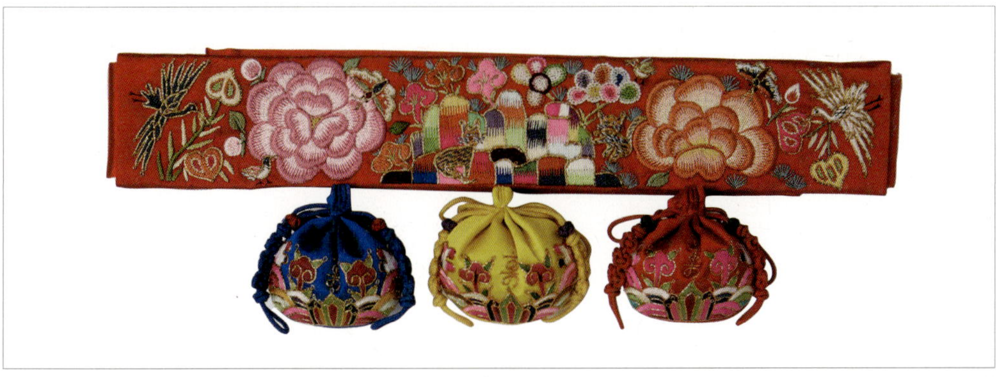

돌옷, 호건, 허리띠, 2007년작

돌띠, 2000년작

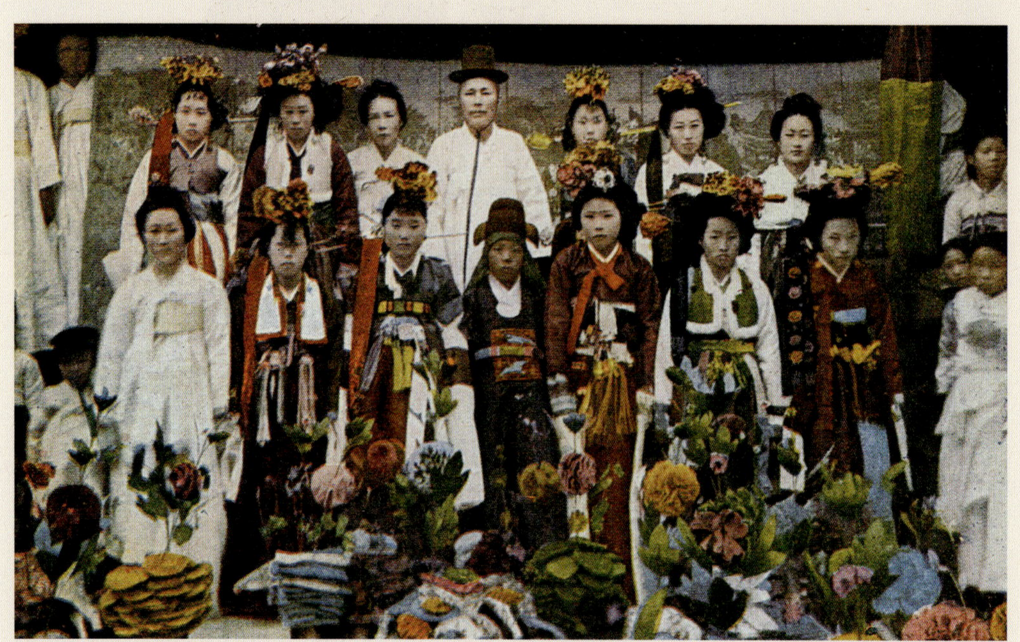

결혼식, 고불미술관 소장

멋과 품격의 예술 매듭

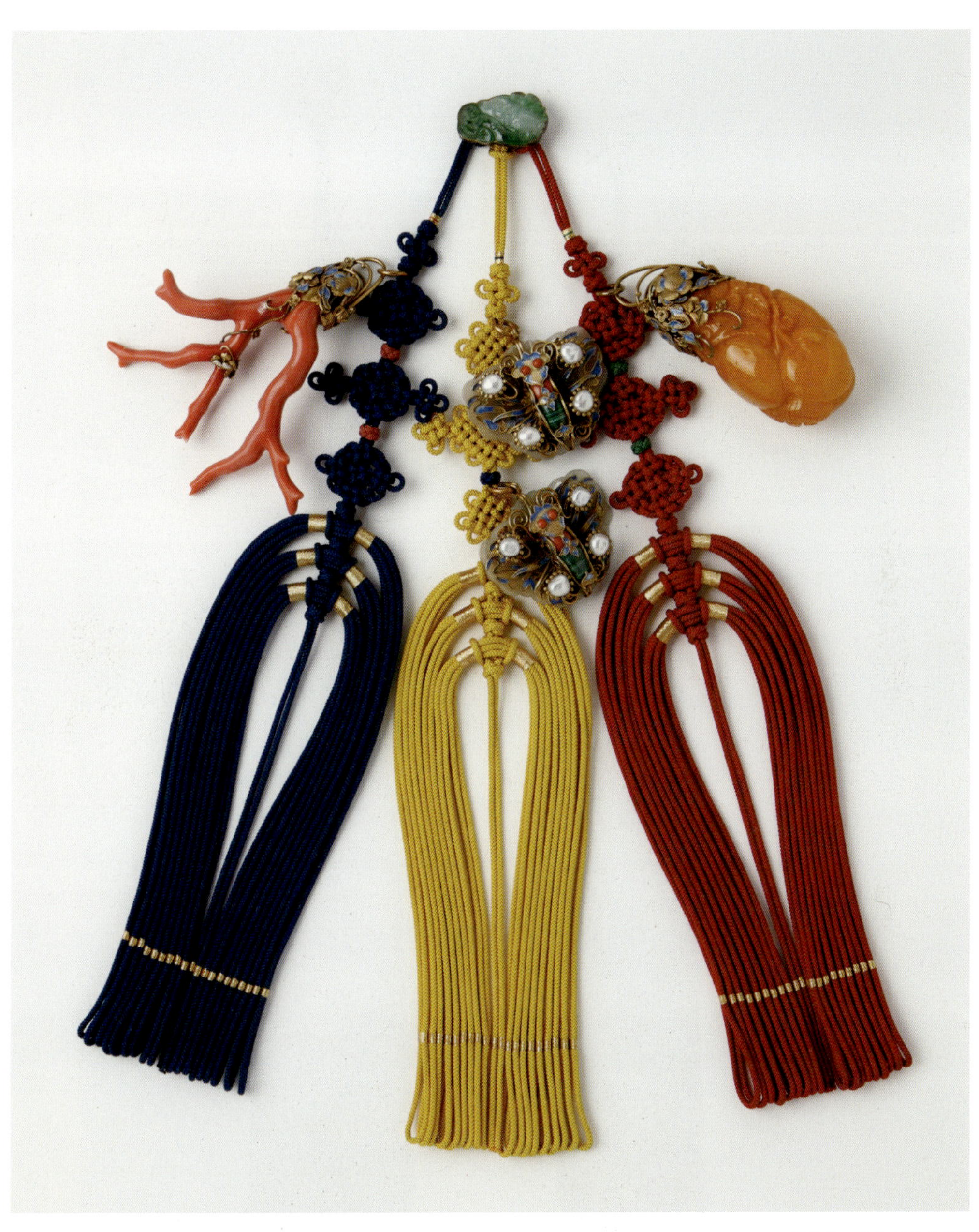

대삼작노리개, 2001년작

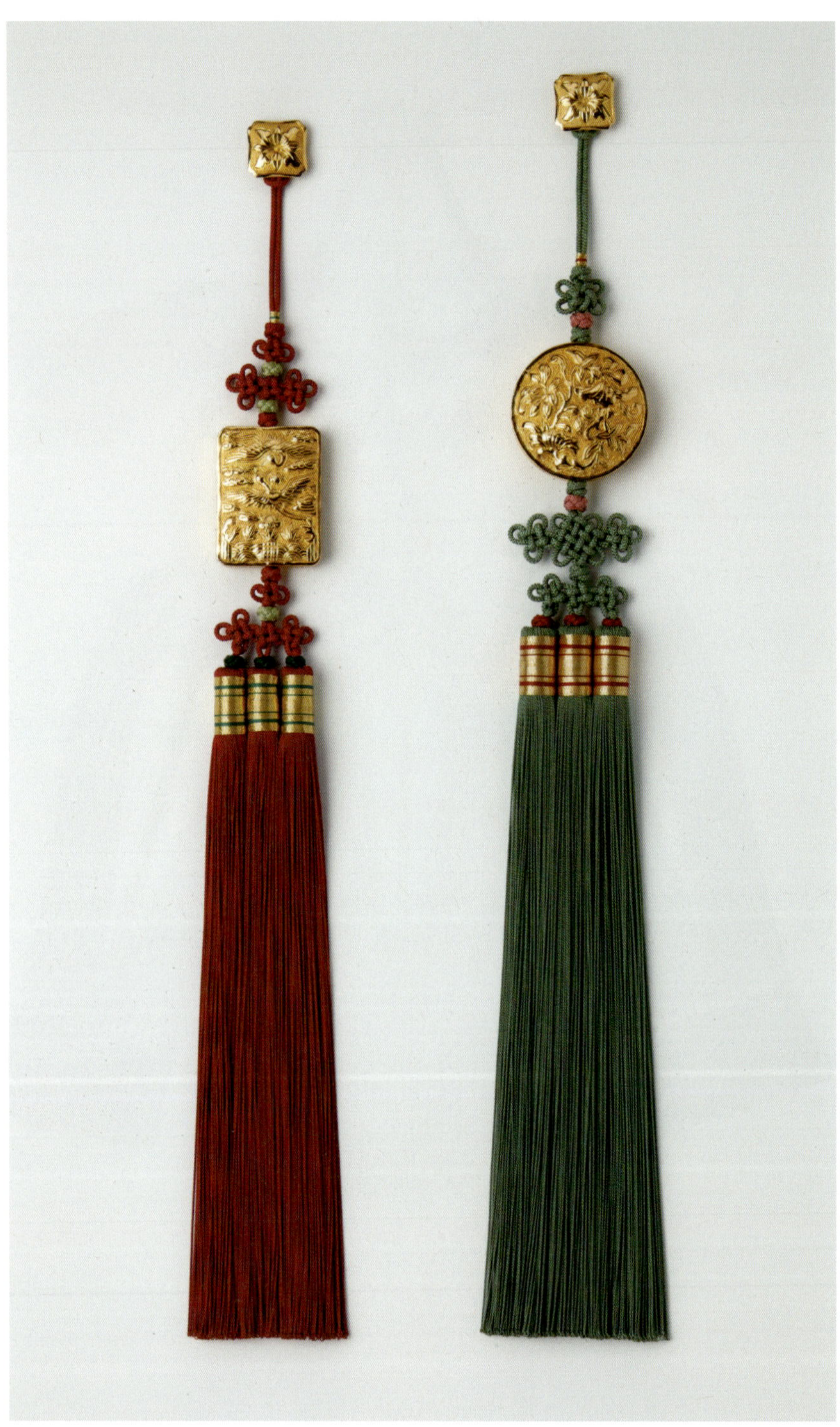

금향갑노리개, 2004년작

멋과 품격의 예술 매듭

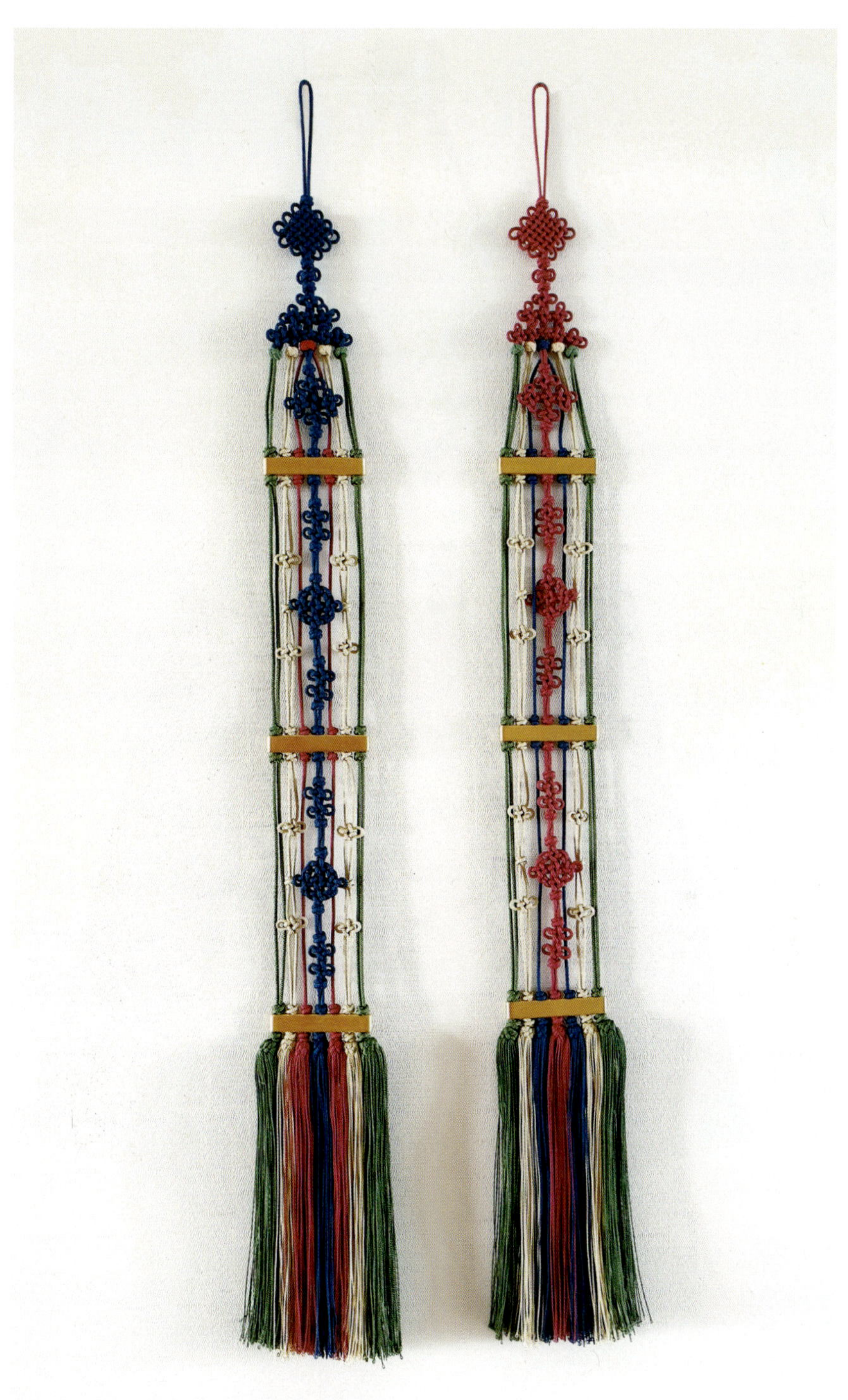

긴노리개, 2021년작

2장 생활 속의 매듭, 박양자 맺다

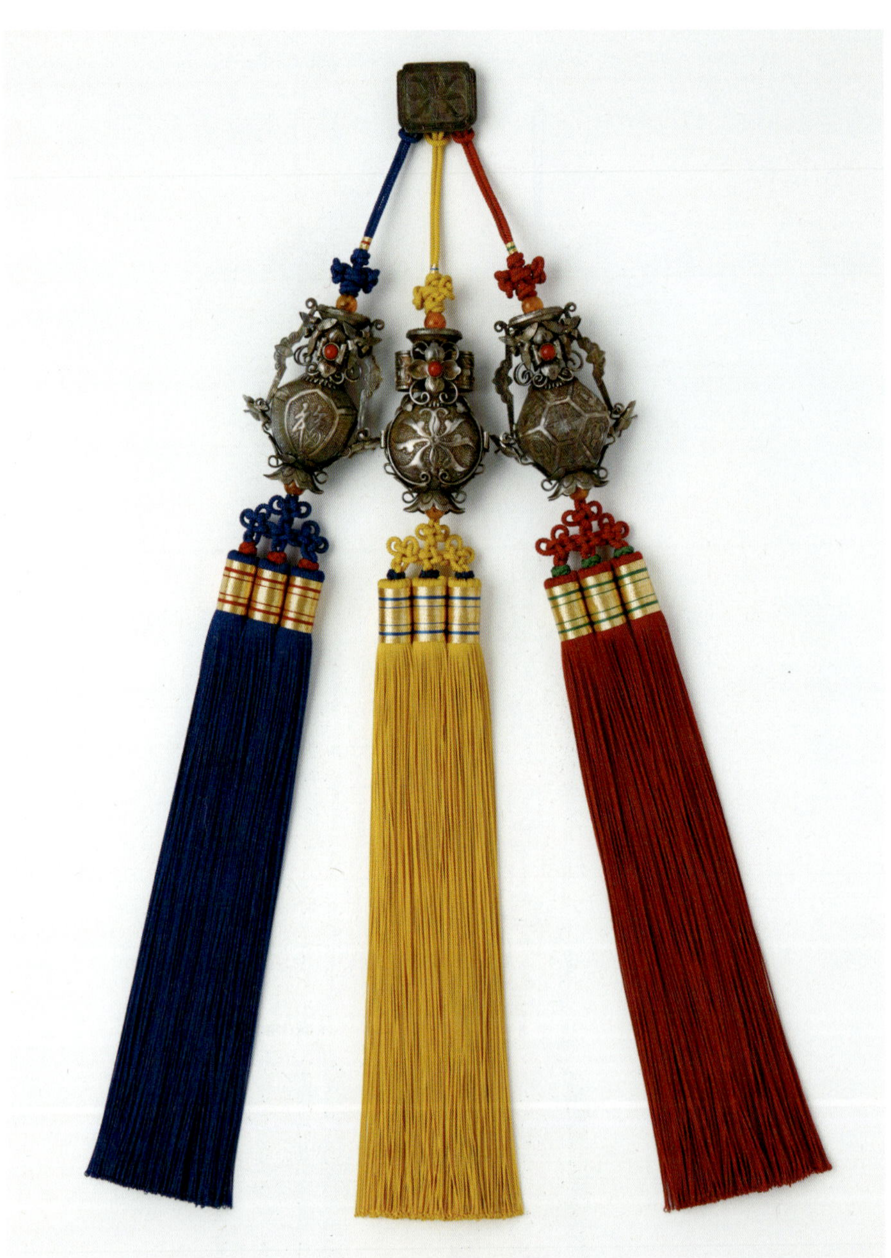

투호삼작노리개, 1992년작

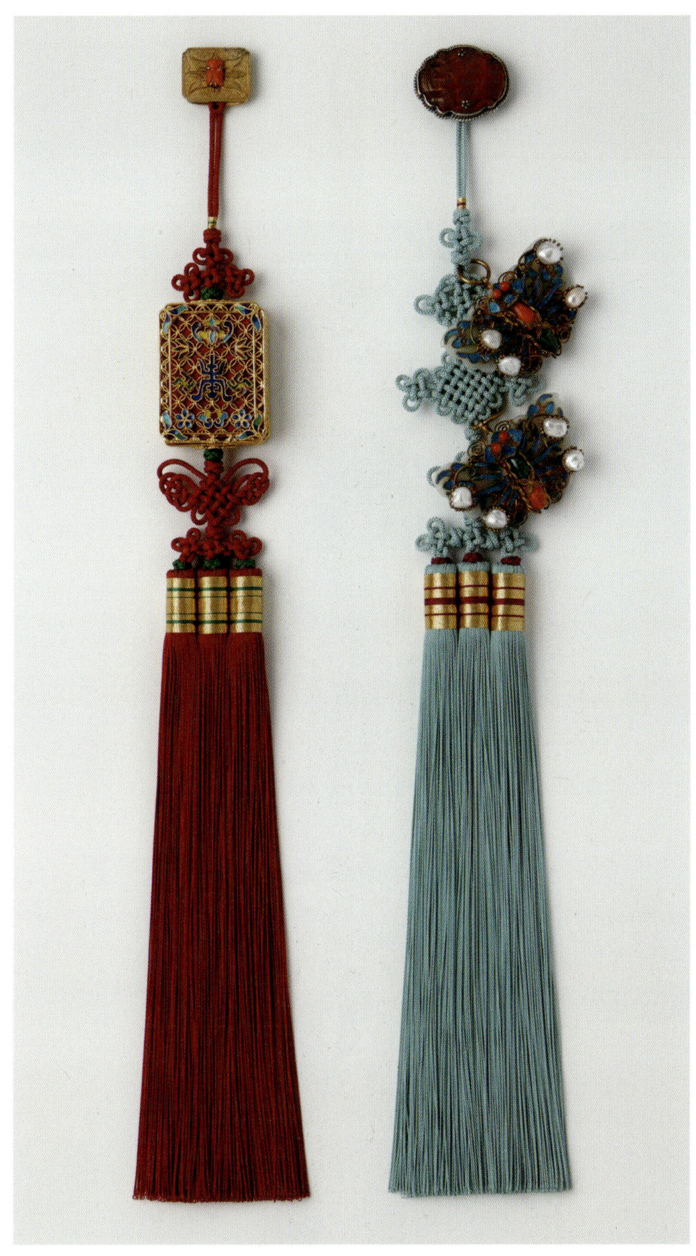

금향갑노리개, 옥나비노리개, 2004년작

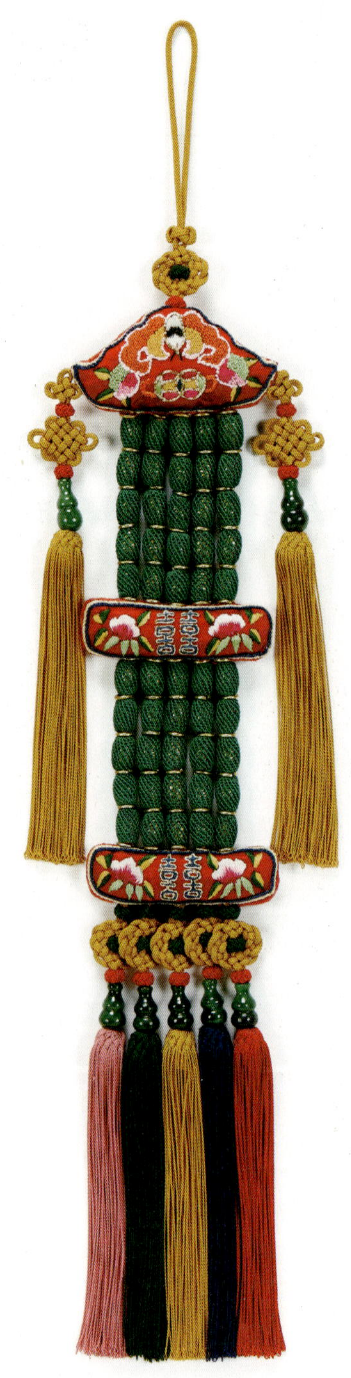

비취발향, 2016년작, 자수 박양자

멋과 품격의 예술 매듭

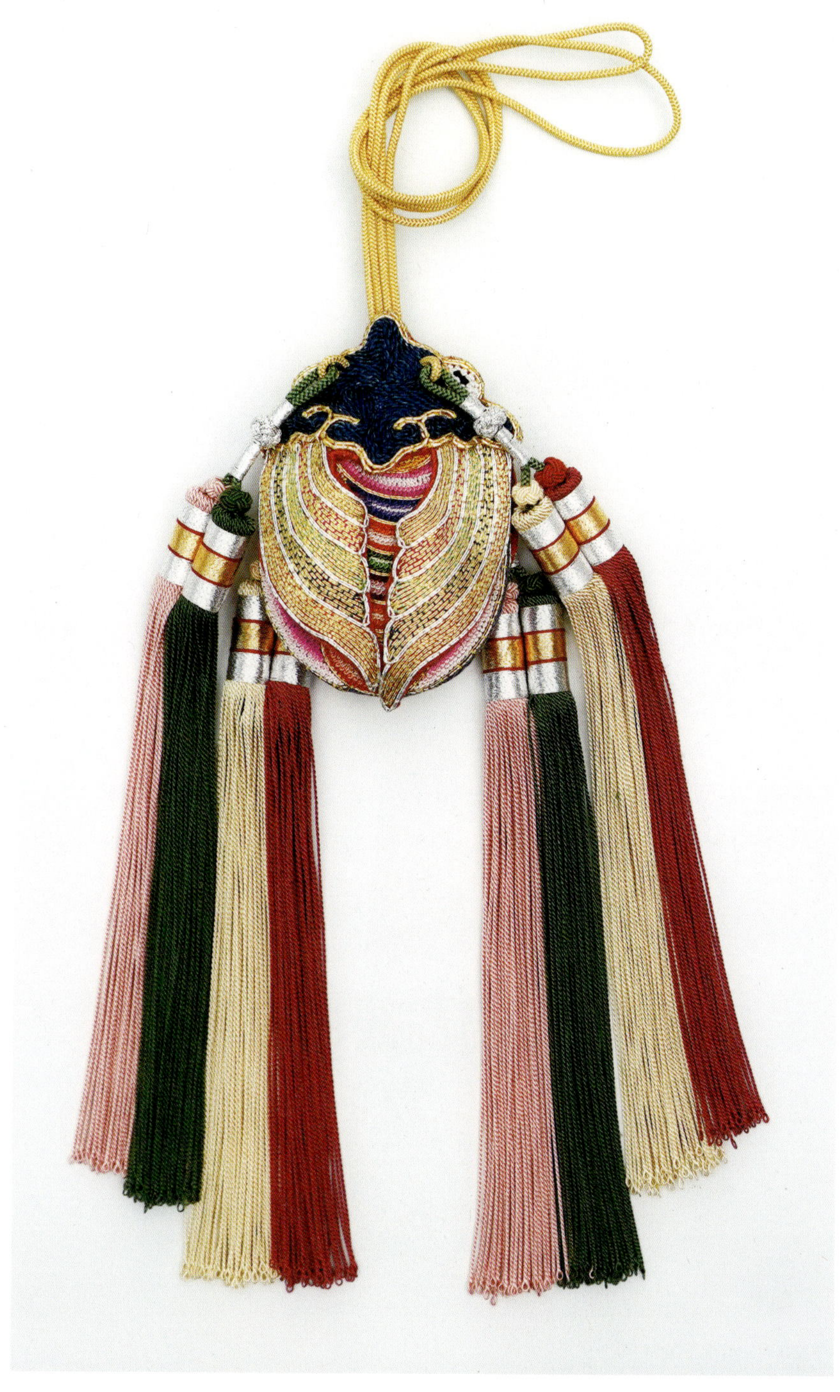

수매미노리개, 2023년작, 자수 이병숙

2장 생활 속의 매듭, 박양자 맺다

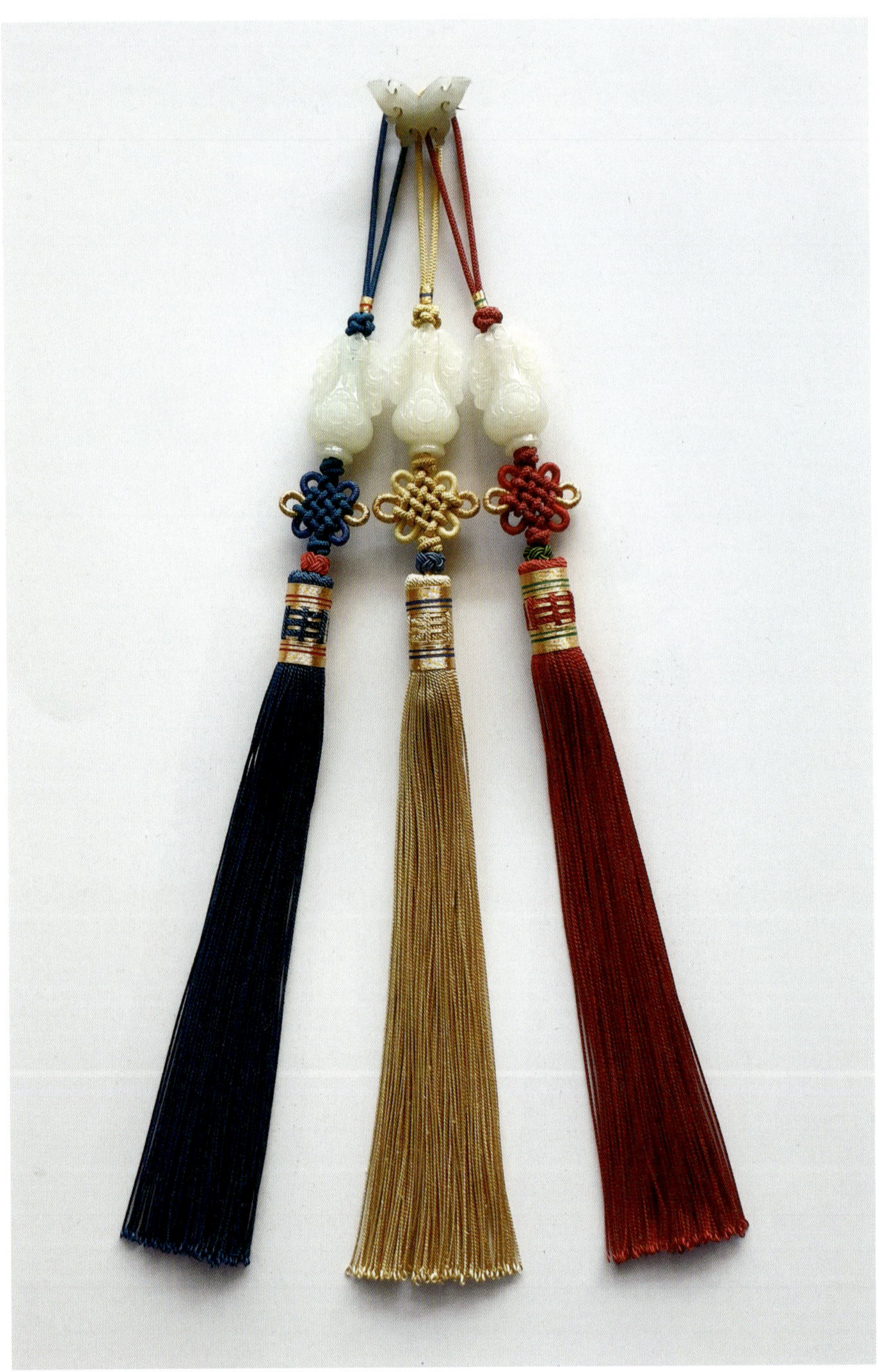

옥투호삼작노리개, 2023년작

멋과 품격의 예술 매듭

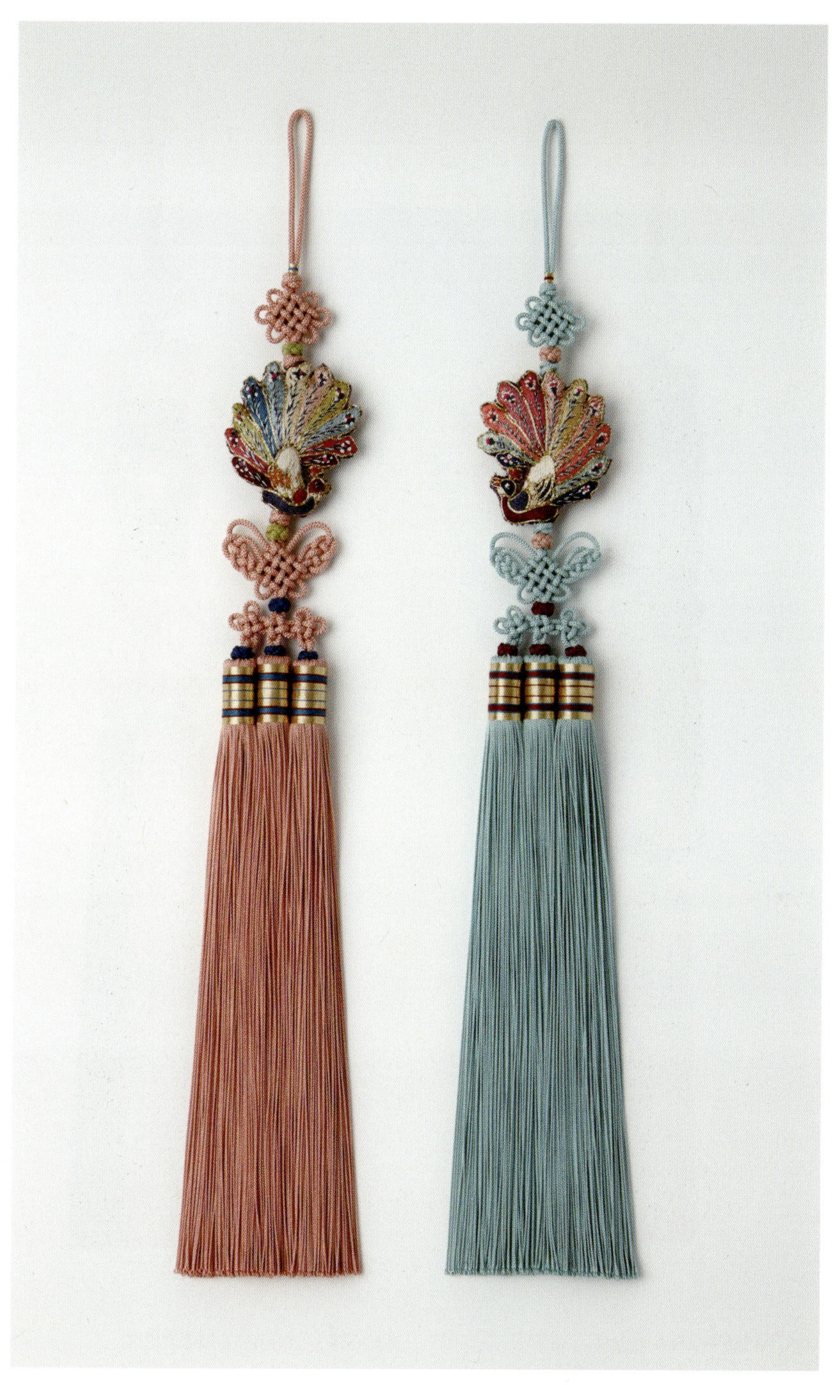

자수공작노리개, 2011년작, 자수 박양자

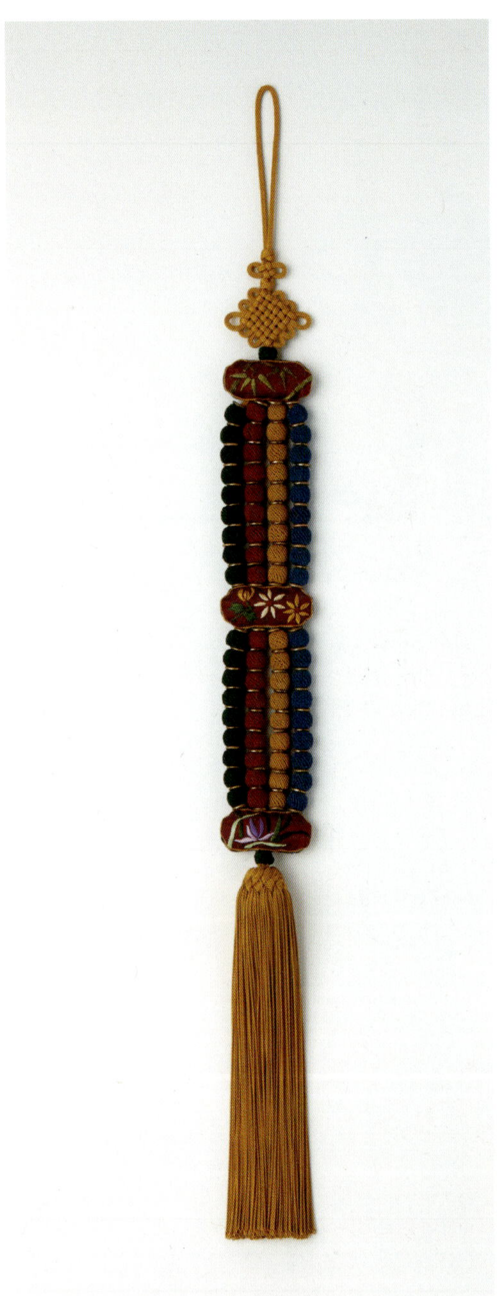

자수줄향노리개, 2003년작, 자수 박양자

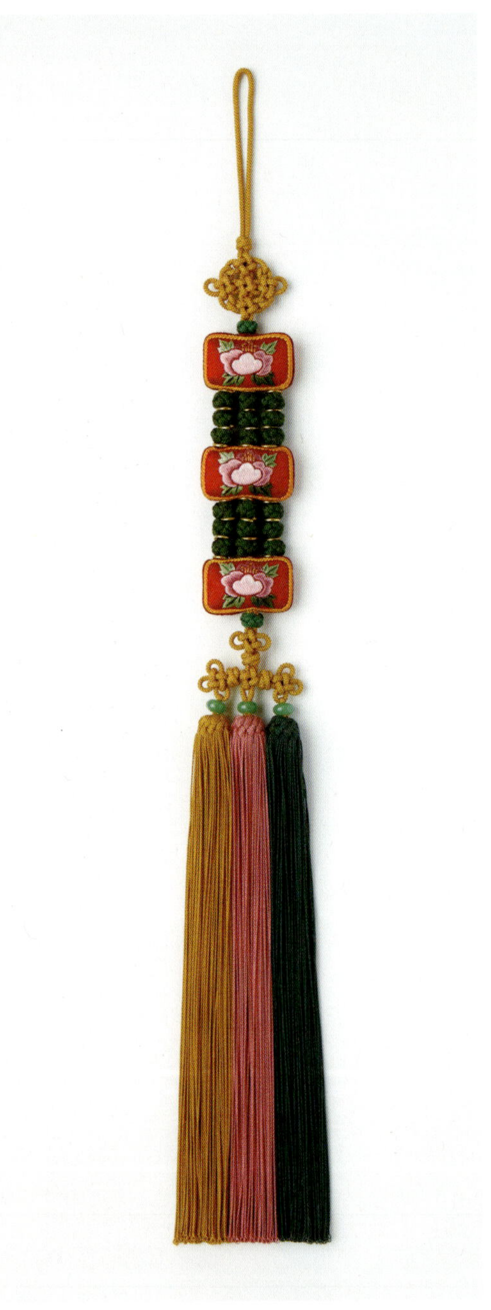

줄향노리개, 2009년작, 자수 박양자

멋과 품격의 예술 매듭

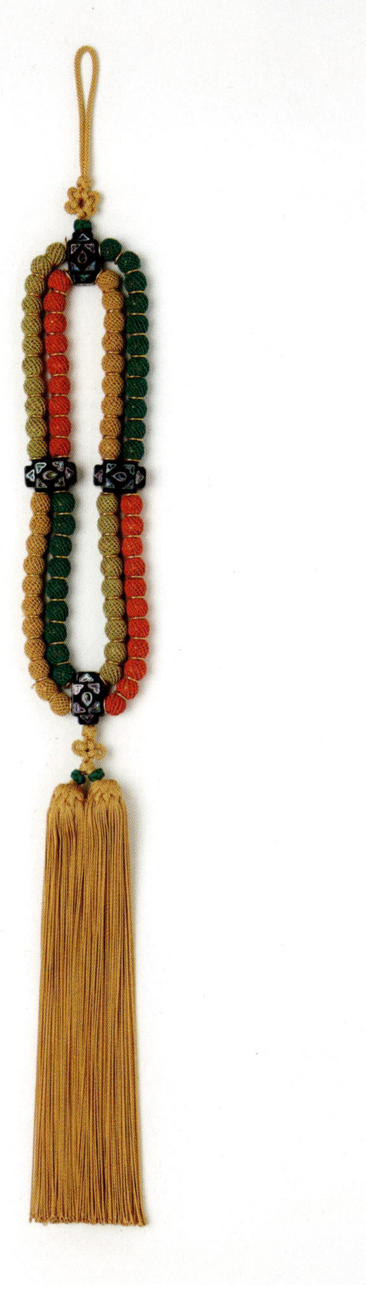

나전줄향노리개, 1988년작

2장 생활 속의 매듭, 박양자 맺다

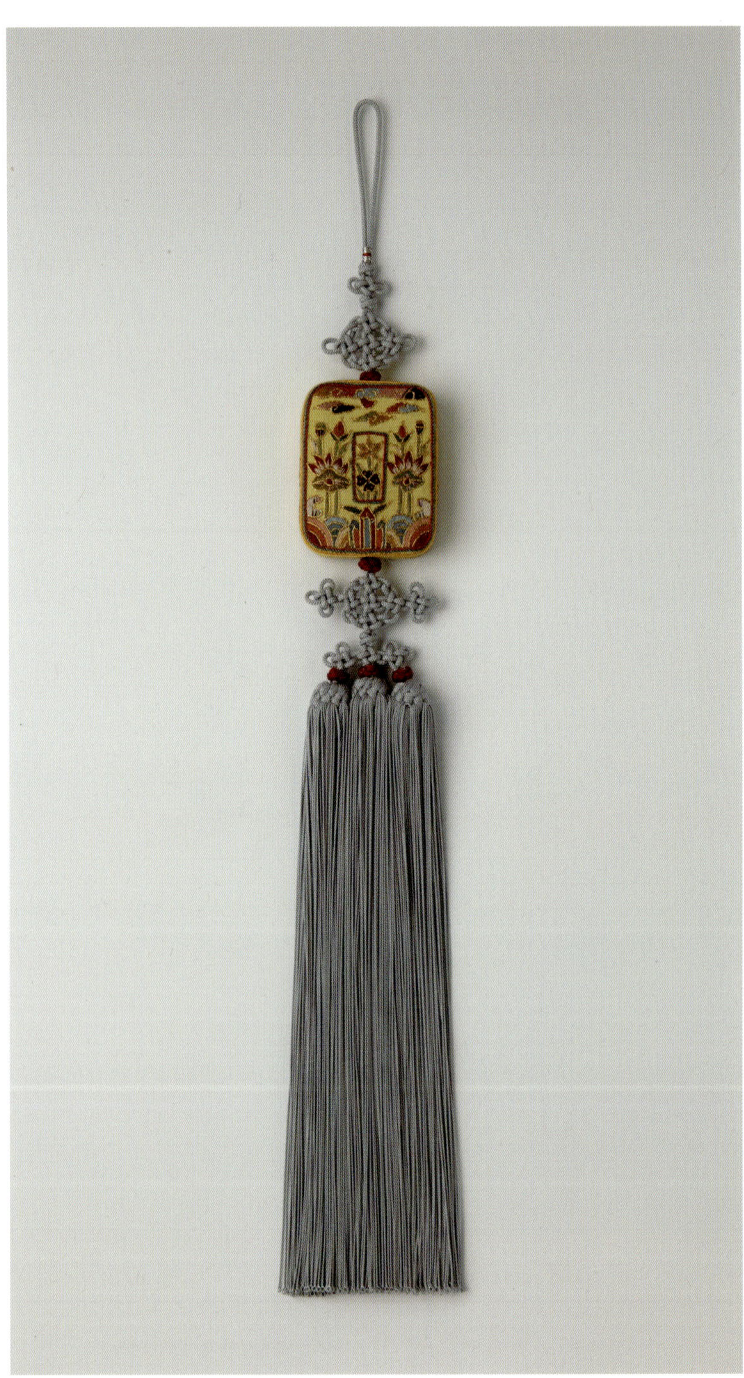

수향갑노리개, 2001년작

멋과 품격의 예술 매듭

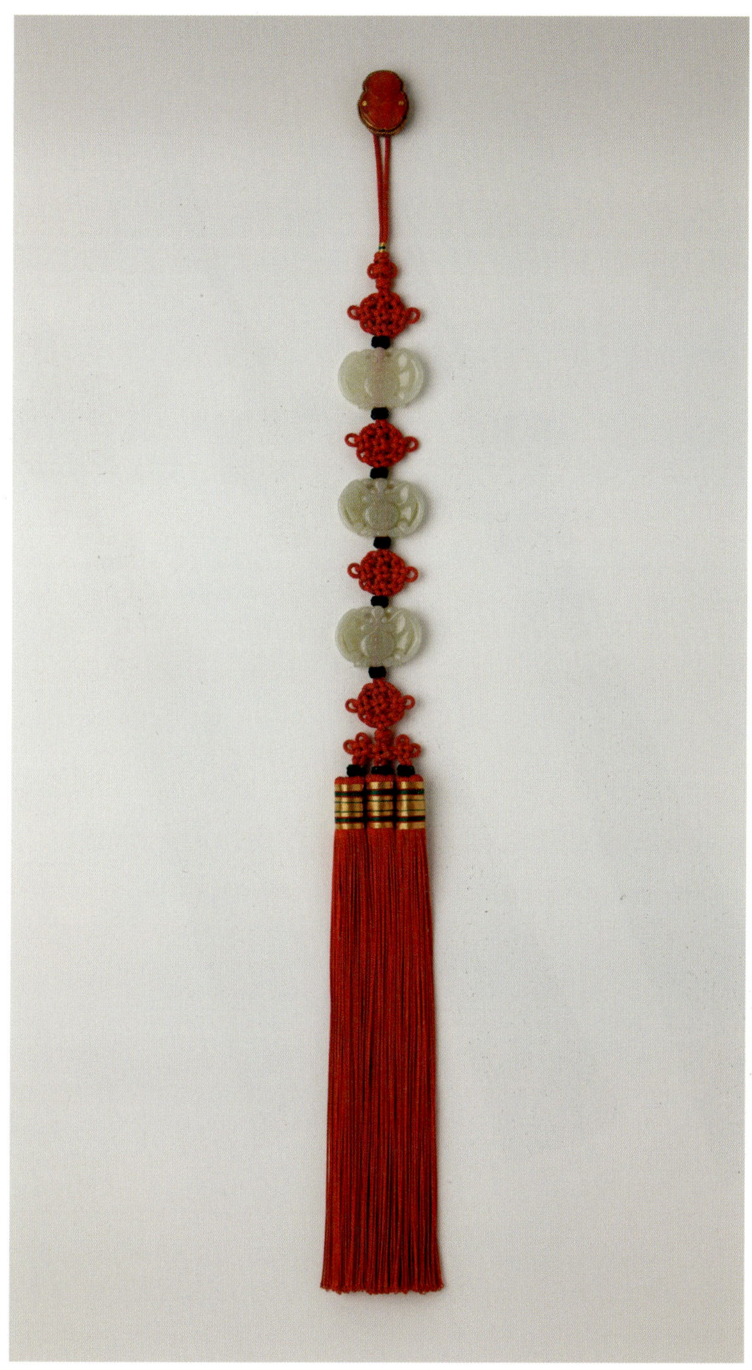

옥박쥐 긴노리개, 2011년작

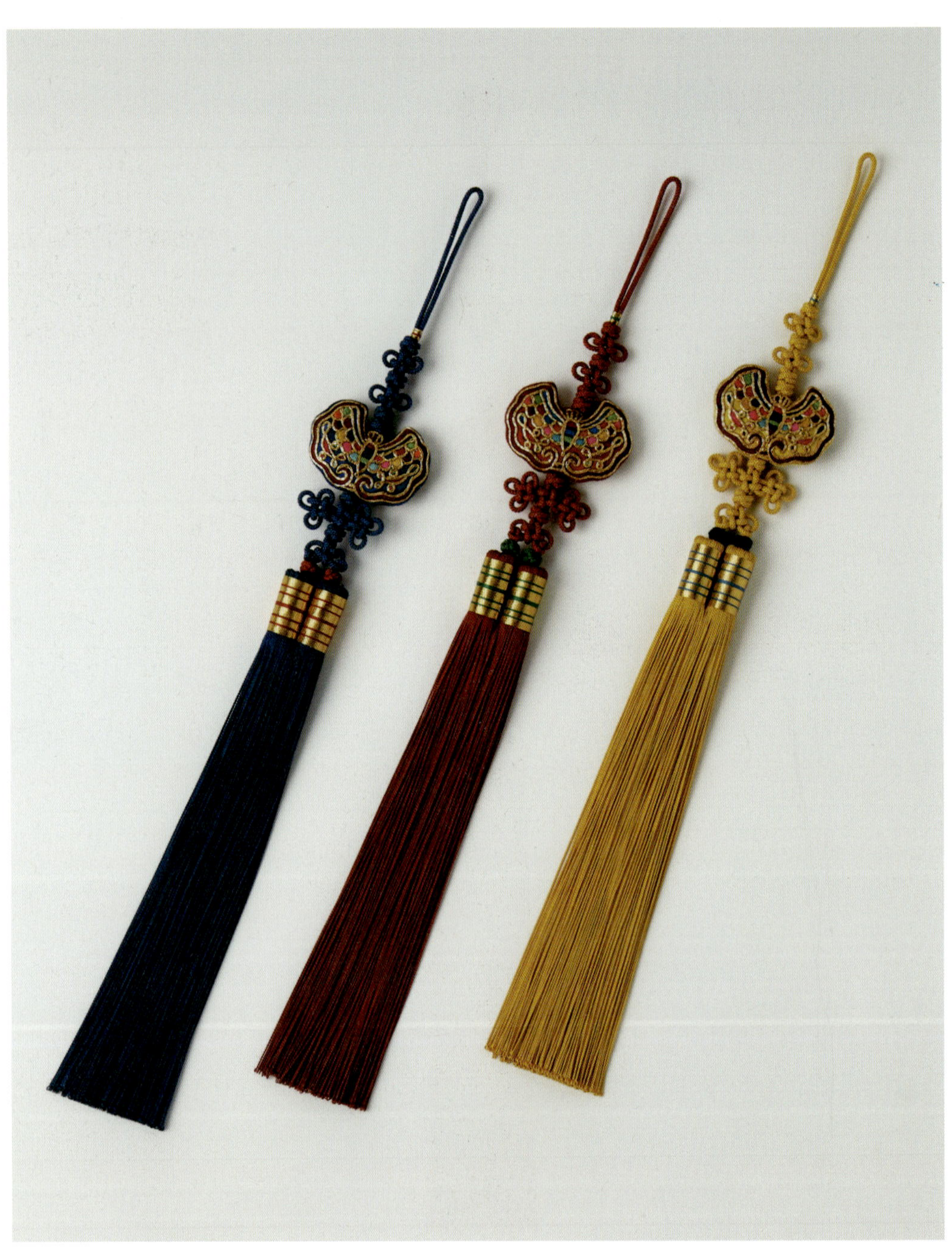

수나비 삼작노리개, 1998년작

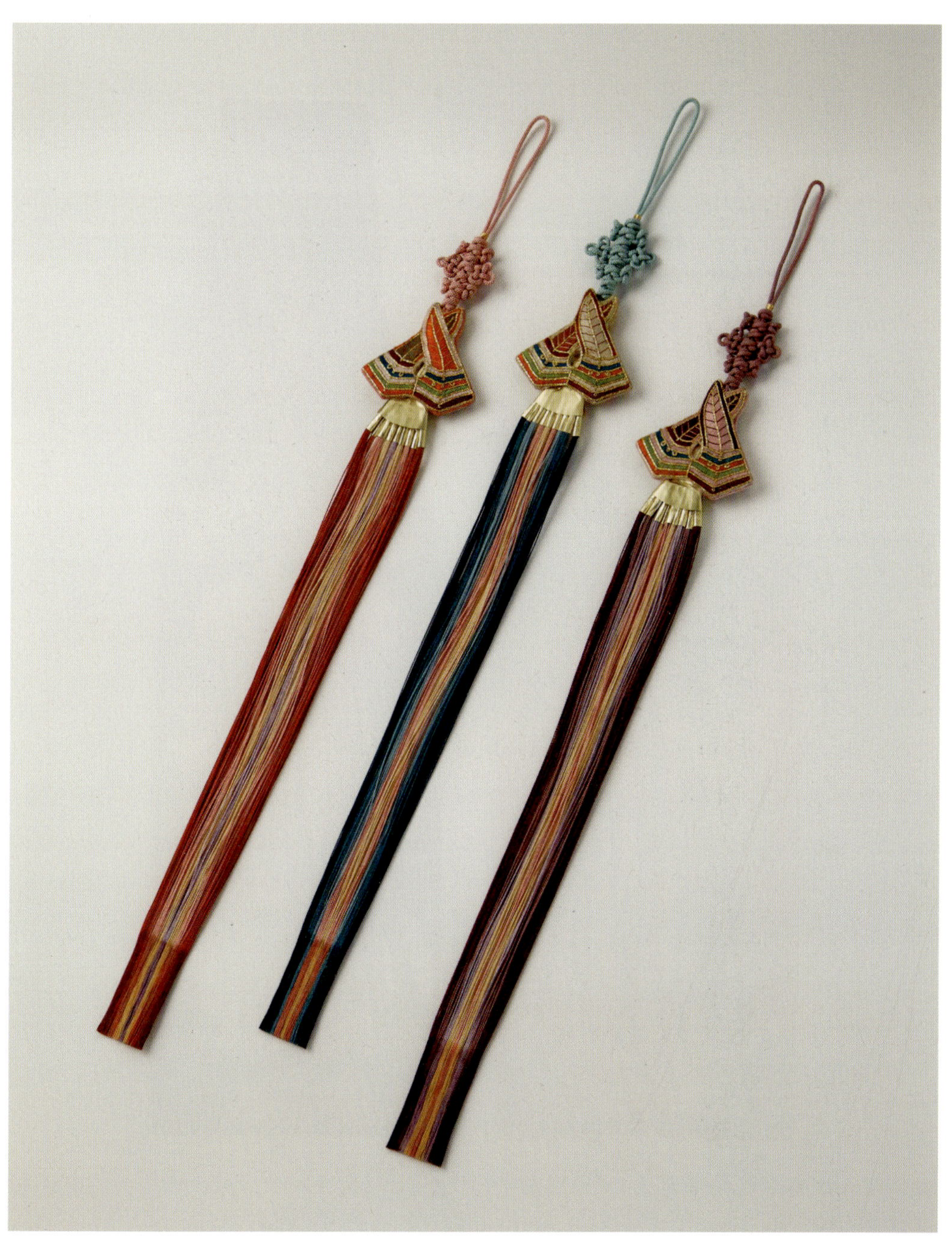

수서각 삼작노리개, 2013년작

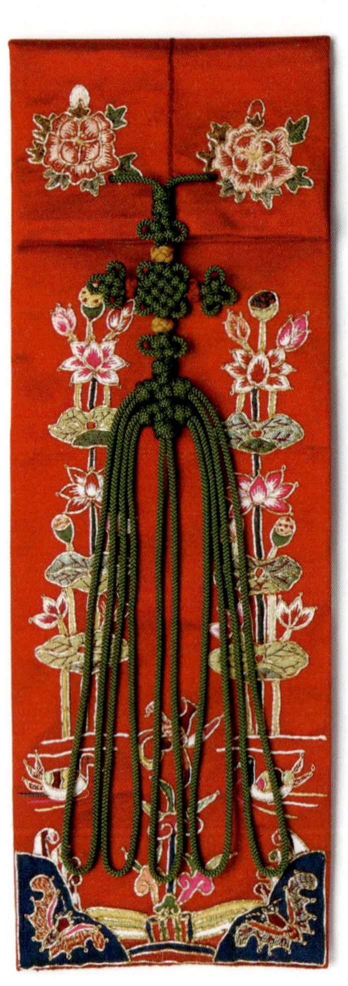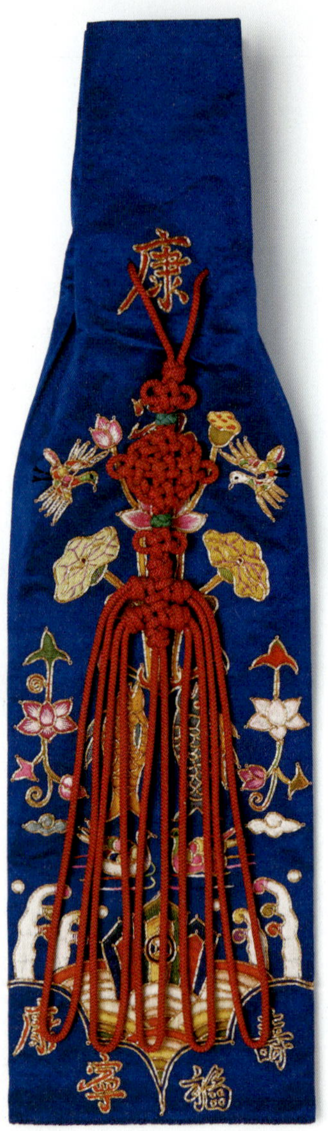

수저집과 필낭, 1998년작
자수 박양자

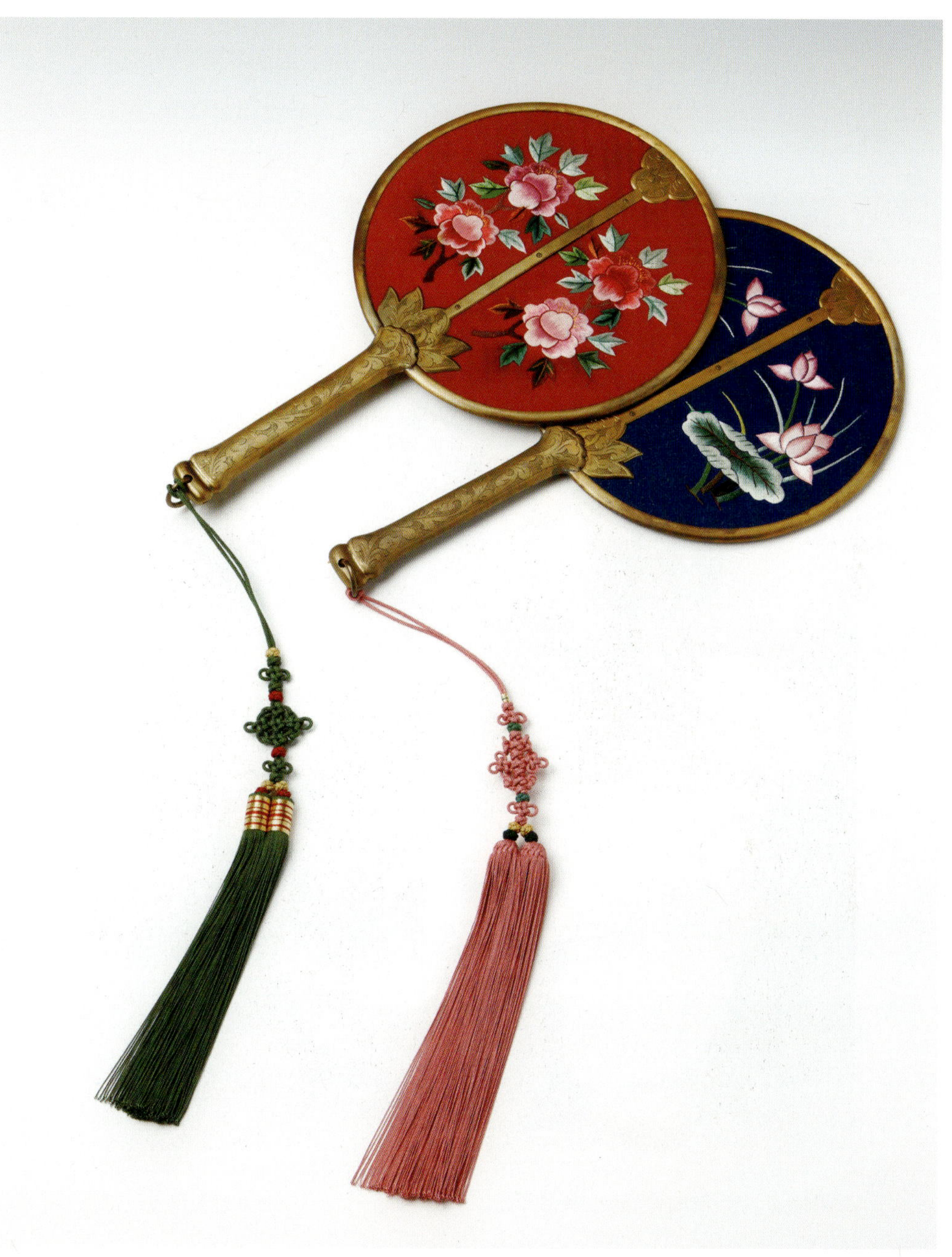

혼선, 1992년작
자수 박양자

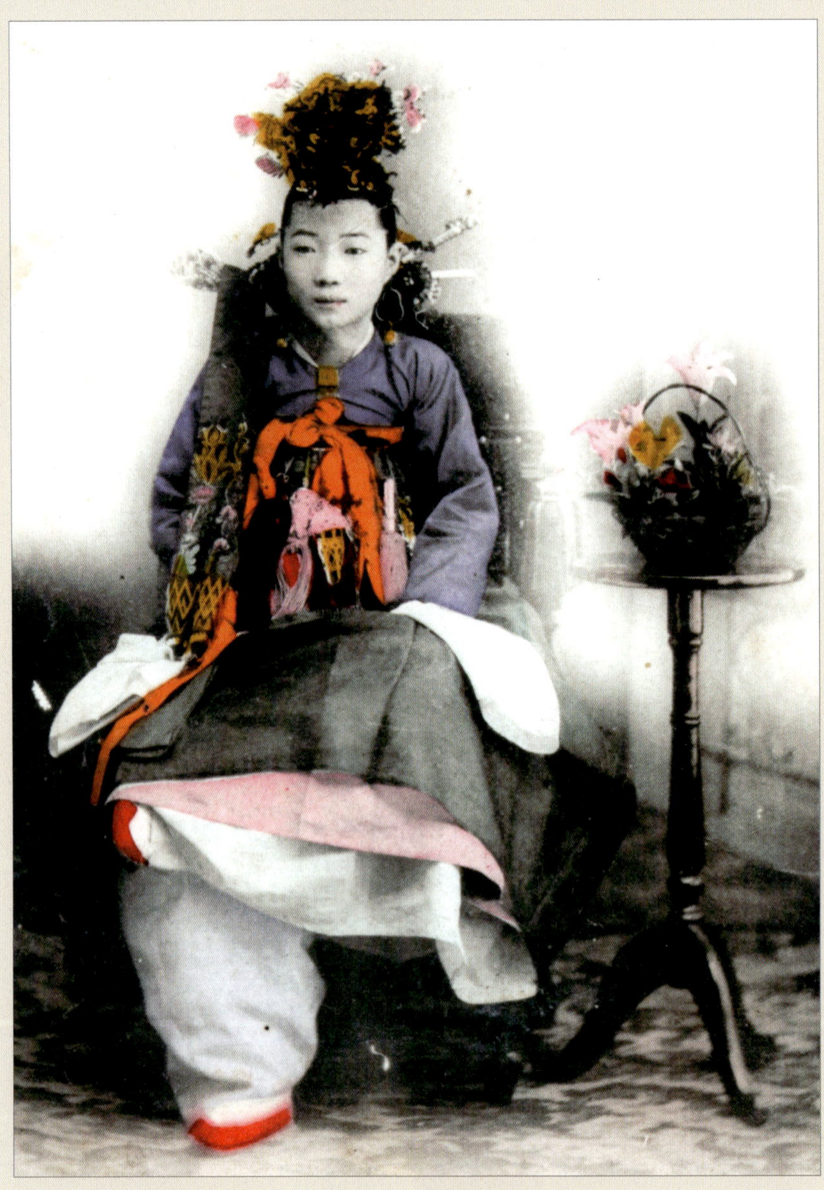

노리개를 찬 기생, 국립민속박물관(민속33422)

멋과 품격의 예술 매듭

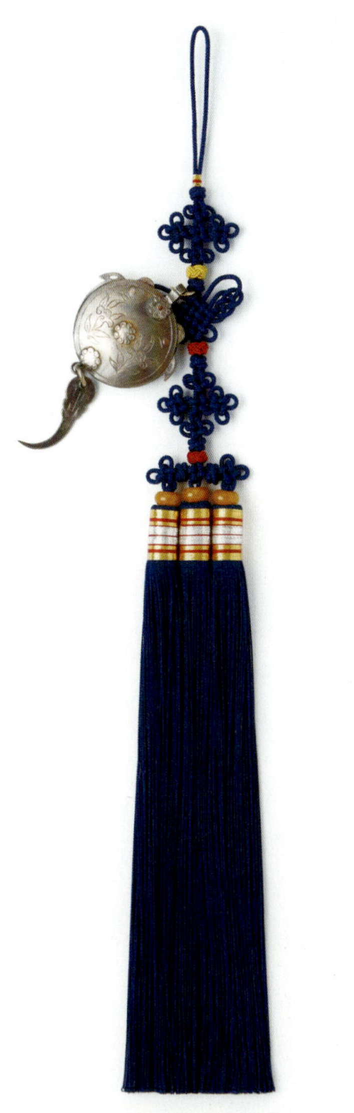

곰방대후비개노리개, 2011년작

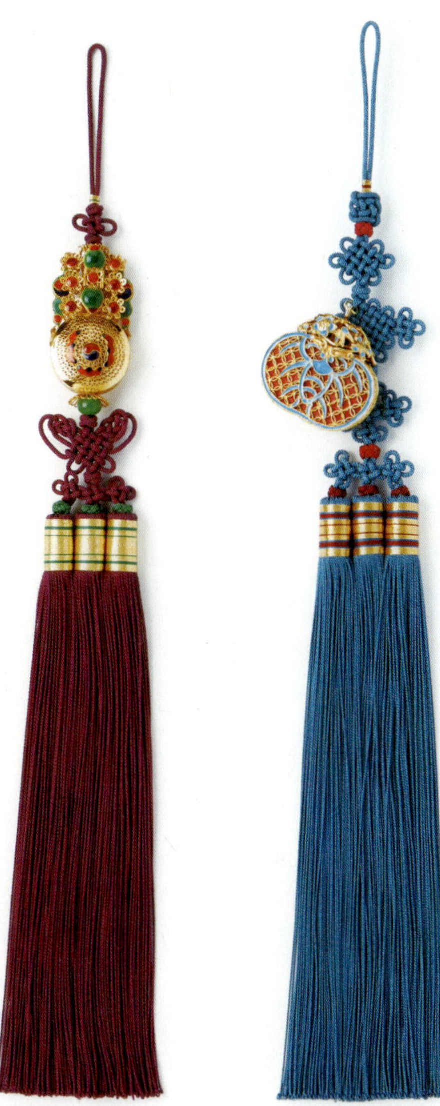

금투호노리개, 금박쥐노리개, 1983년작

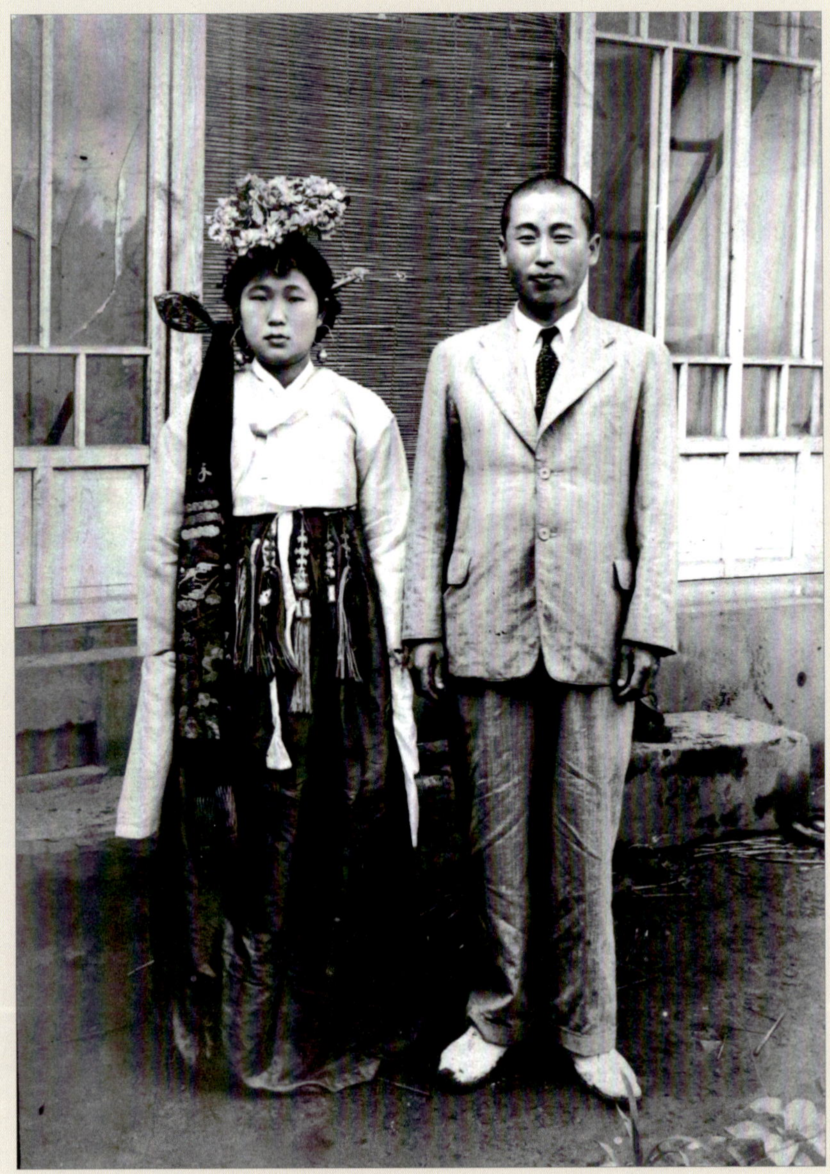

노리개를 찬 기생, 국립민속박물관(민속 33660)

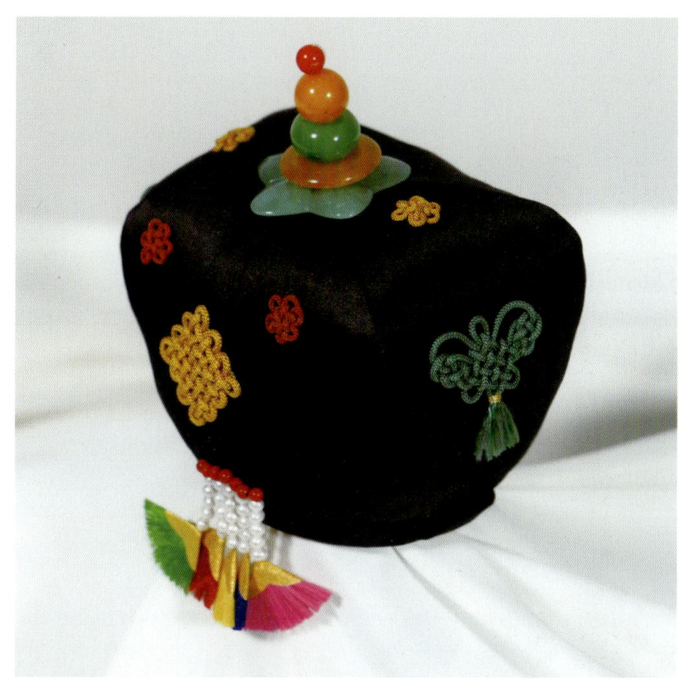

족두리, 2018년작

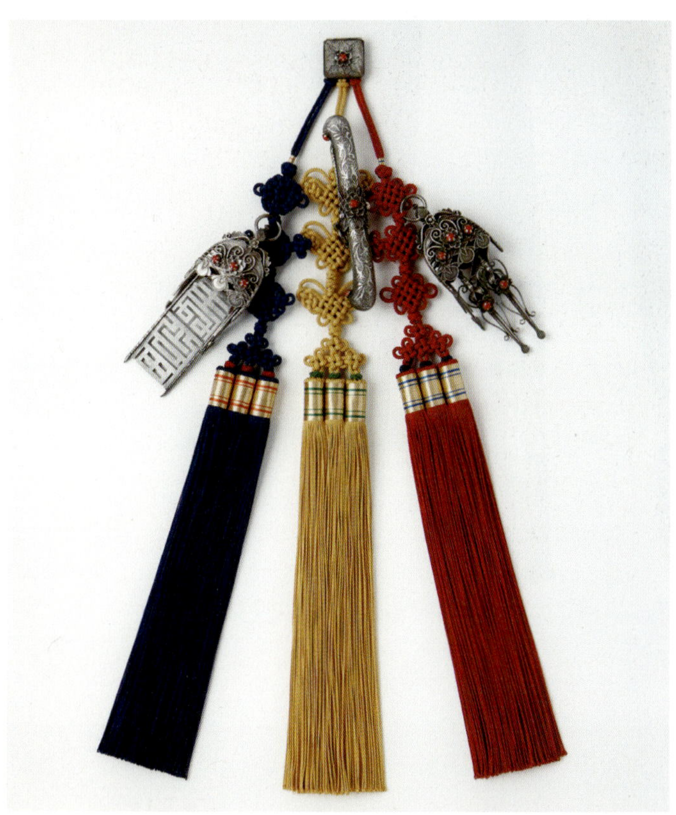

은방아다리 삼작노리개, 1993년작

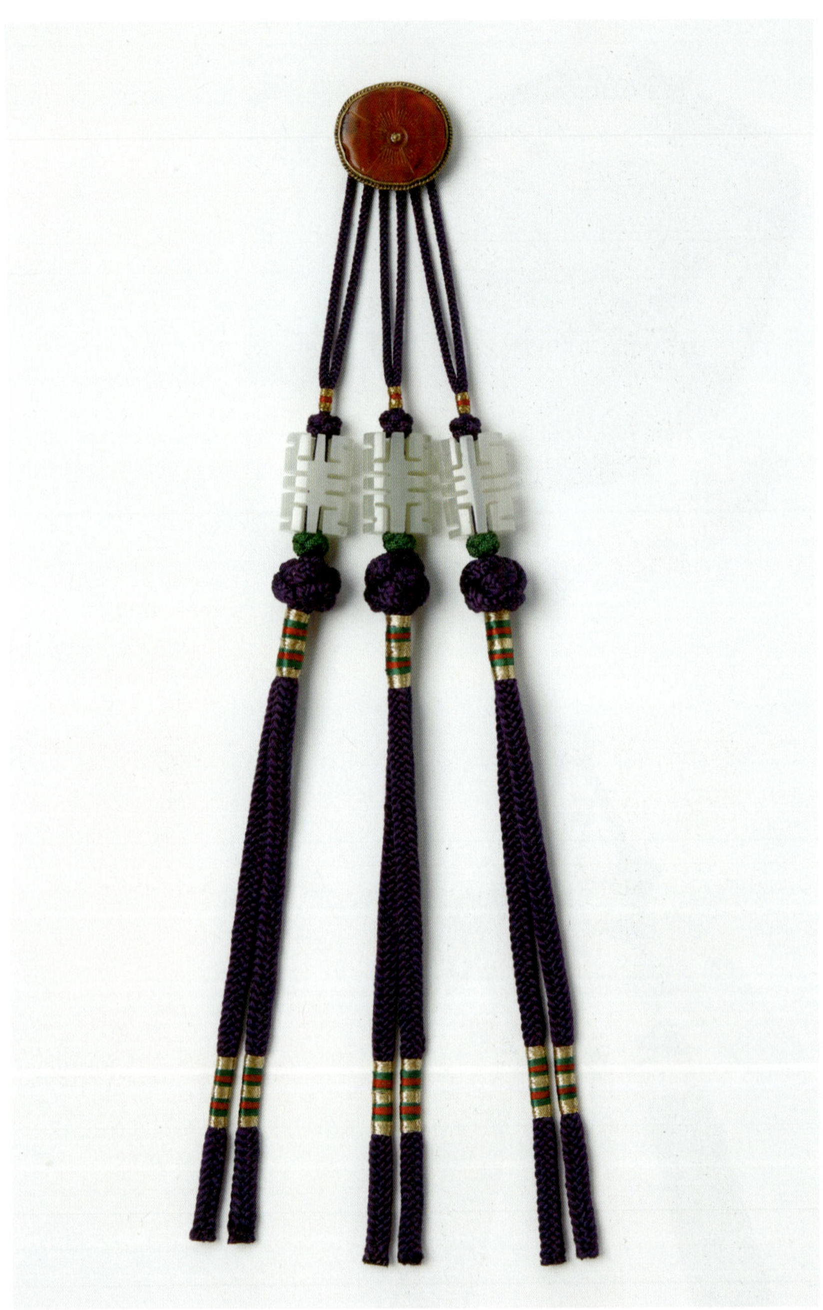

옥방울술삼작노리개, 2001년작

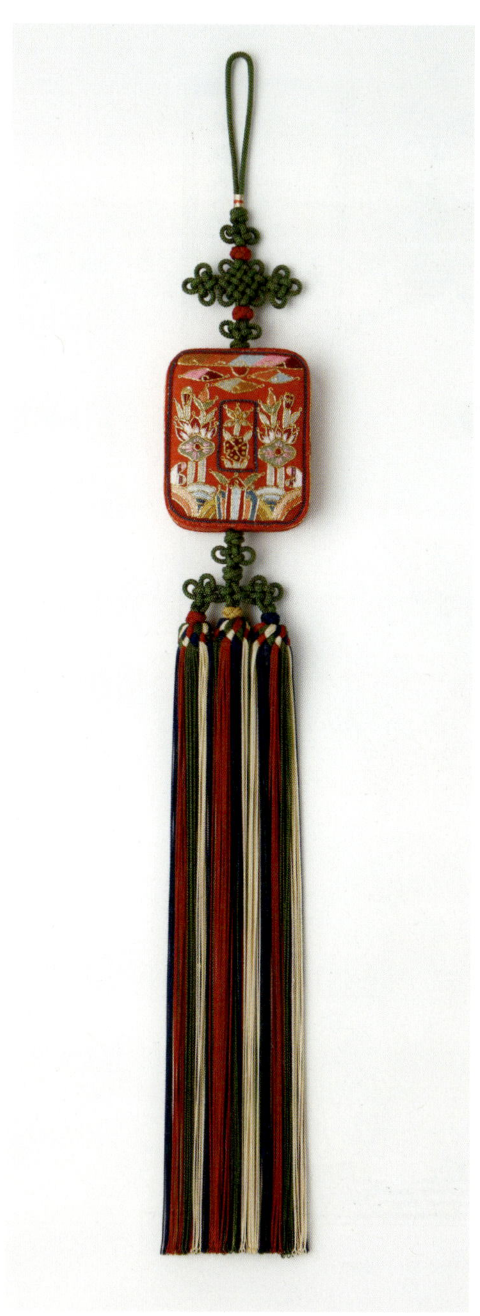

자수향갑색동딸기술노리개, 2017년작

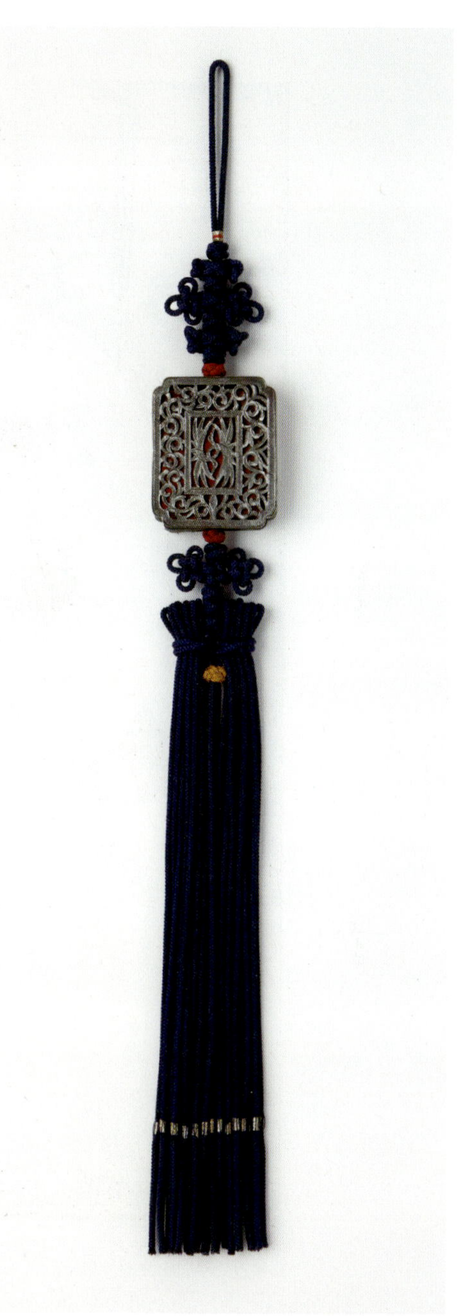

은향갑끈술노리개, 1992년작

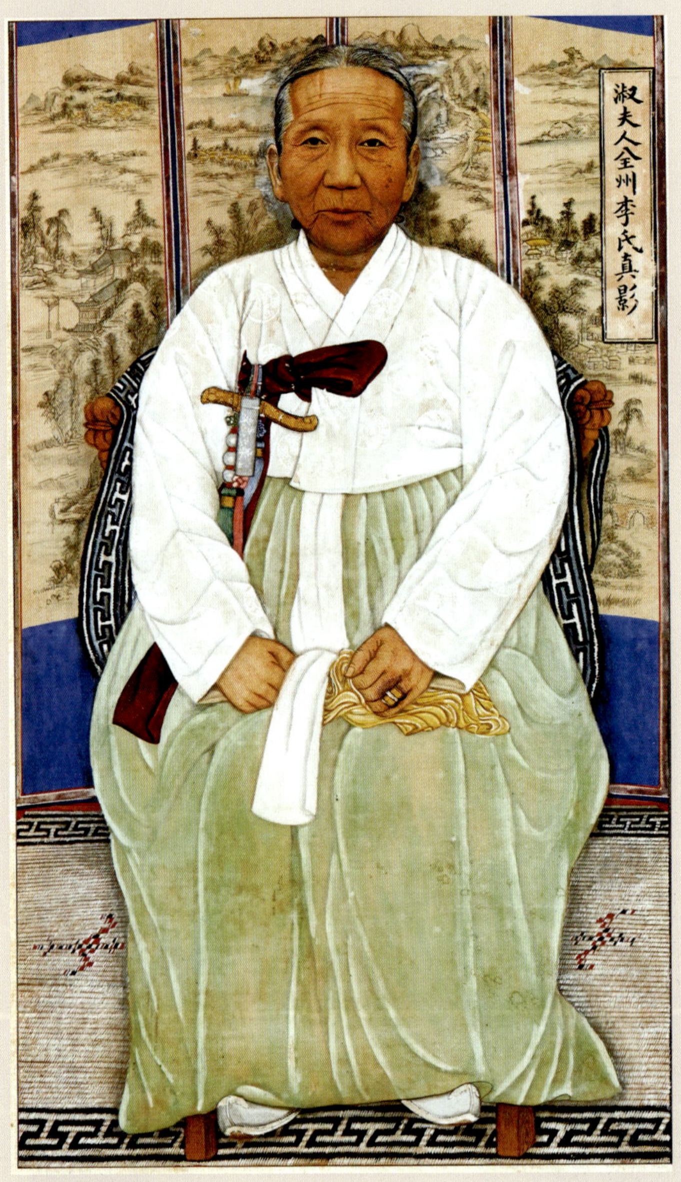

숙부인 전주이씨 초상, 채용신 작, 국립중앙박물관 소장(구9681)

멋과 품격의 예술 매듭

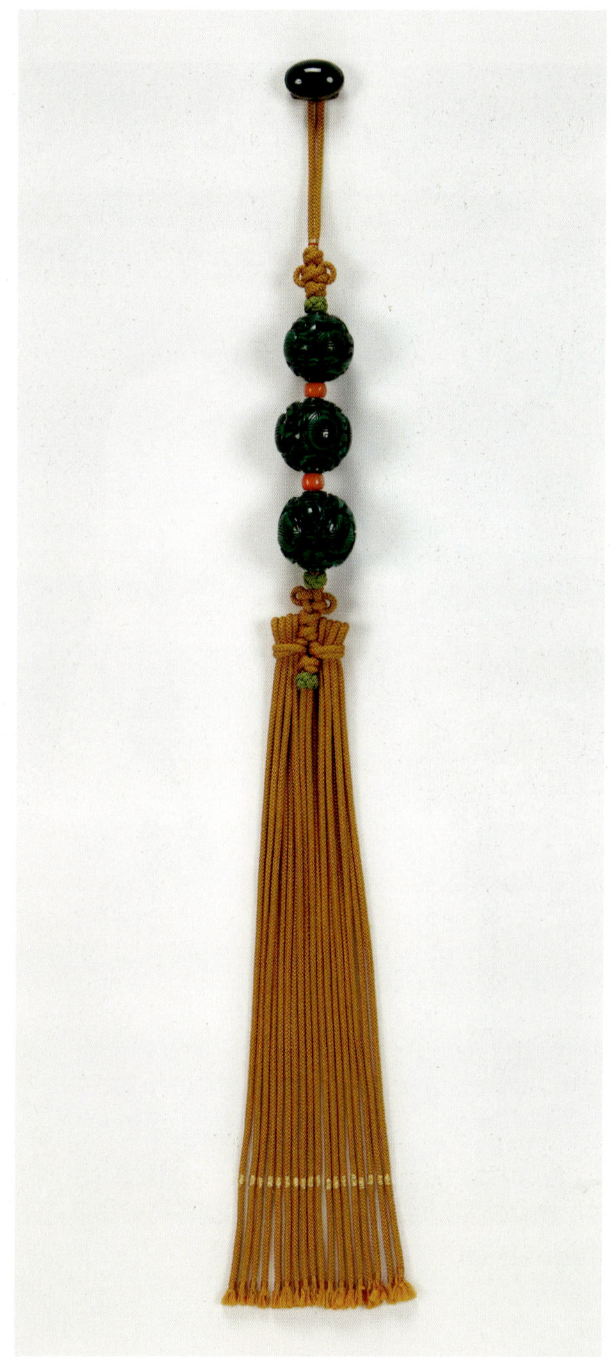

삼천주노리개, 2016년작

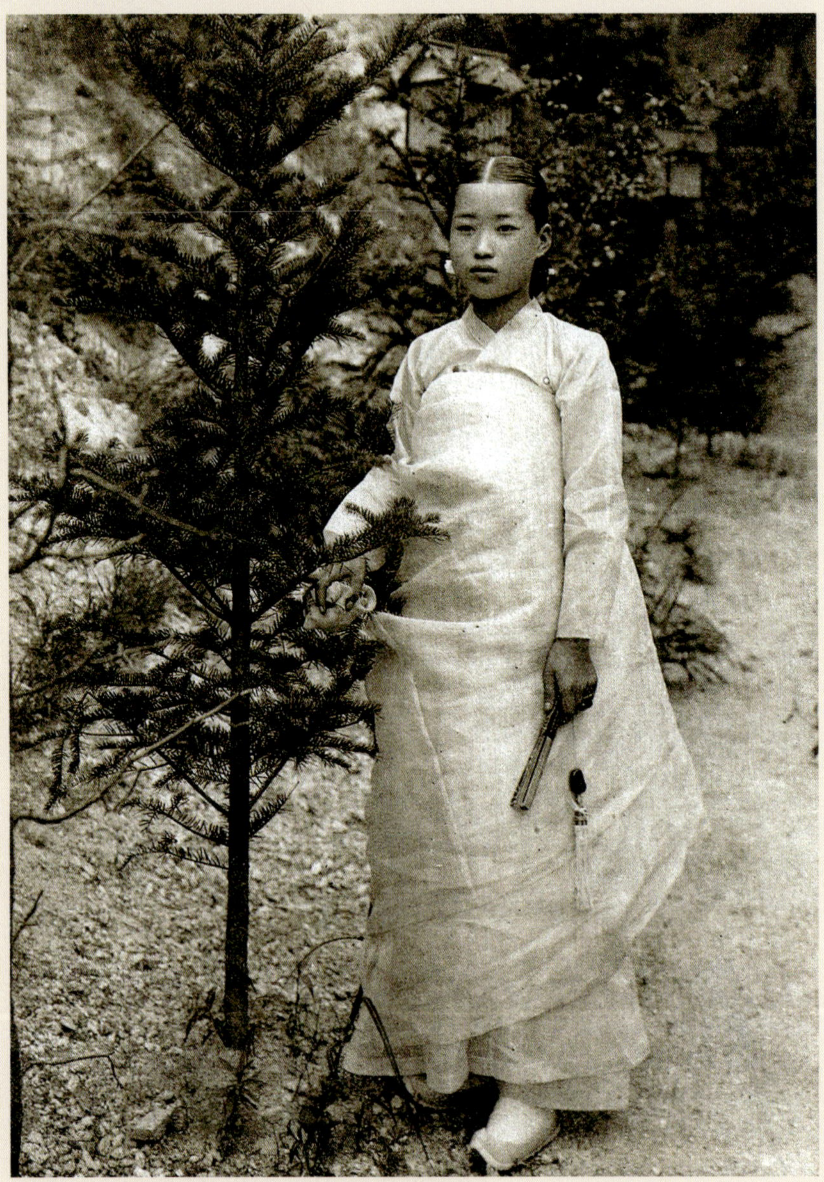
부채를 든 여인, 고불미술관 소장

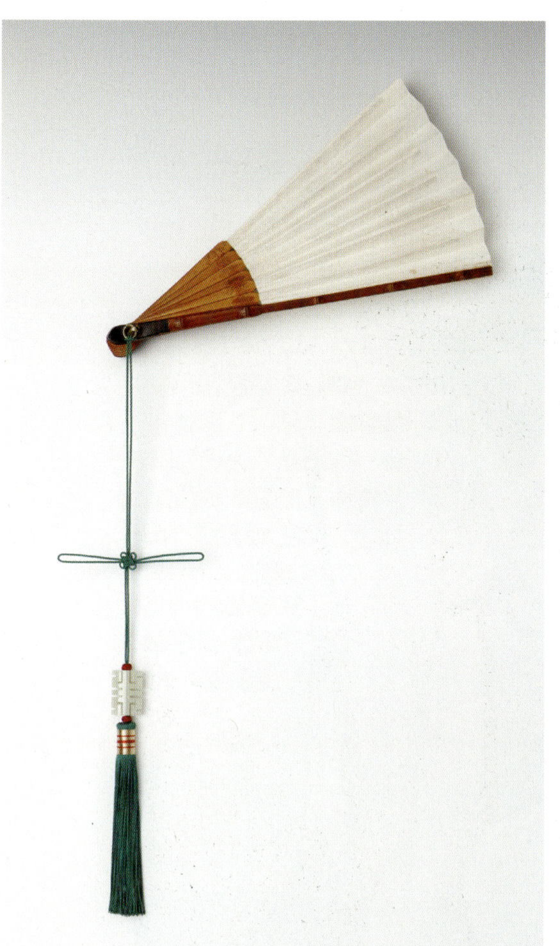

선추, 1981년작

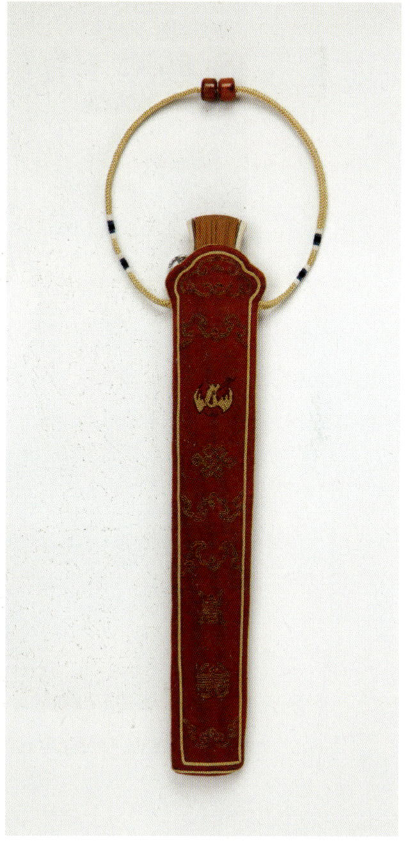

선낭, 1987년작
자수 박양자

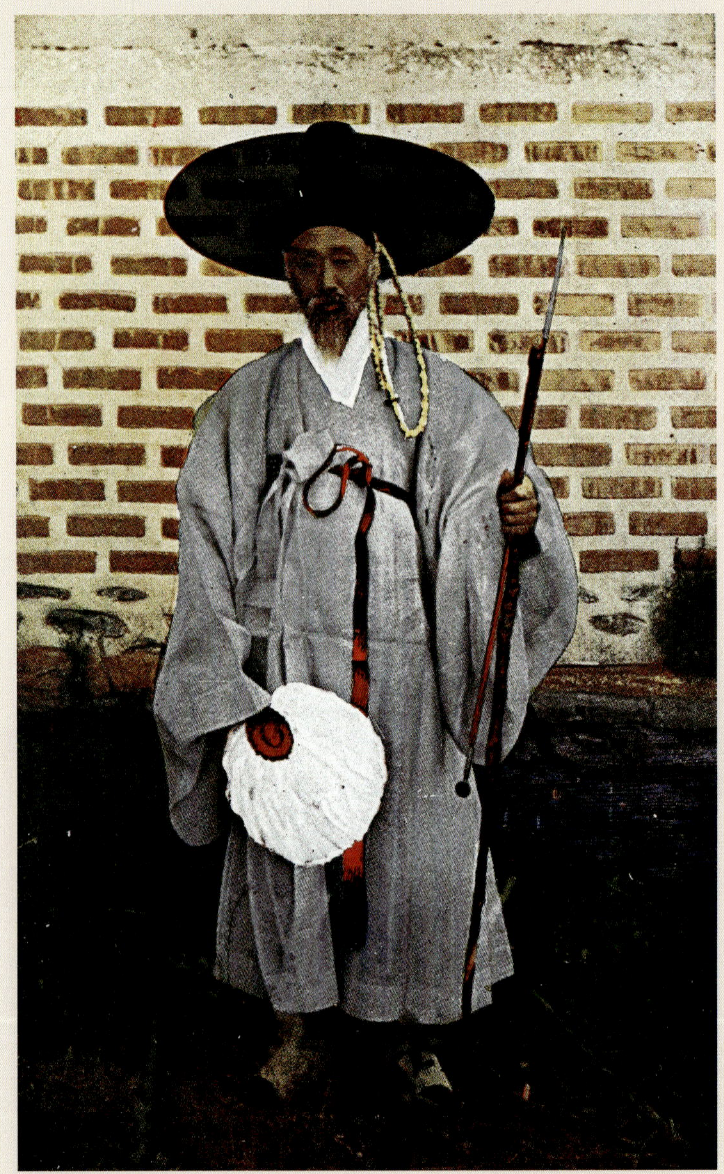

부채를 든 양반, 부산광역시립박물관(구입5956)

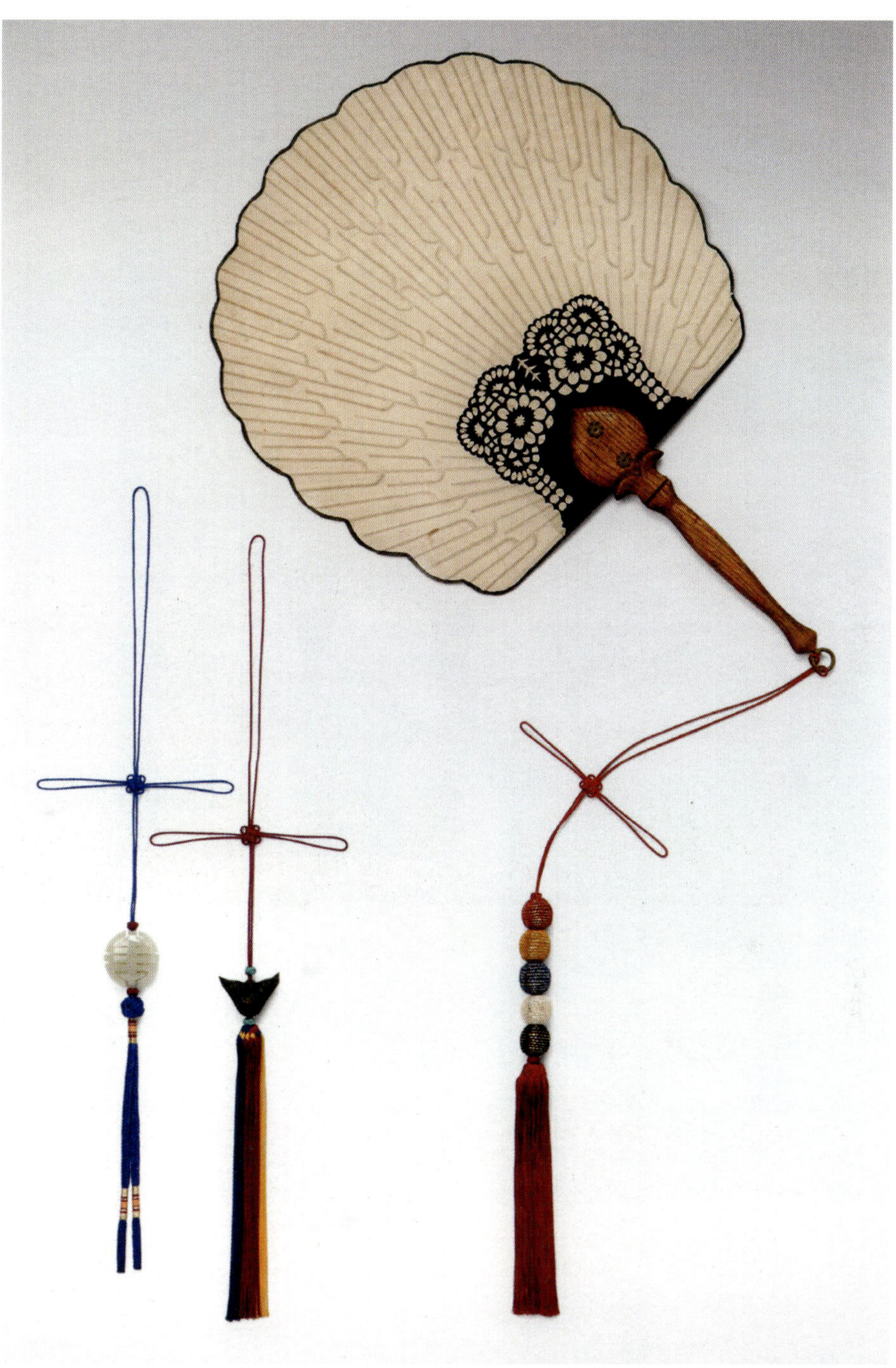

선추, 1981년작

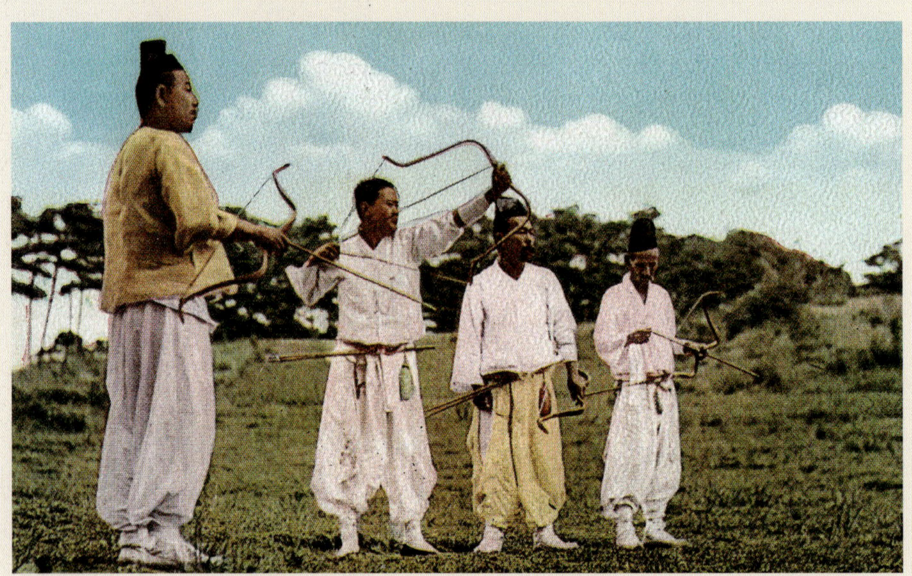

주머니를 찬 남성들, 고불미술관 소장

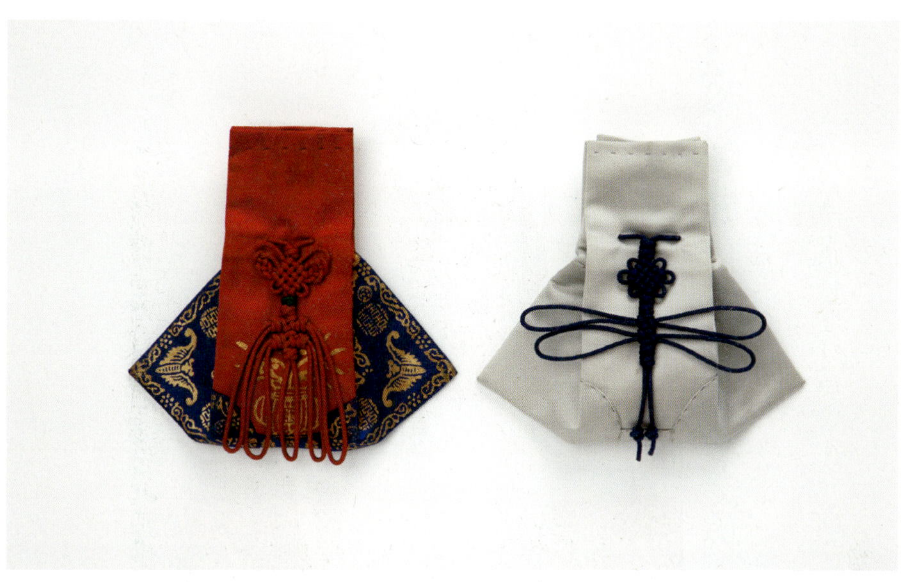

귀주머니, 1980년작

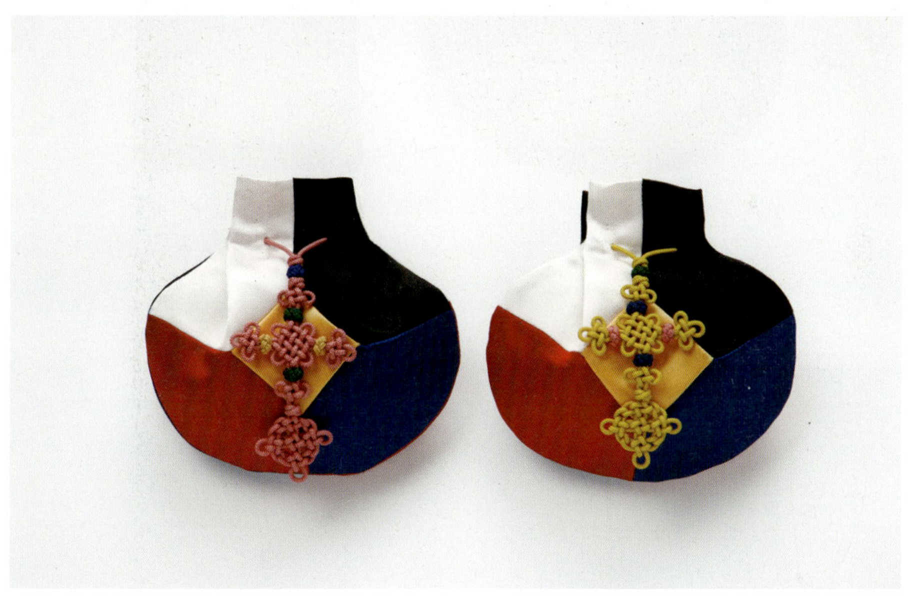

오방주머니, 2005년작

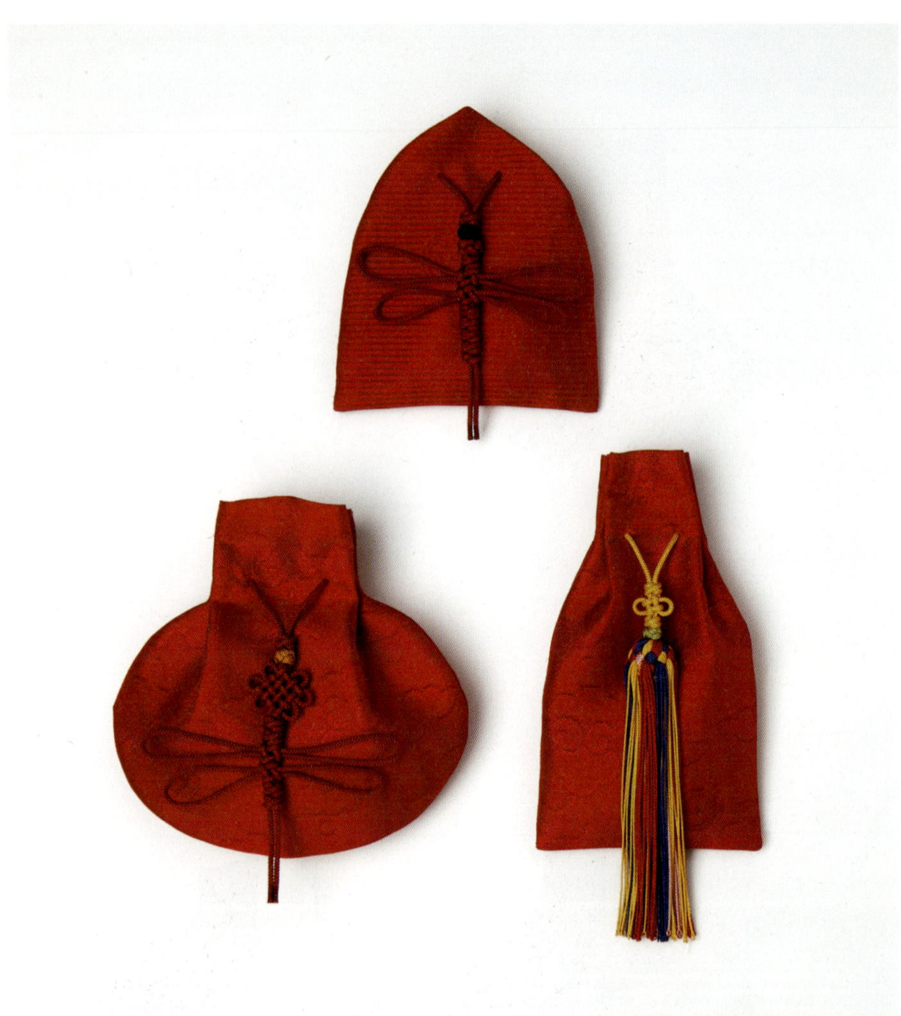

향낭, 2006년작

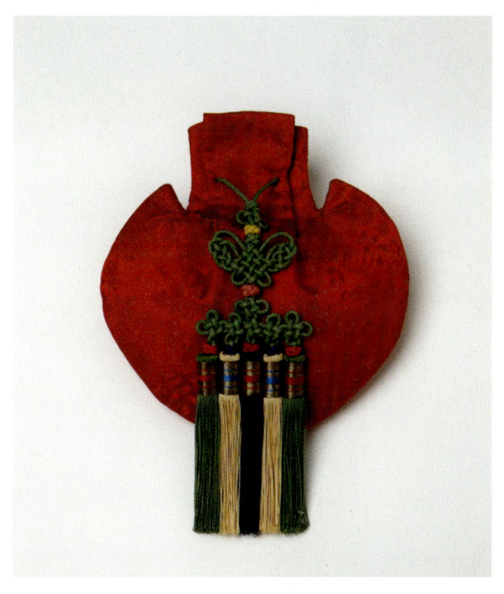

향낭, 2003년작

향낭, 2006년작

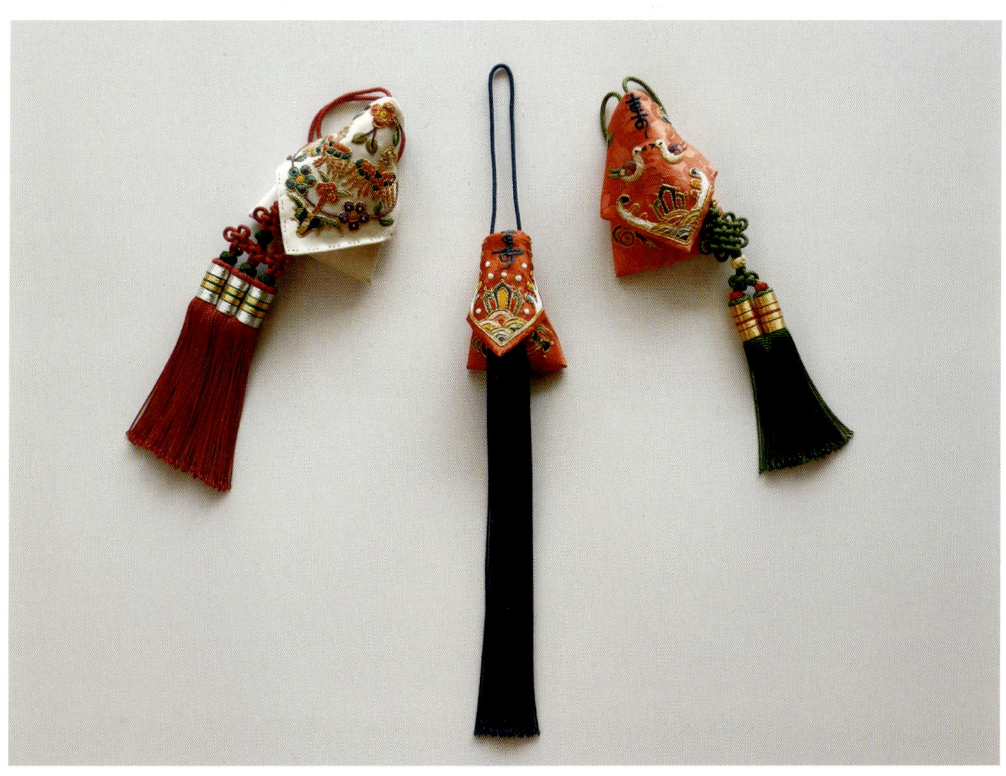

부적낭, 2022년작, 자수 이영분

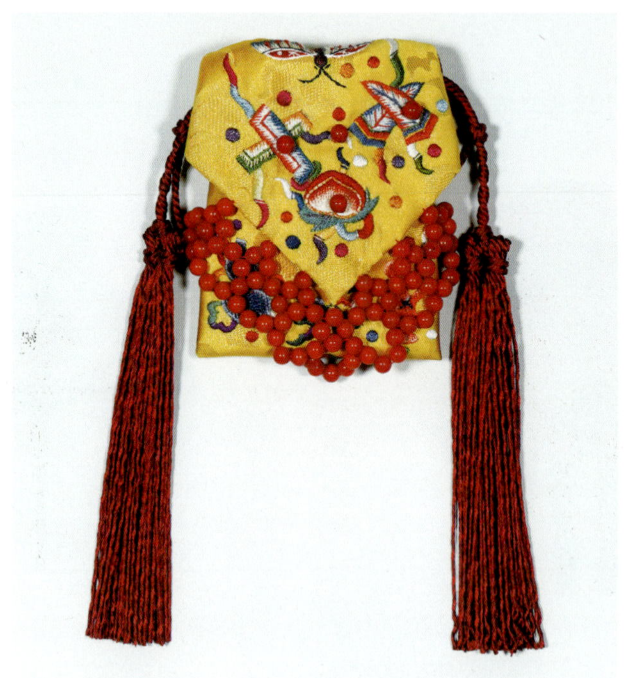

자라줌치, 2022년작, 자수 이영분, 17세기 성산이씨 묘 출토 유물 재현

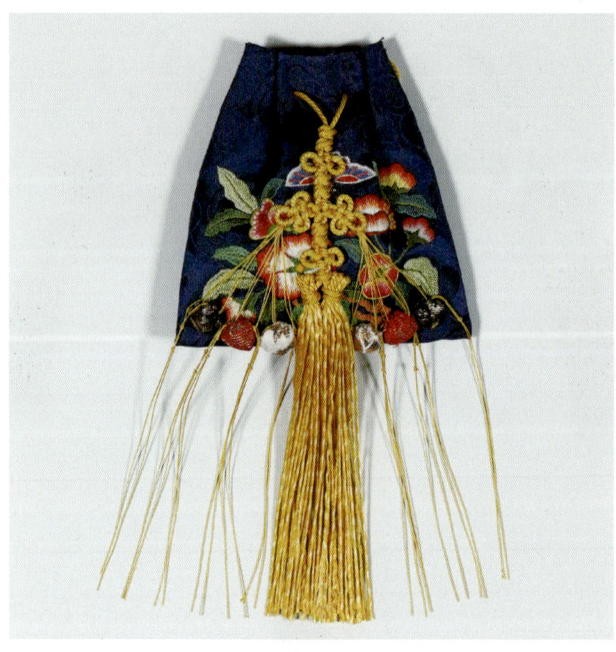

해당낭, 2022년작, 자수 이영분, 17세기 성산이씨 묘 출토 유물 재현

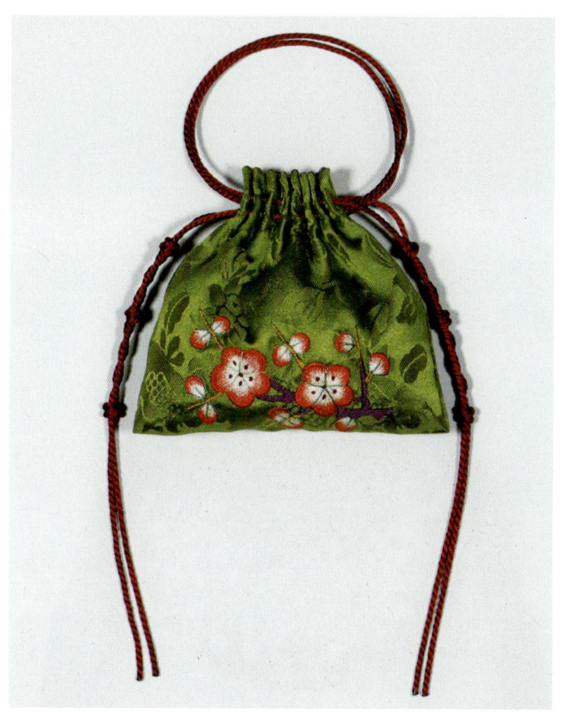

매화낭, 2021년작, 자수 이영분, 17세기 성산이씨 묘 출토 유물 재현

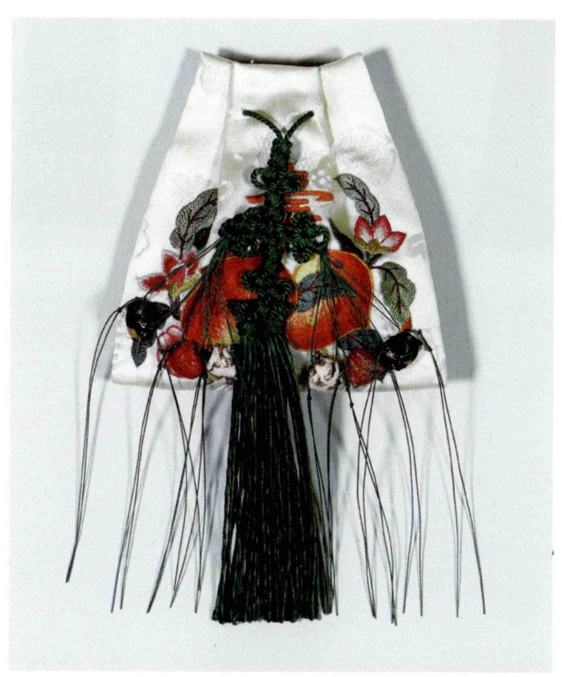

석류낭, 2022년작, 자수 이영분, 17세기 성산이씨 묘 출토 유물 재현

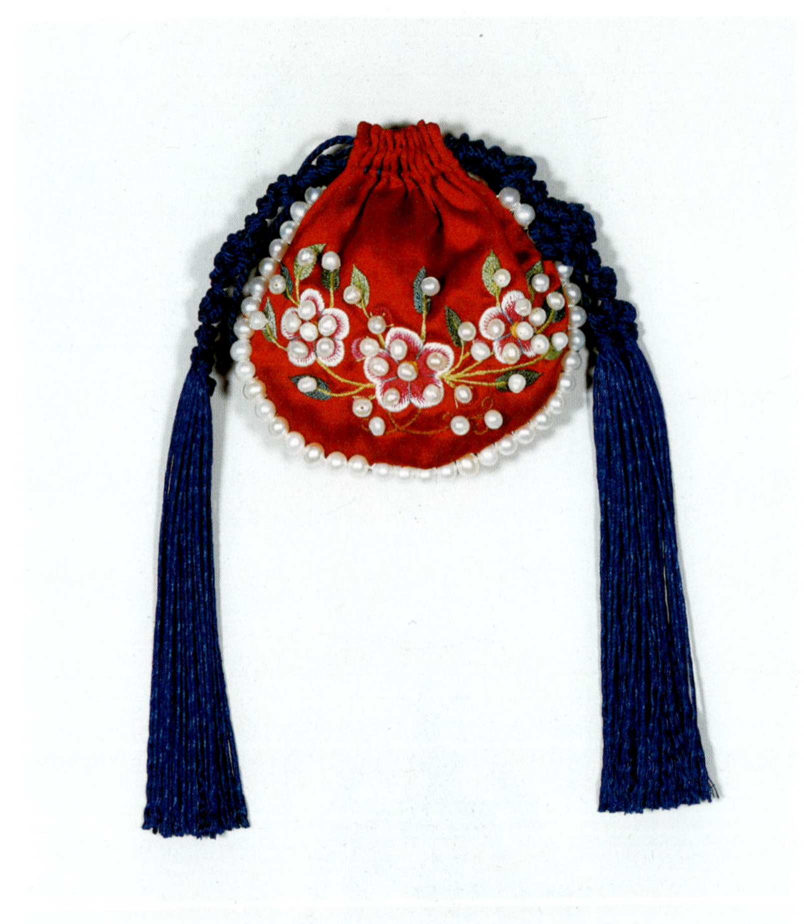

진주낭, 2022년작, 자수 이영분, 17세기 성산이씨 묘 출토 유물 재현

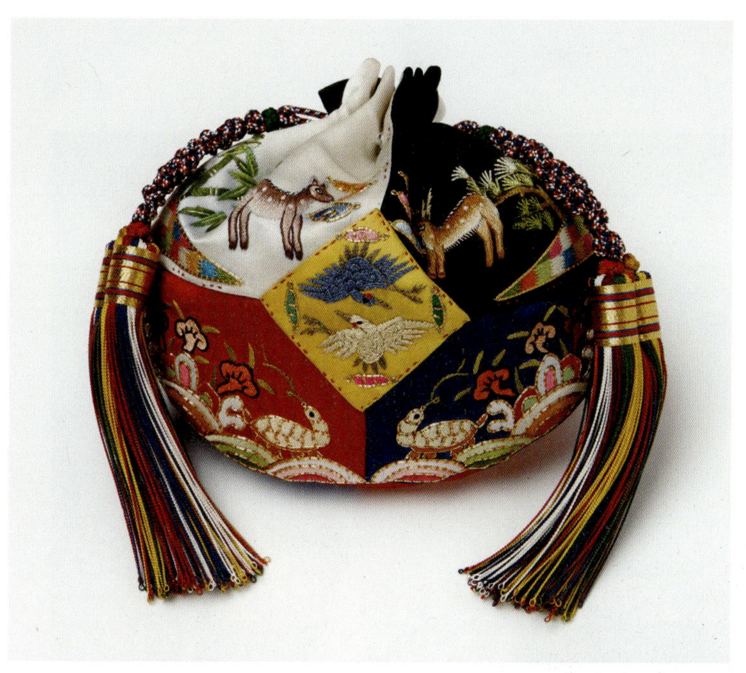

오방낭, 2001년작

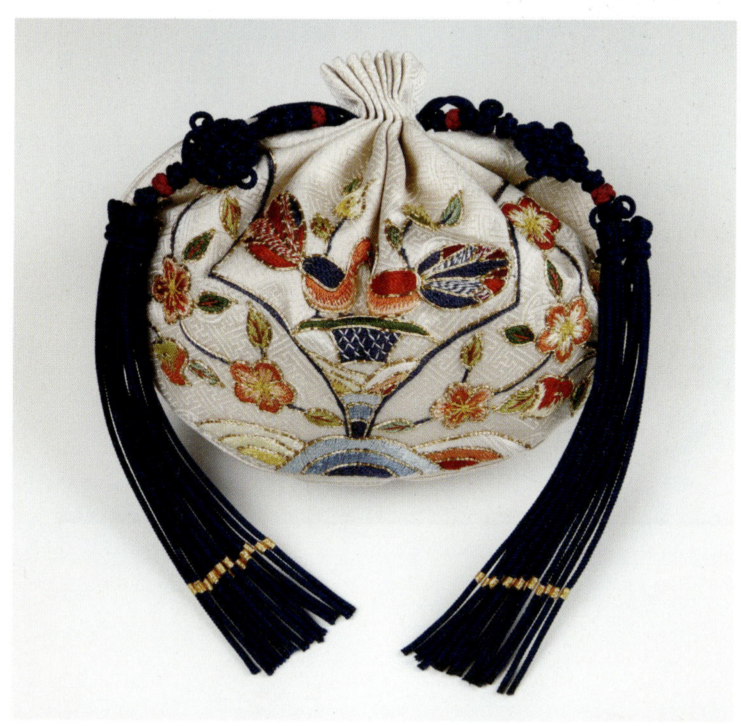

자수매화문주머니, 1999년작
자수 박양자

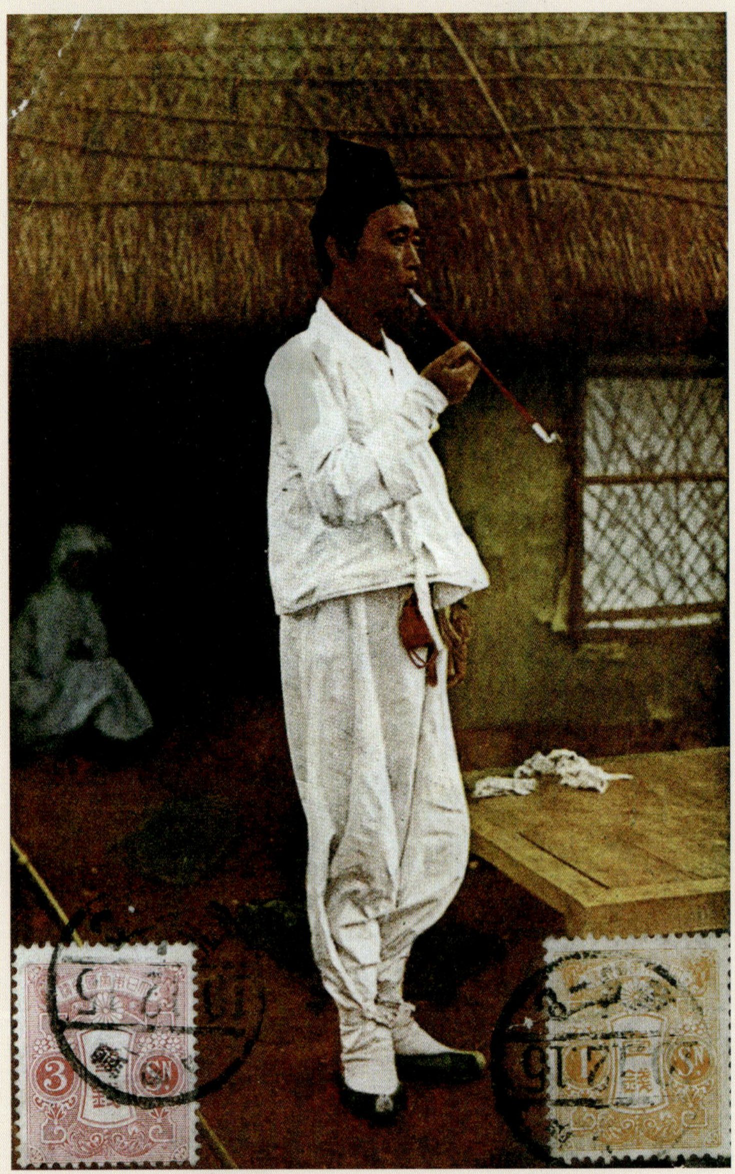

담배 피는 남성, 고불미술관 소장

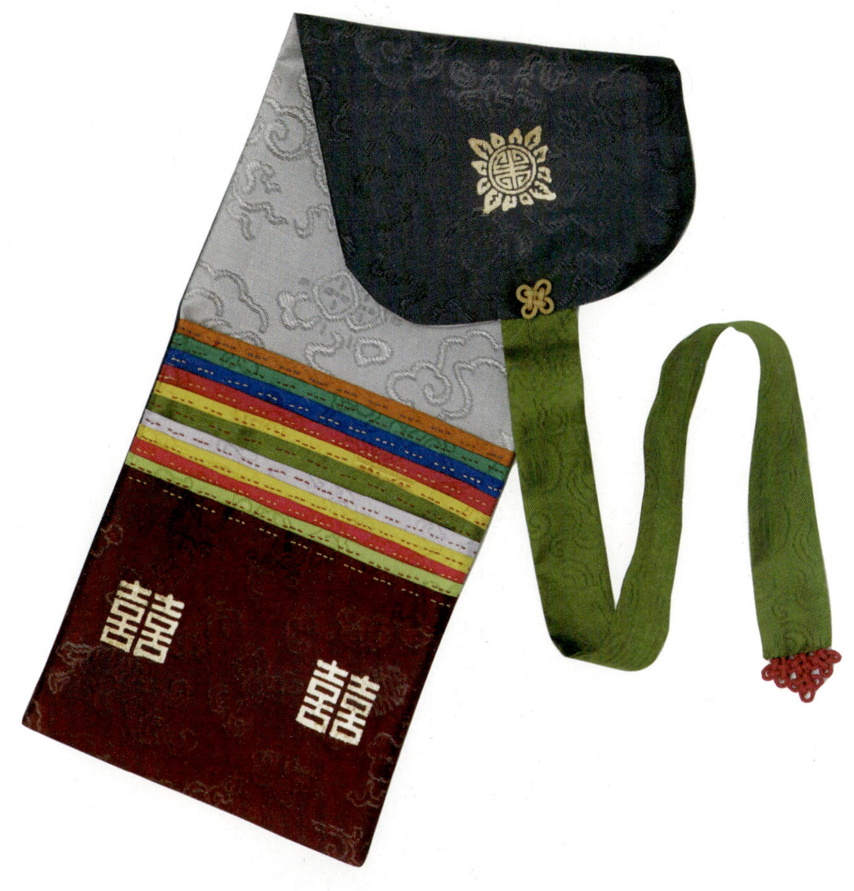

잎담배를 넣은 쌈지, 2006년작

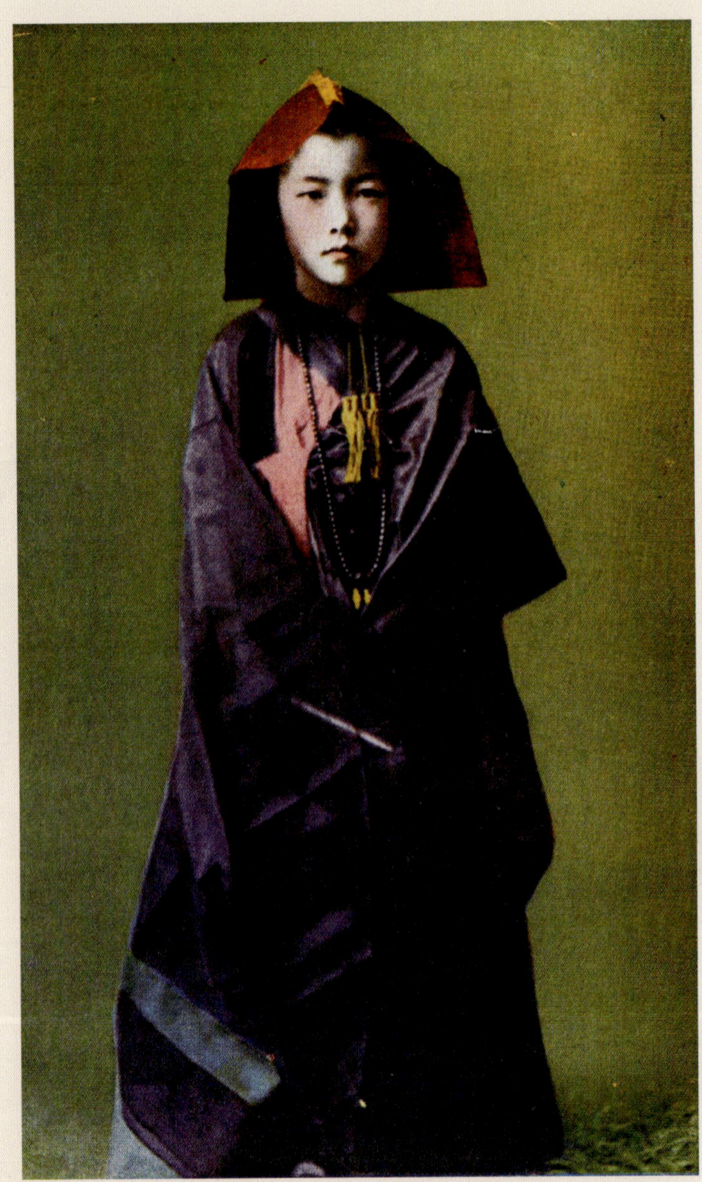

염주를 한 기생, 고불미술관 소장

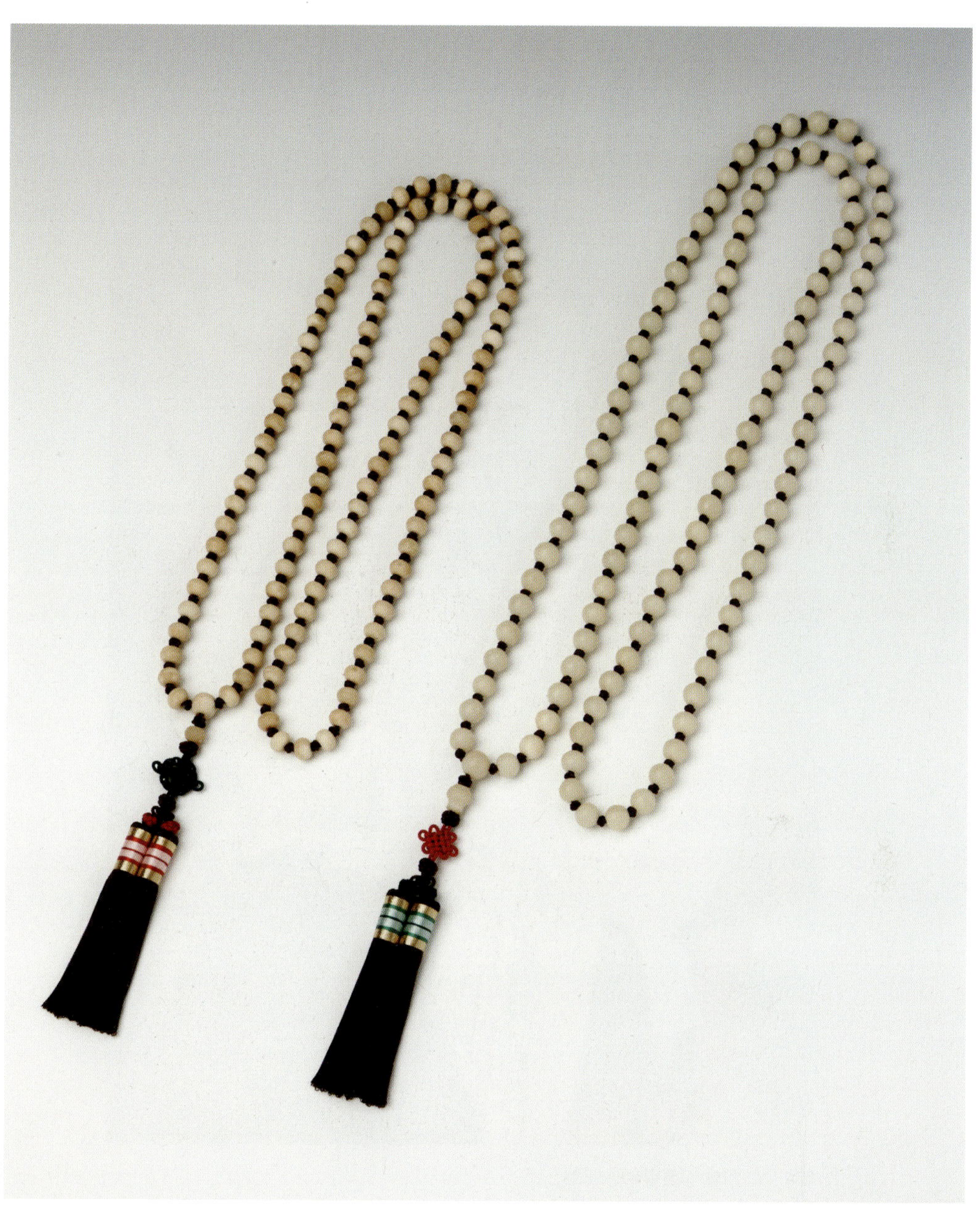

염주, 2008년작

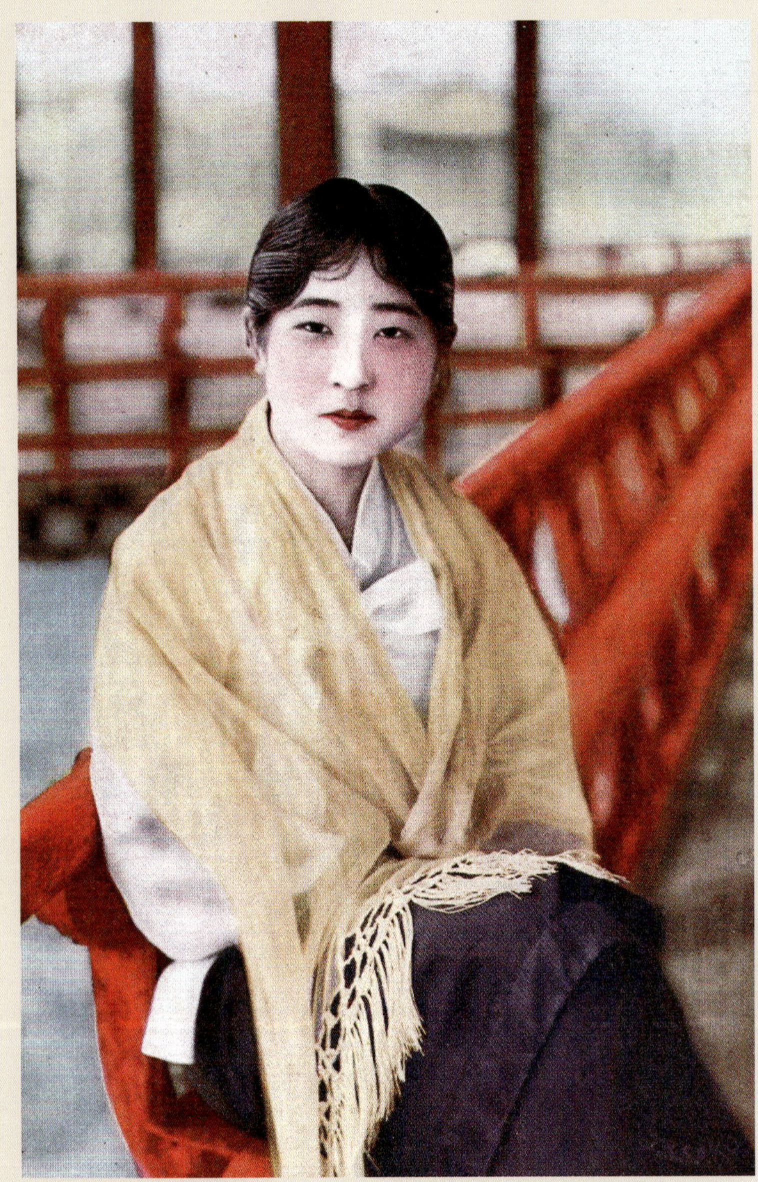

솔을 두른 기생, 고불미술관 소장

멋과 품격의 예술 매듭

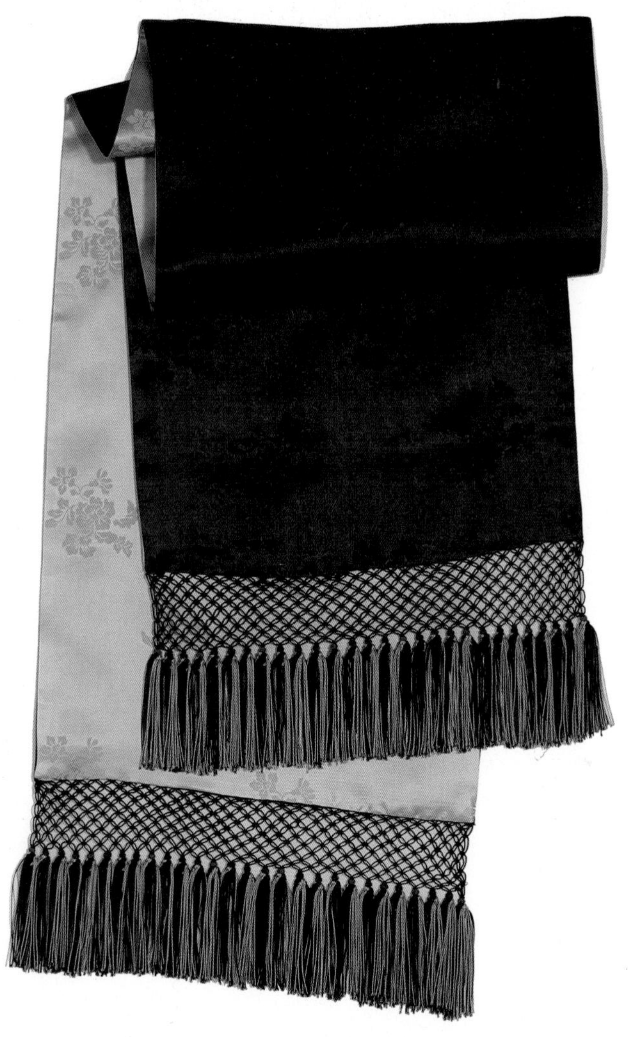

숄, 2007년작

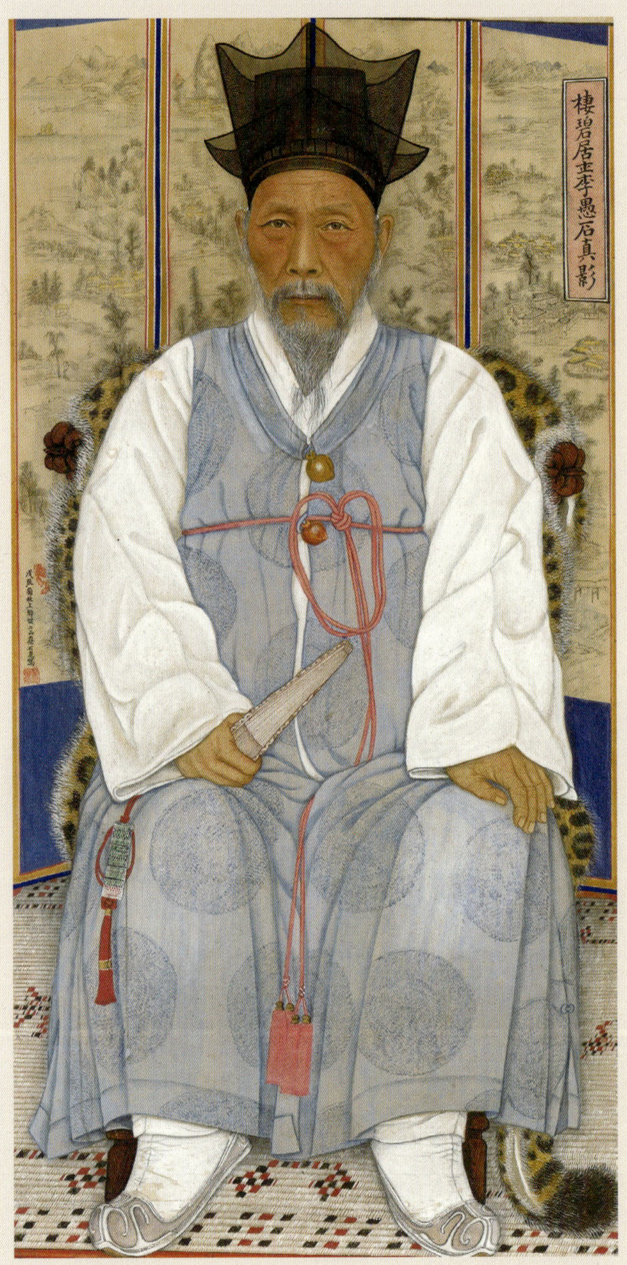

이석우 초상, 채용신 작, 국립중앙박물관(구9680)

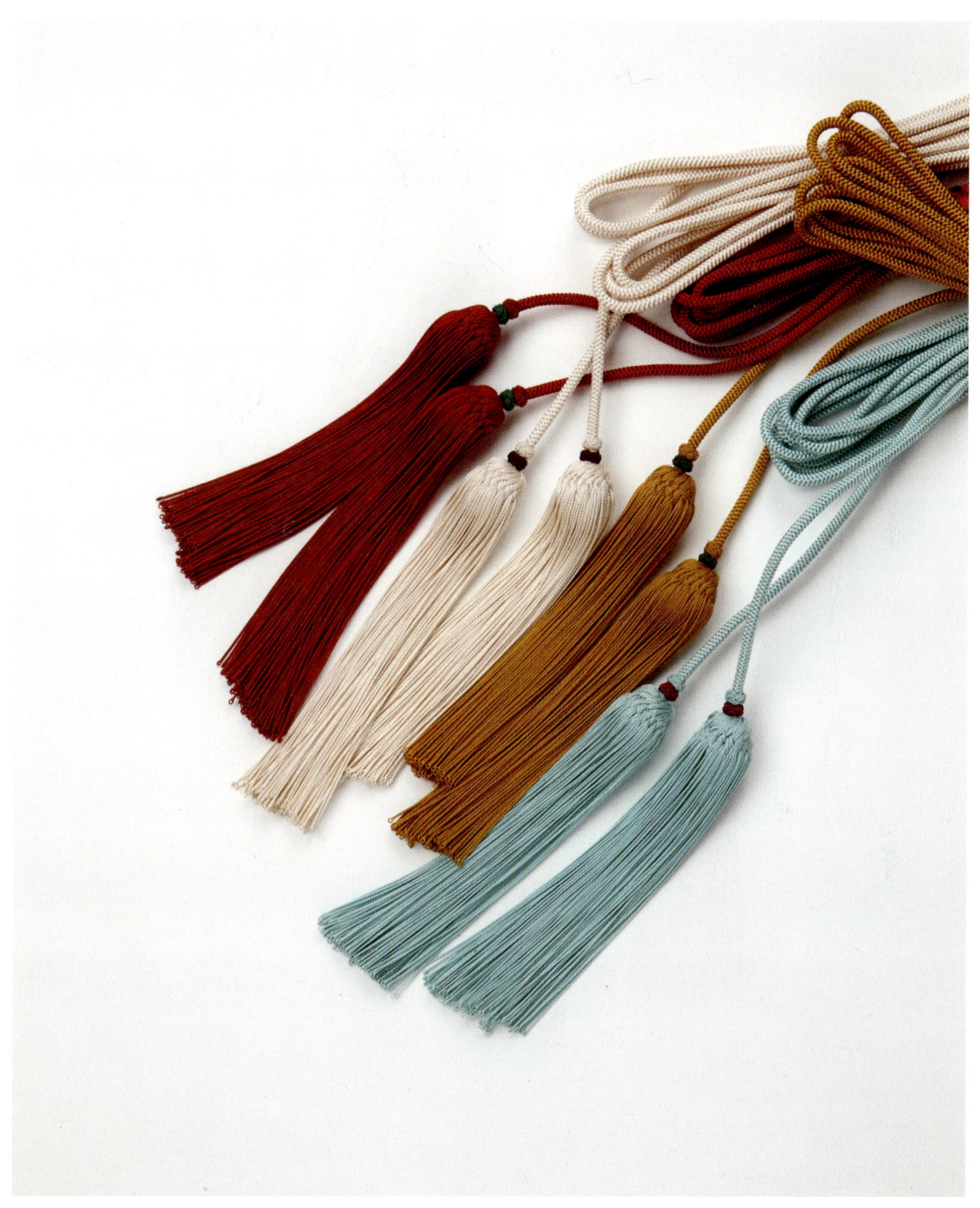

세조대, 1997년작

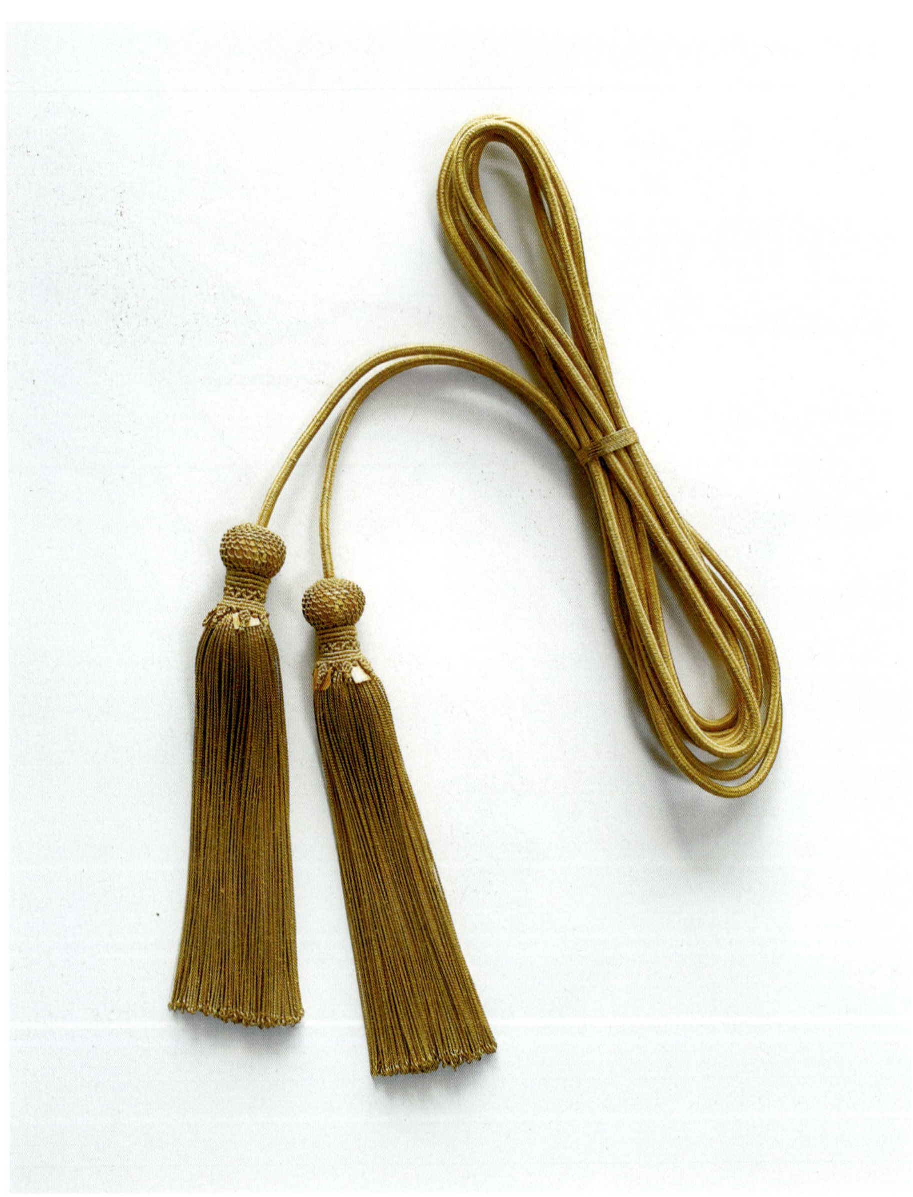

32사, 세조대, 2023년 작

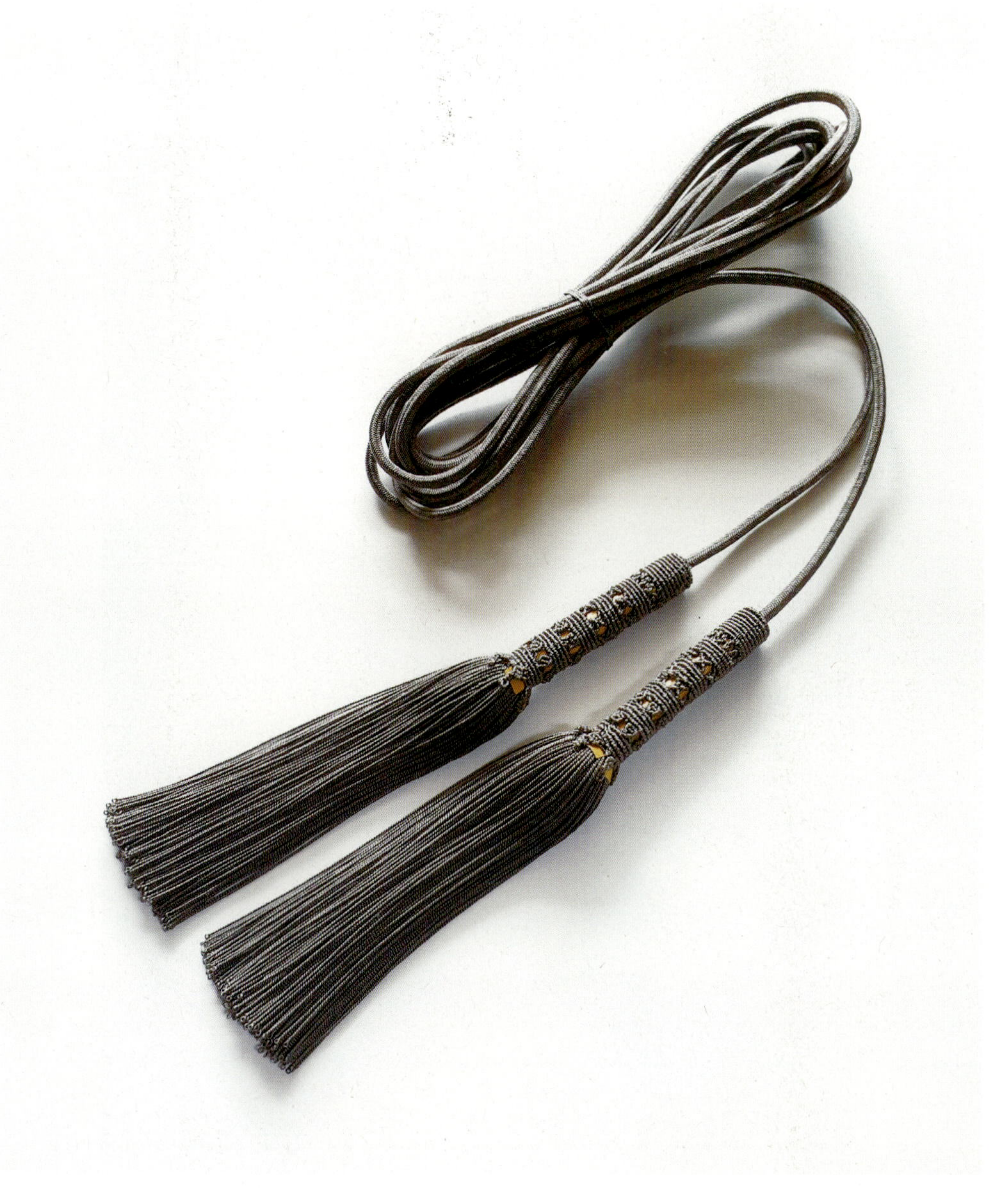

24사, 세조대, 2023년 작

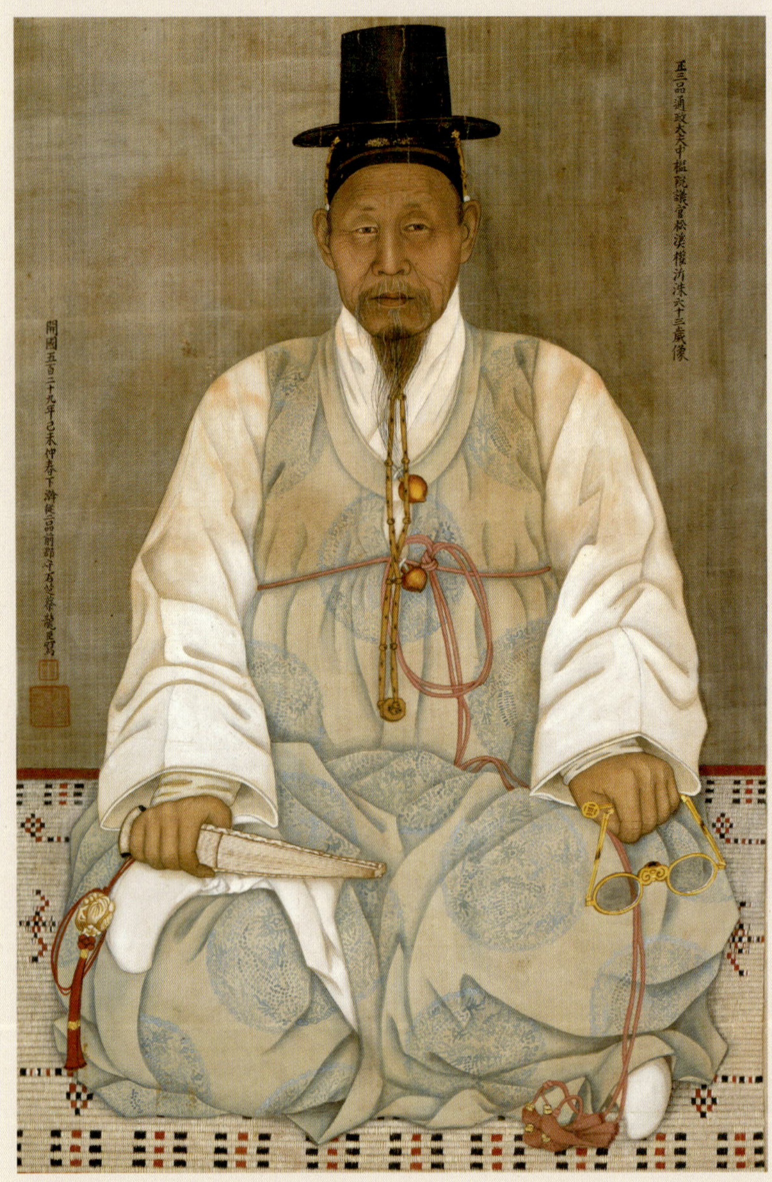

권기수 초상화, 채용신 작, 국립중앙박물관 소장(신수 15267)

멋과 품격의 예술 매듭

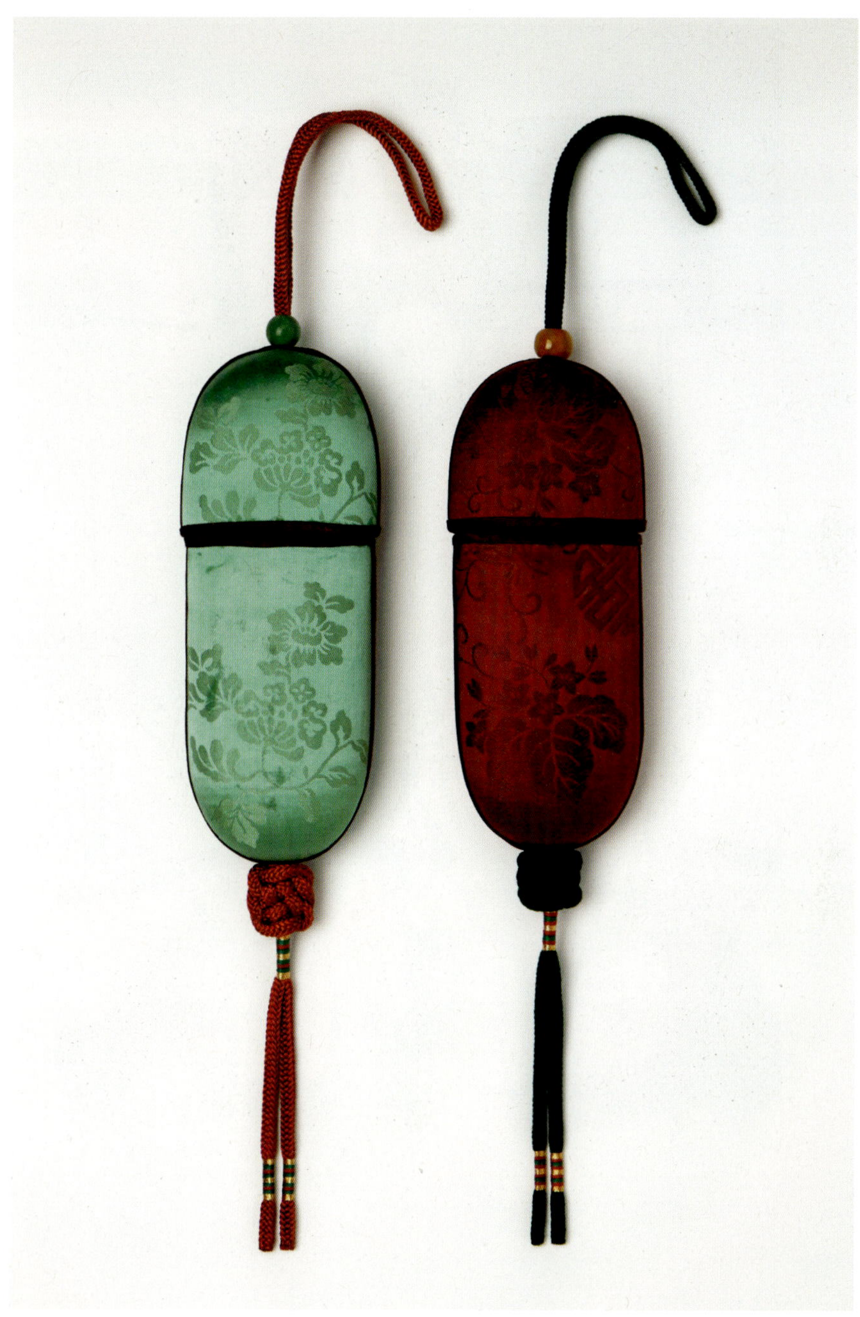

안경집, 2013년작

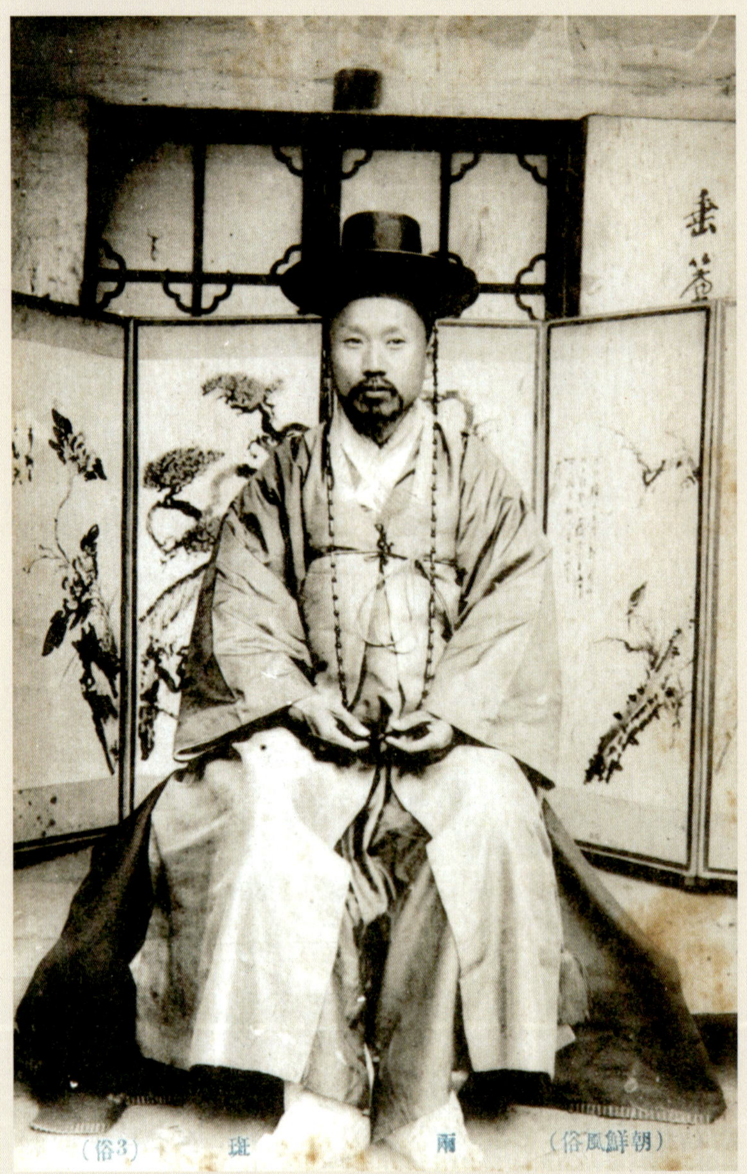

양반, 국립민속박물관 소장(민속26436)

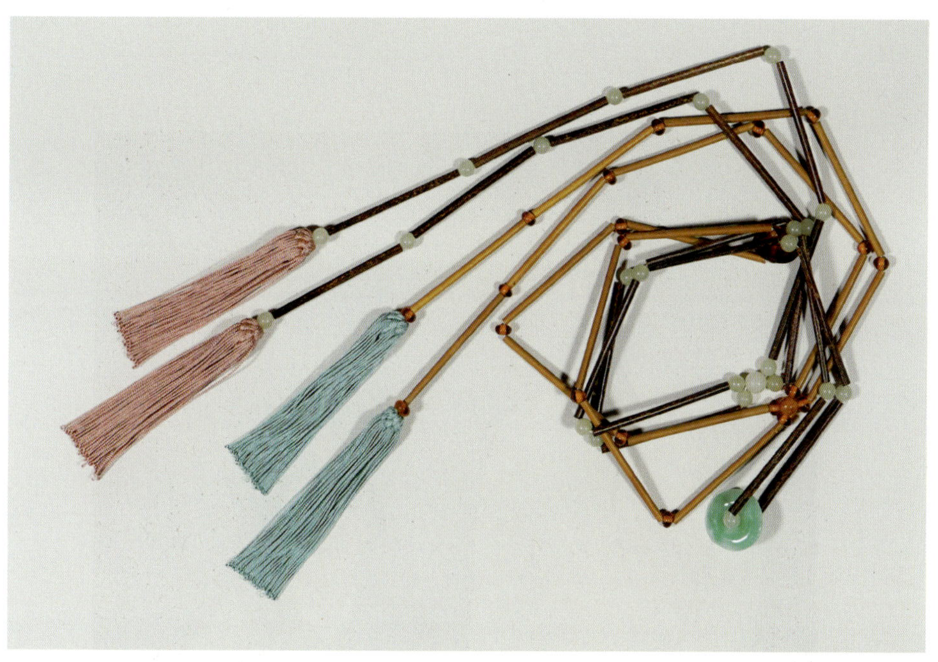

갓끈, 1979년작

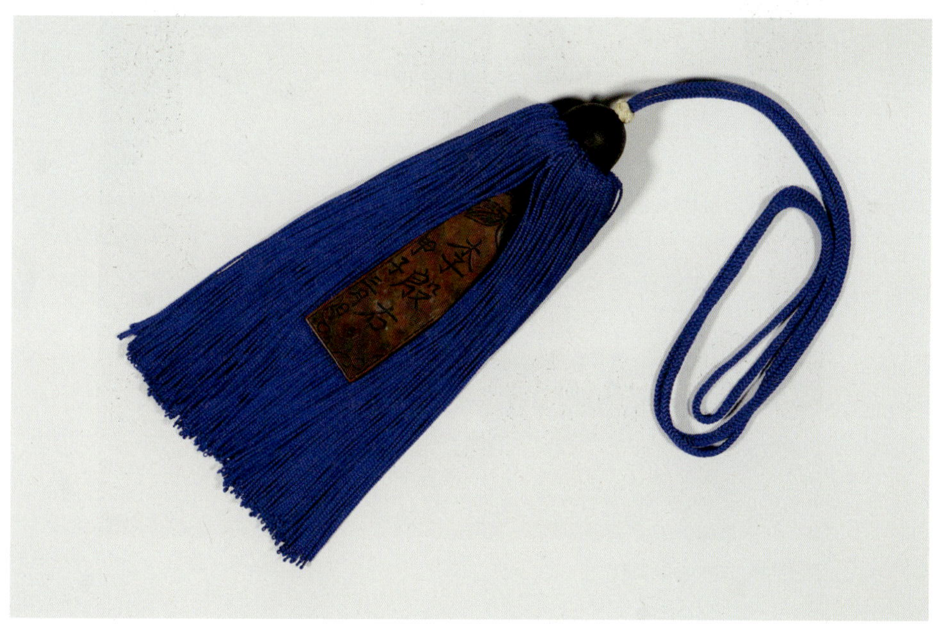

호패, 1979년작

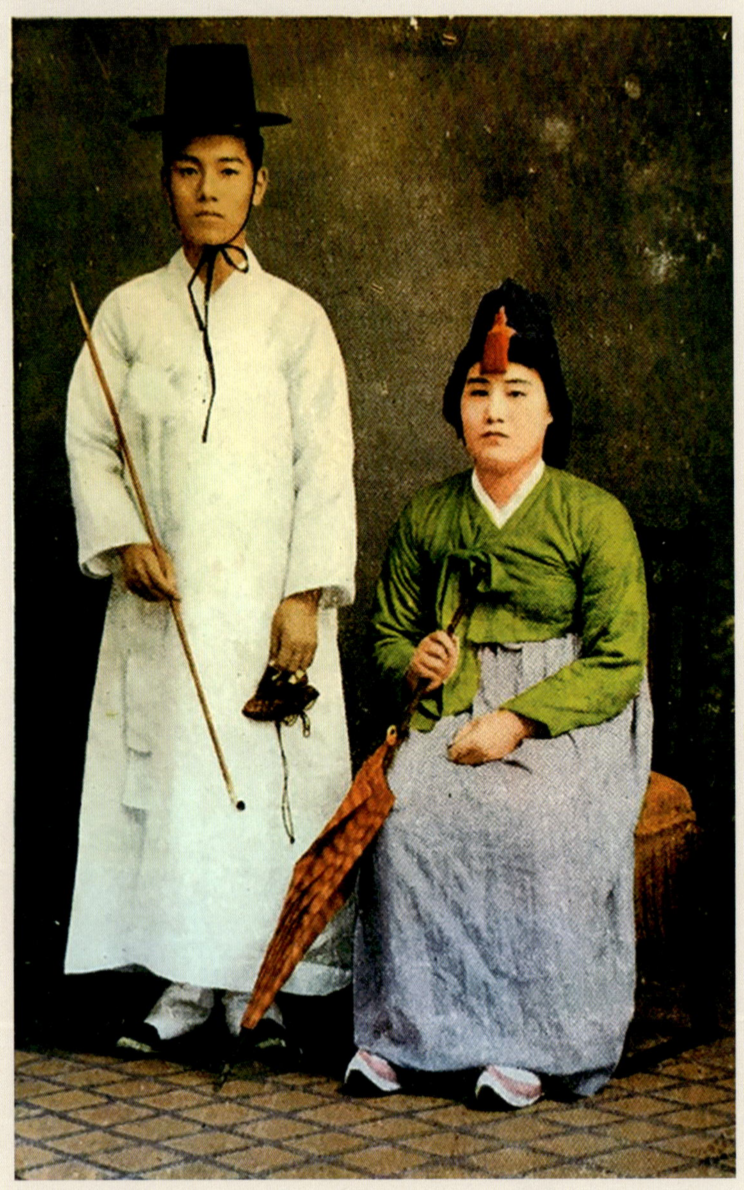

중년부부, 고불미술관 소장

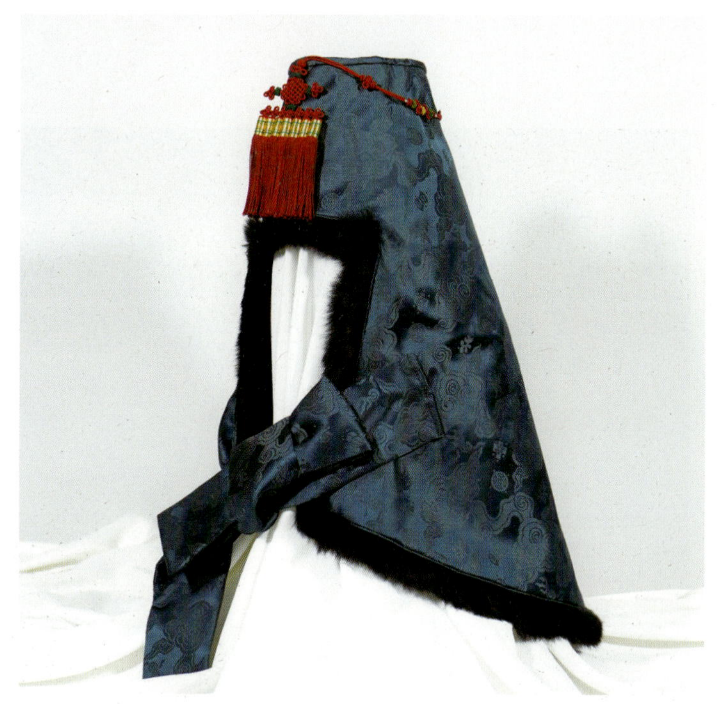

휘항, 2016년작

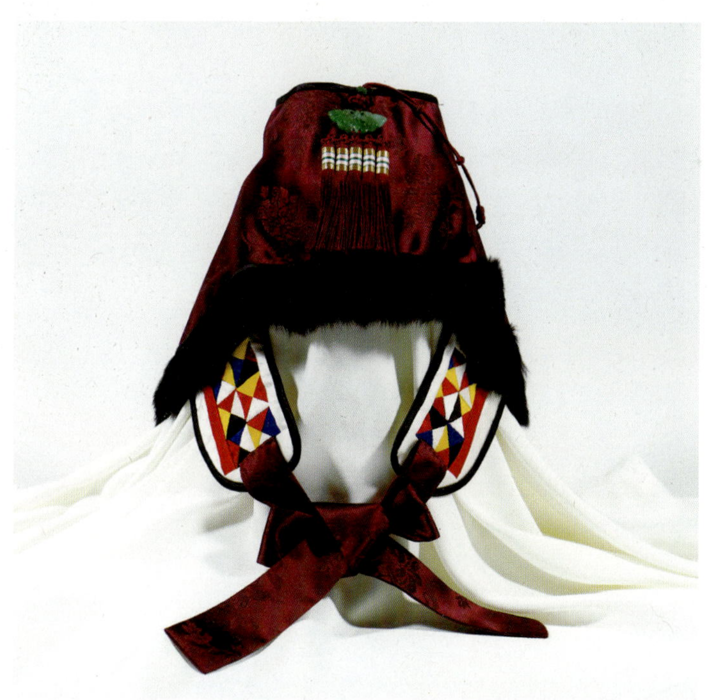

남바위, 2015년작

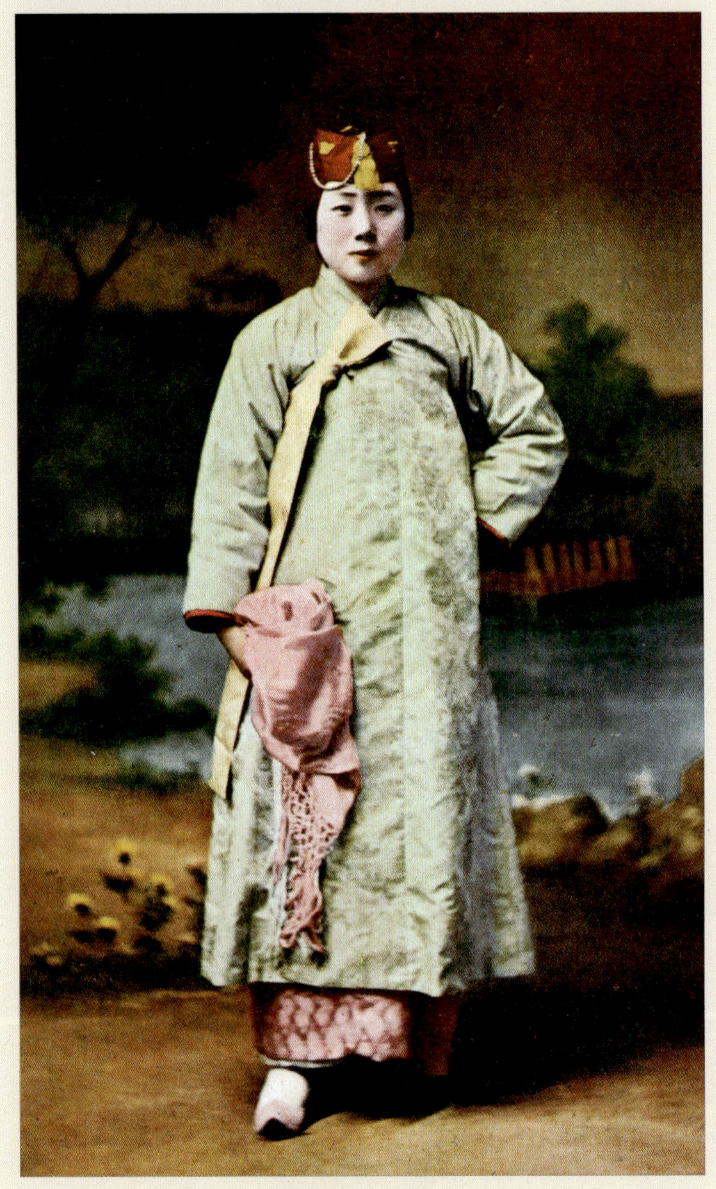

조바위를 쓴 여성, 국립민속박물관 소장(민속043175)

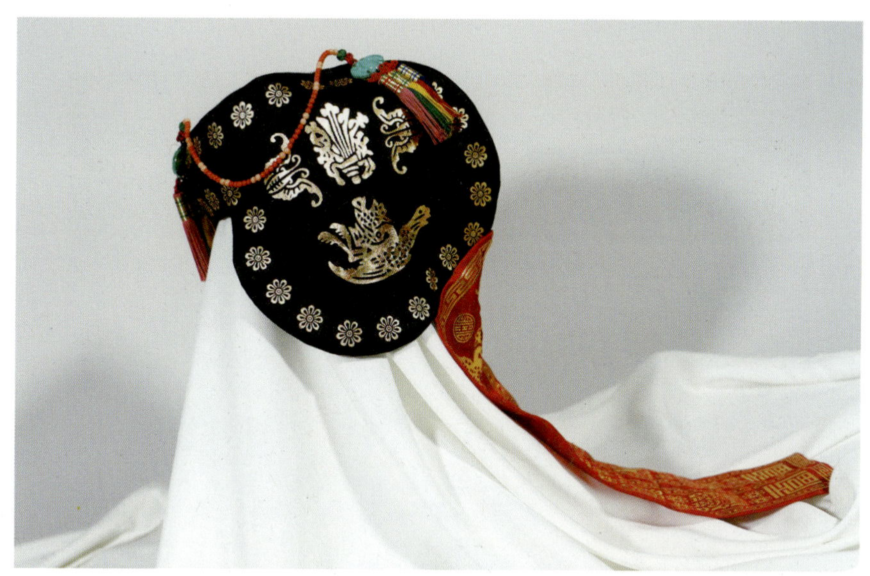

어린아이 조바위, 2017년작

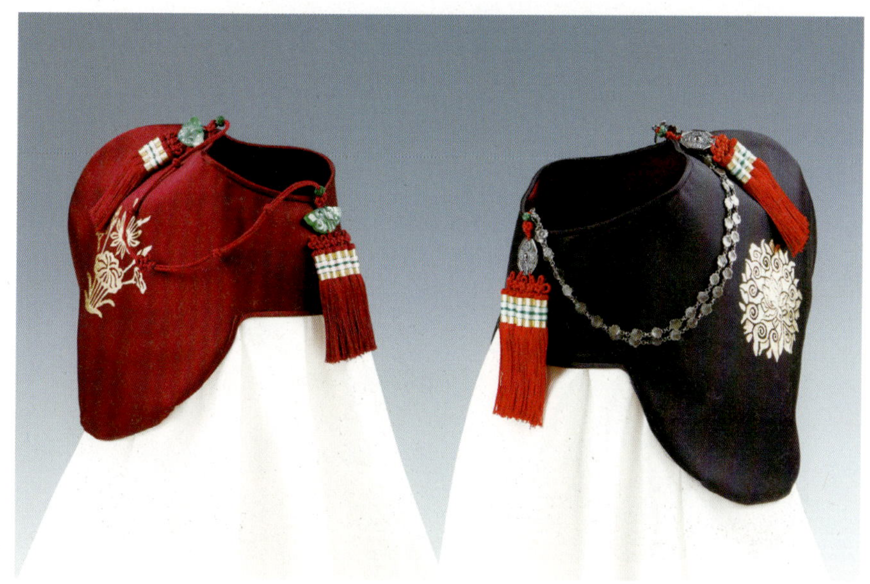

조바위, 1989년작

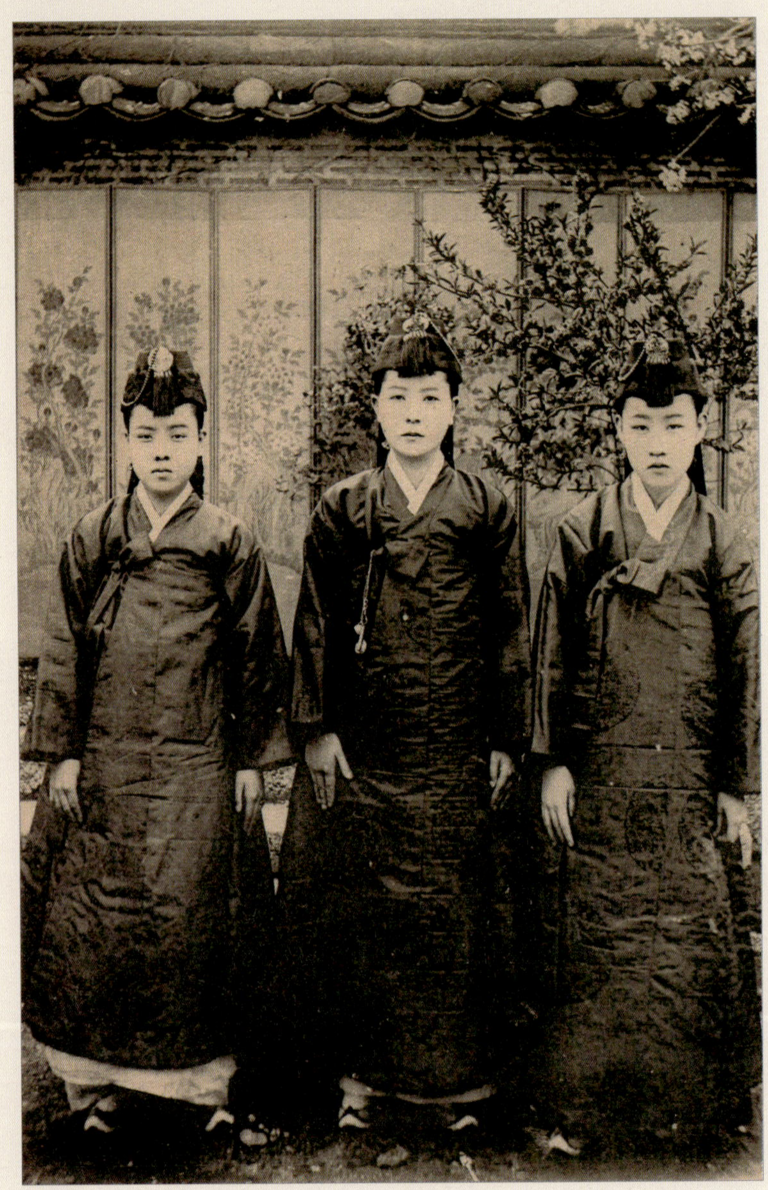

아얌을 쓴 여성, 고불미술관 소장

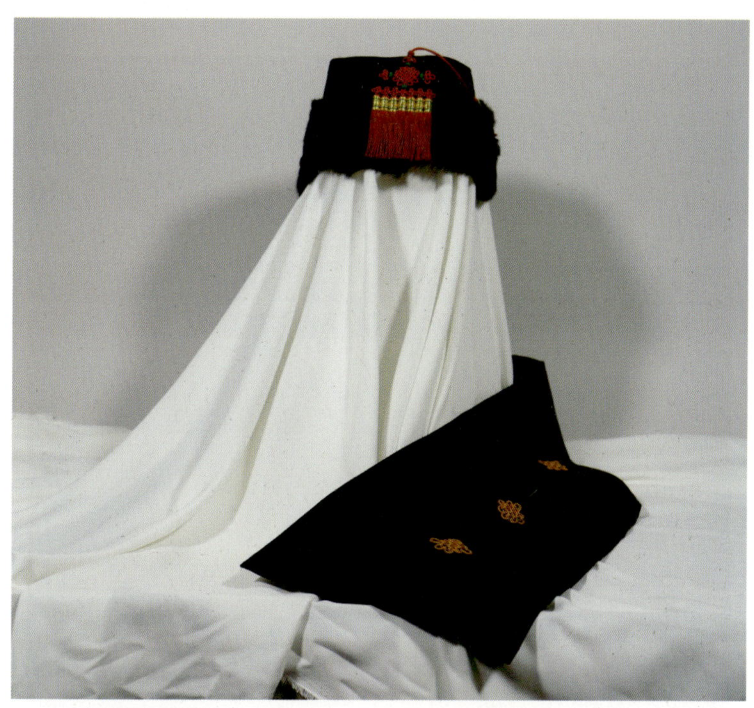

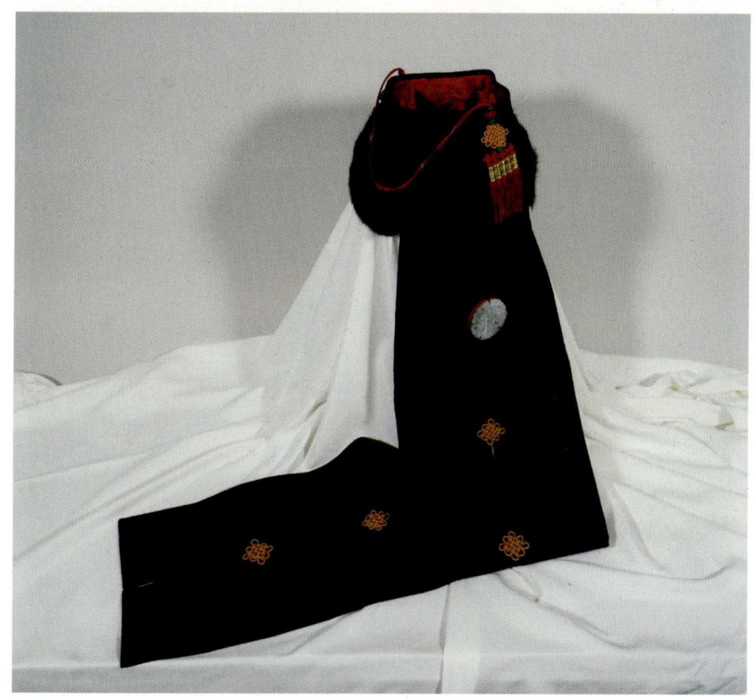

아얌, 2016년작

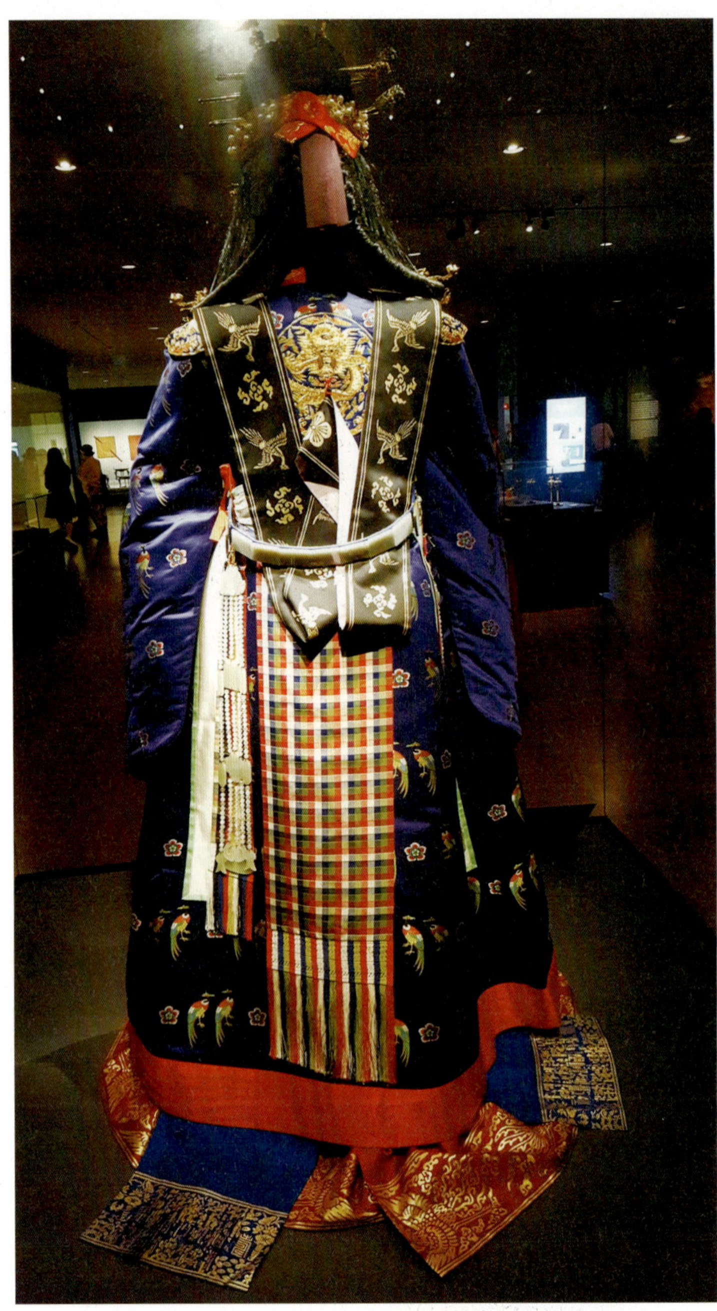

왕비 후수, 국립고궁박물관

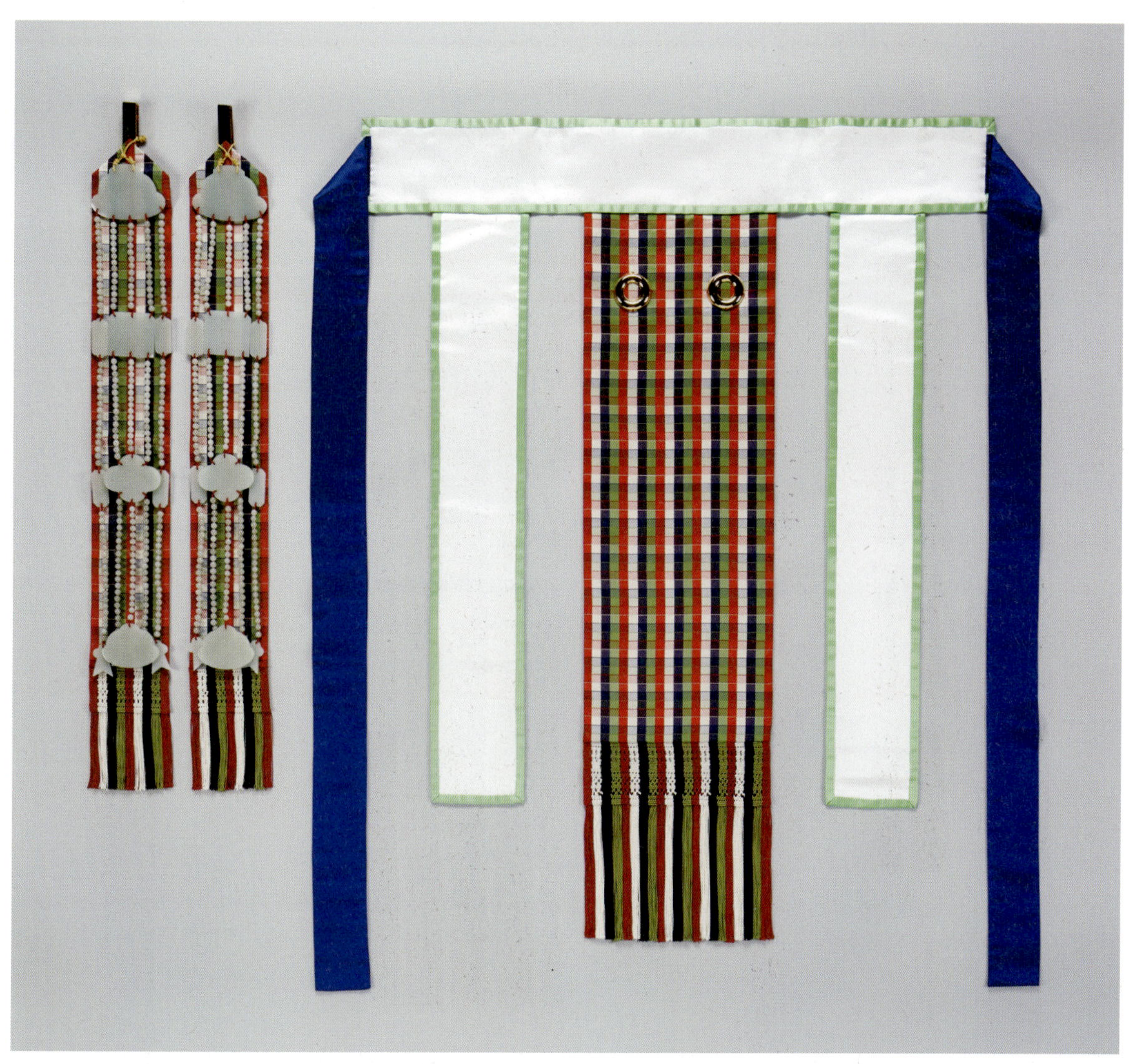

왕비후수, 2016년작

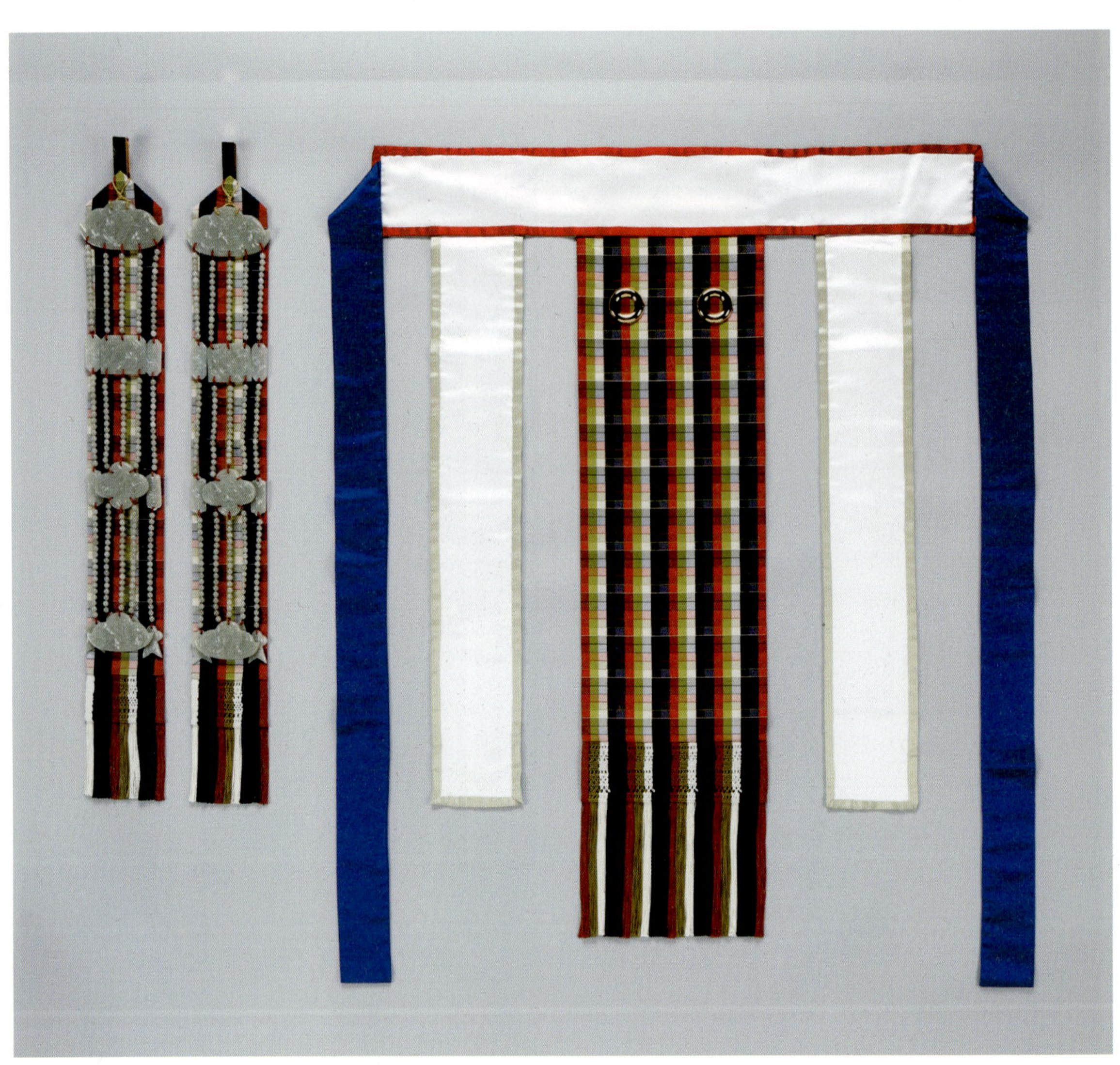

왕후수, 2016년작

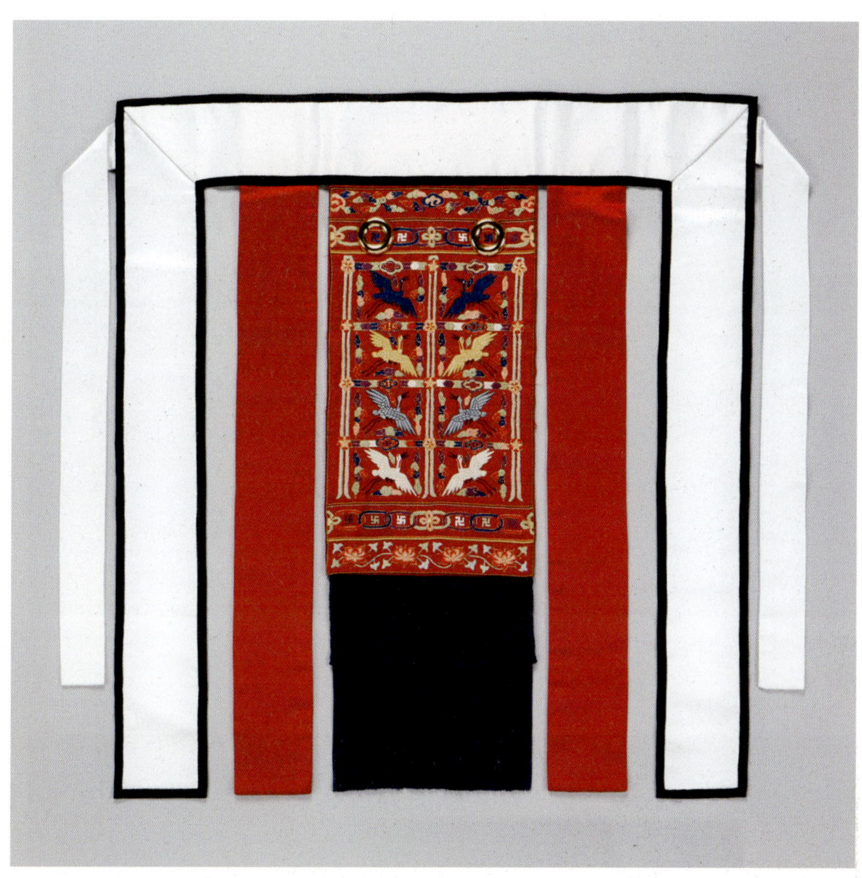

당상관 후수, 2016년작

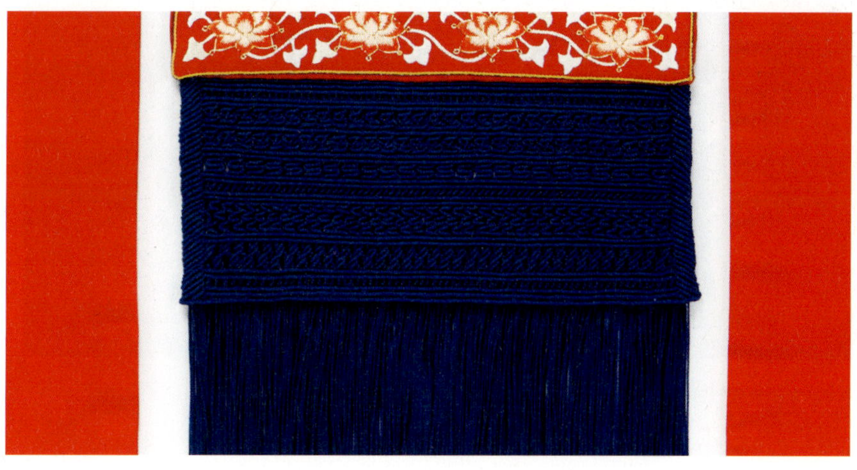

망수

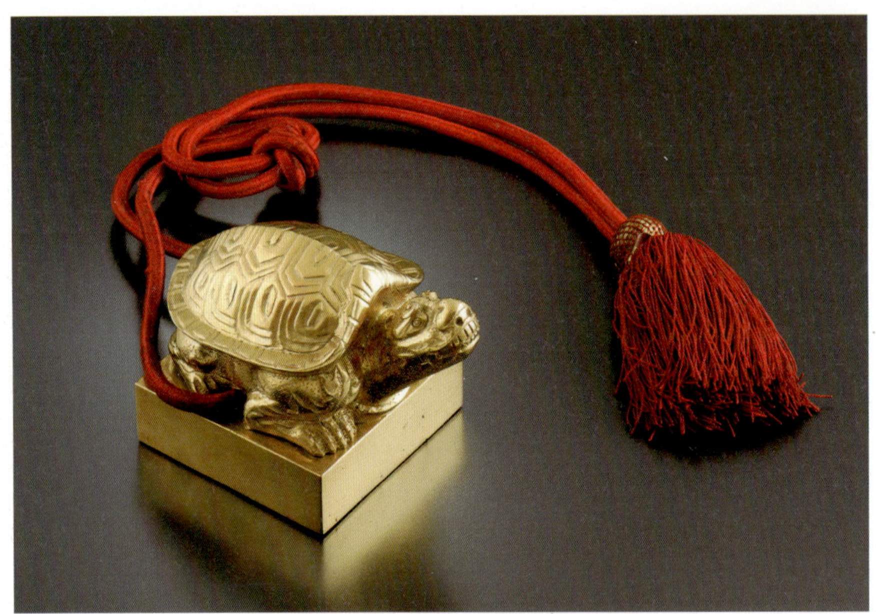

철종비 철인왕후 왕비책봉 금보, 국립고궁박물관 소장(종묘13830)

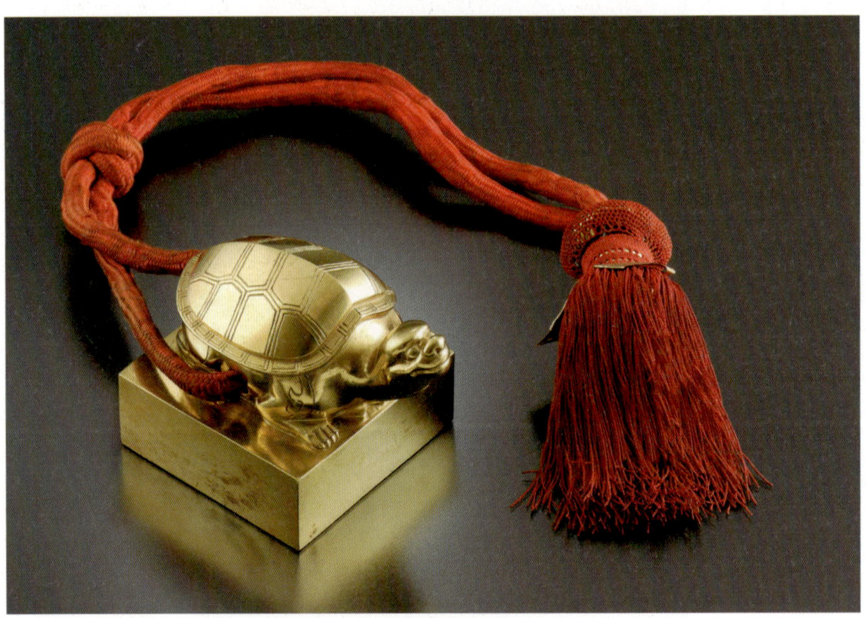

순조비 순원왕후 왕비책봉 금보, 국립고궁박물관 소장(종묘13744-1)

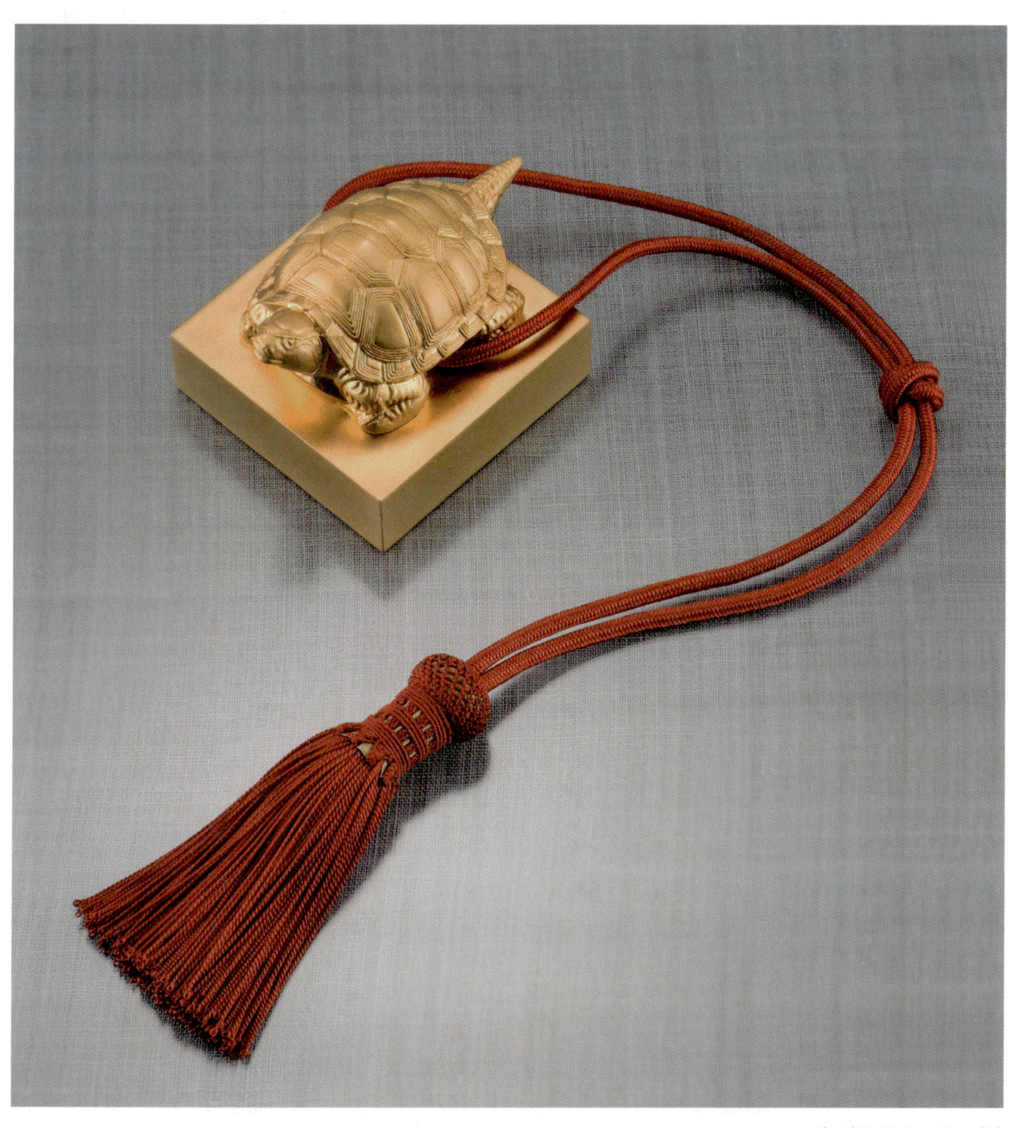

24사, 어보 유소, 2019년작

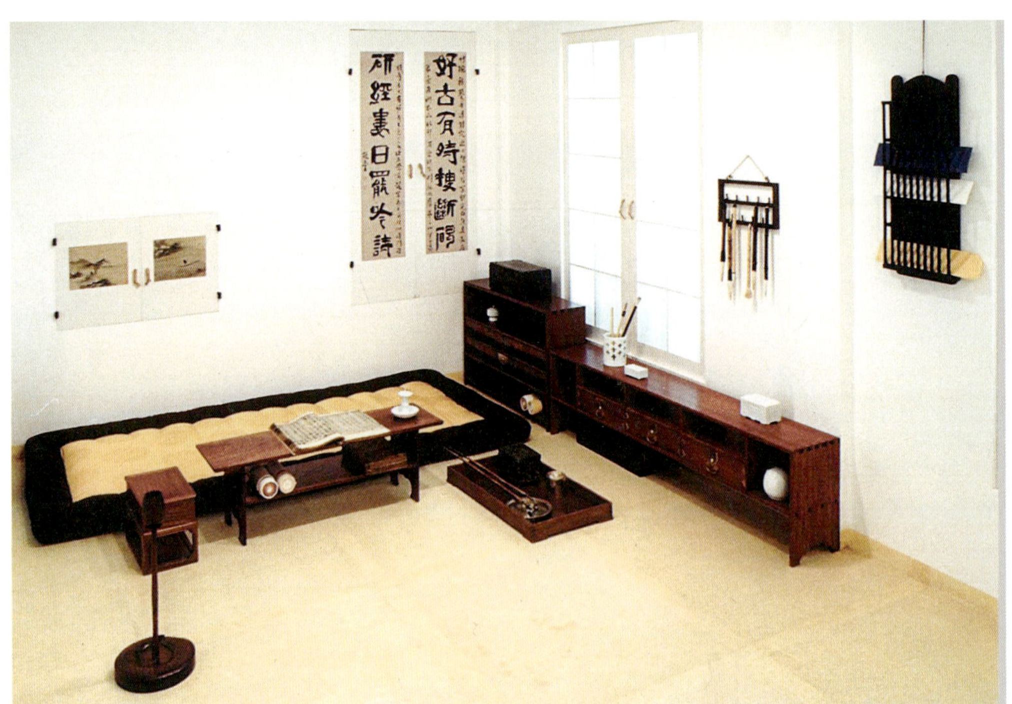

옛 국립중앙박물관 사랑방 전시실

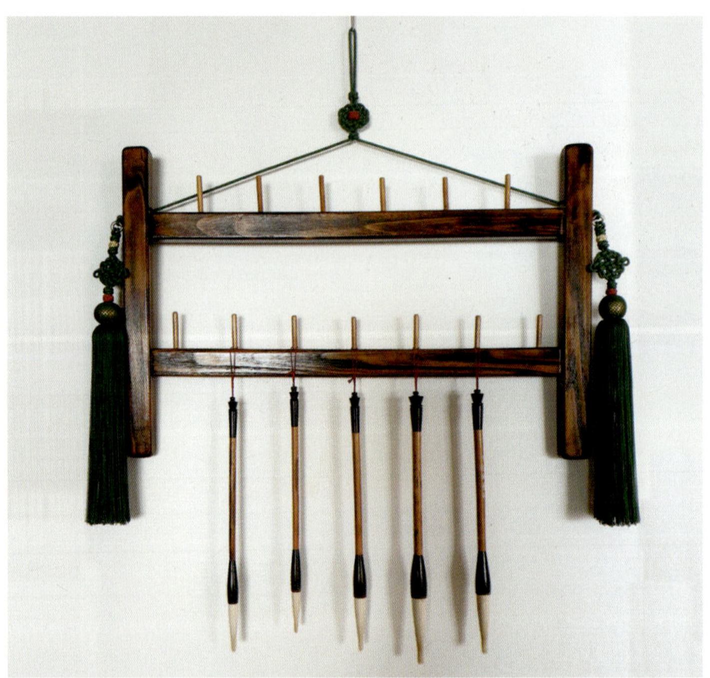

붓걸이 유소, 2019년작

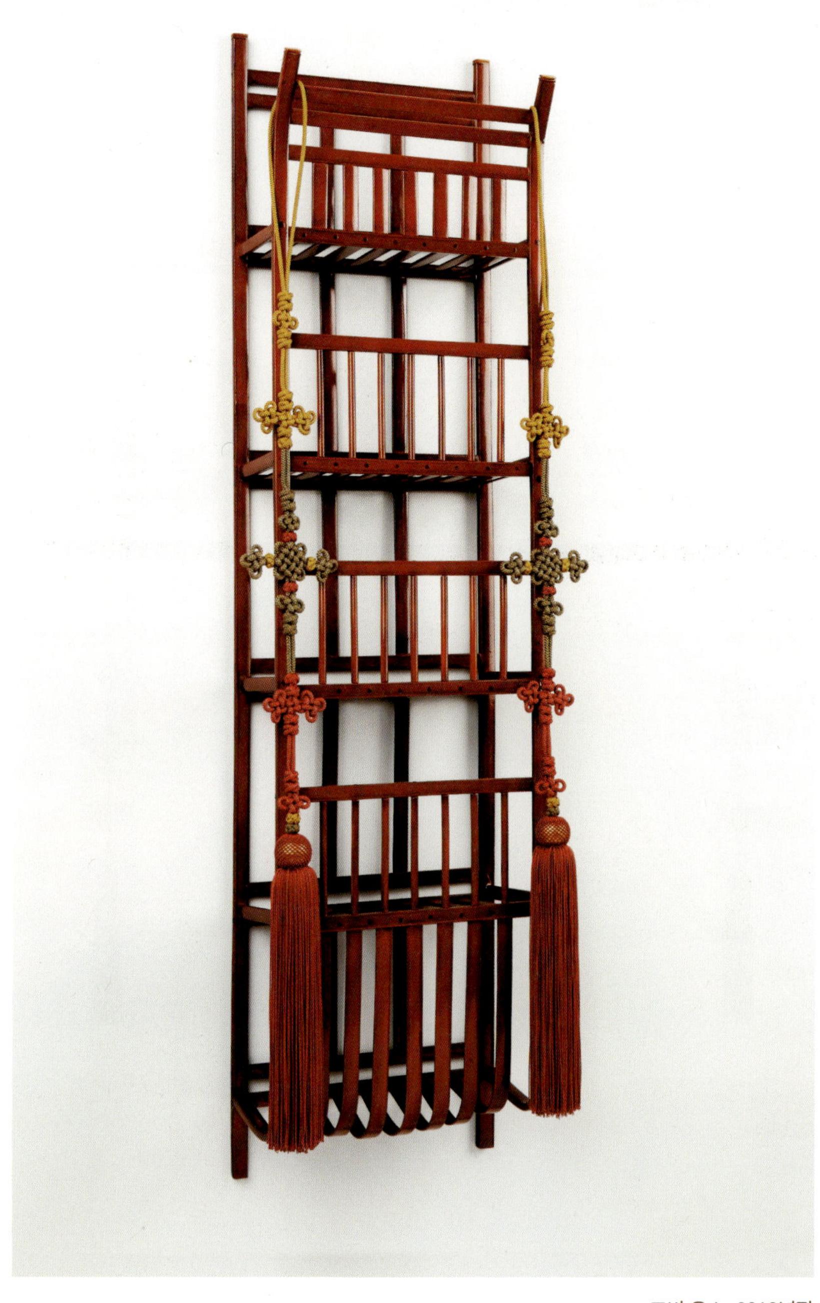

고비 유소, 2013년작

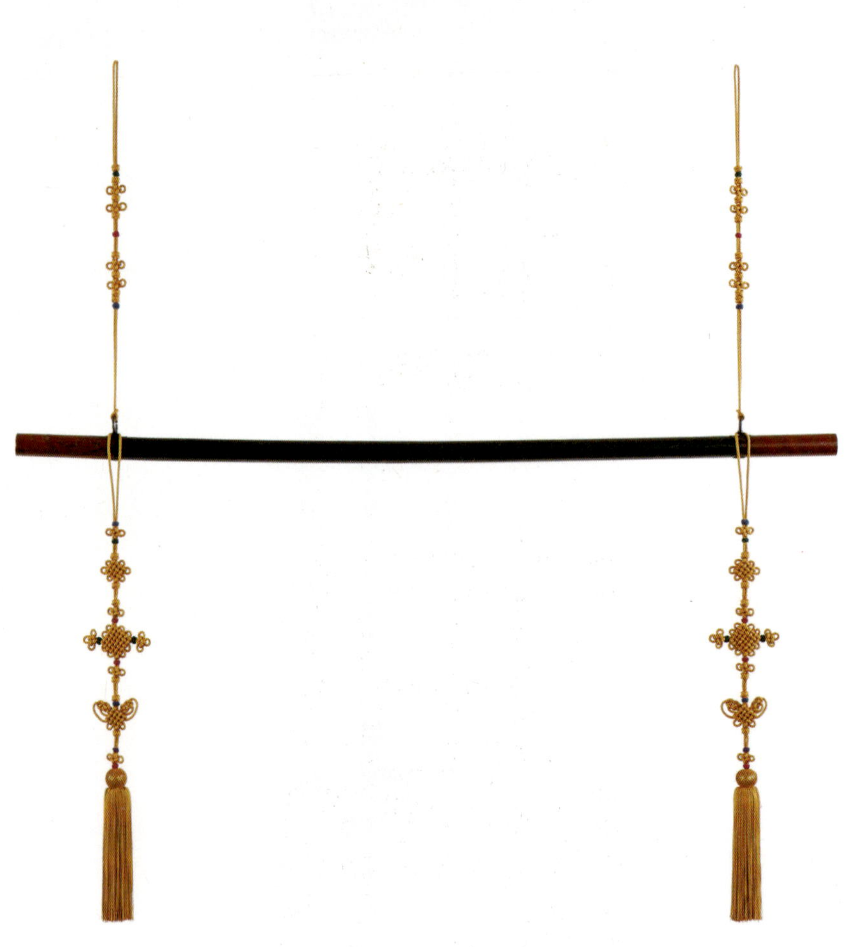

횟대 유소, 1992년작

멋과 품격의 예술 매듭

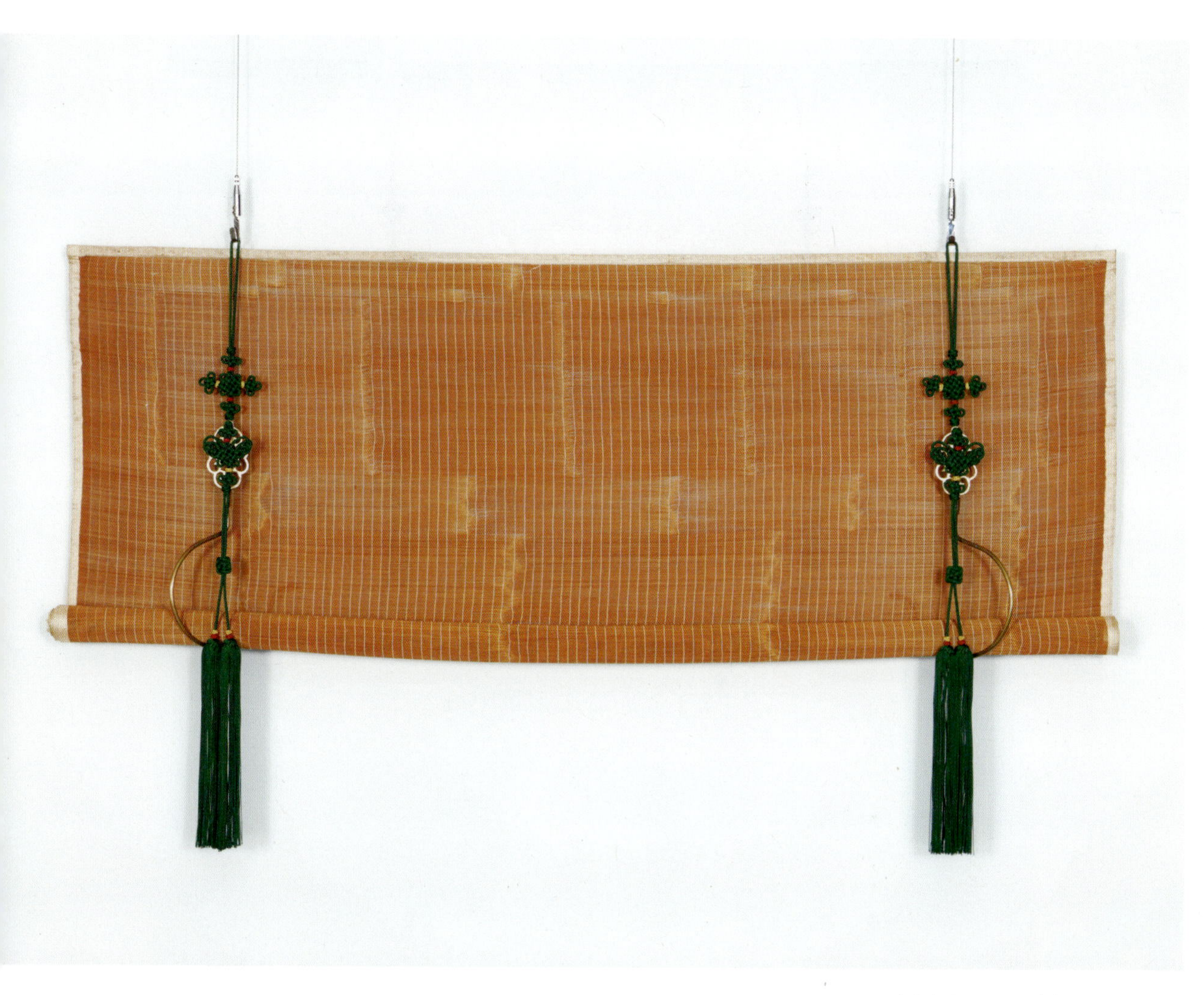

발걸이 유소, 1983년작

2장 생활 속의 매듭, 박양자 맺다

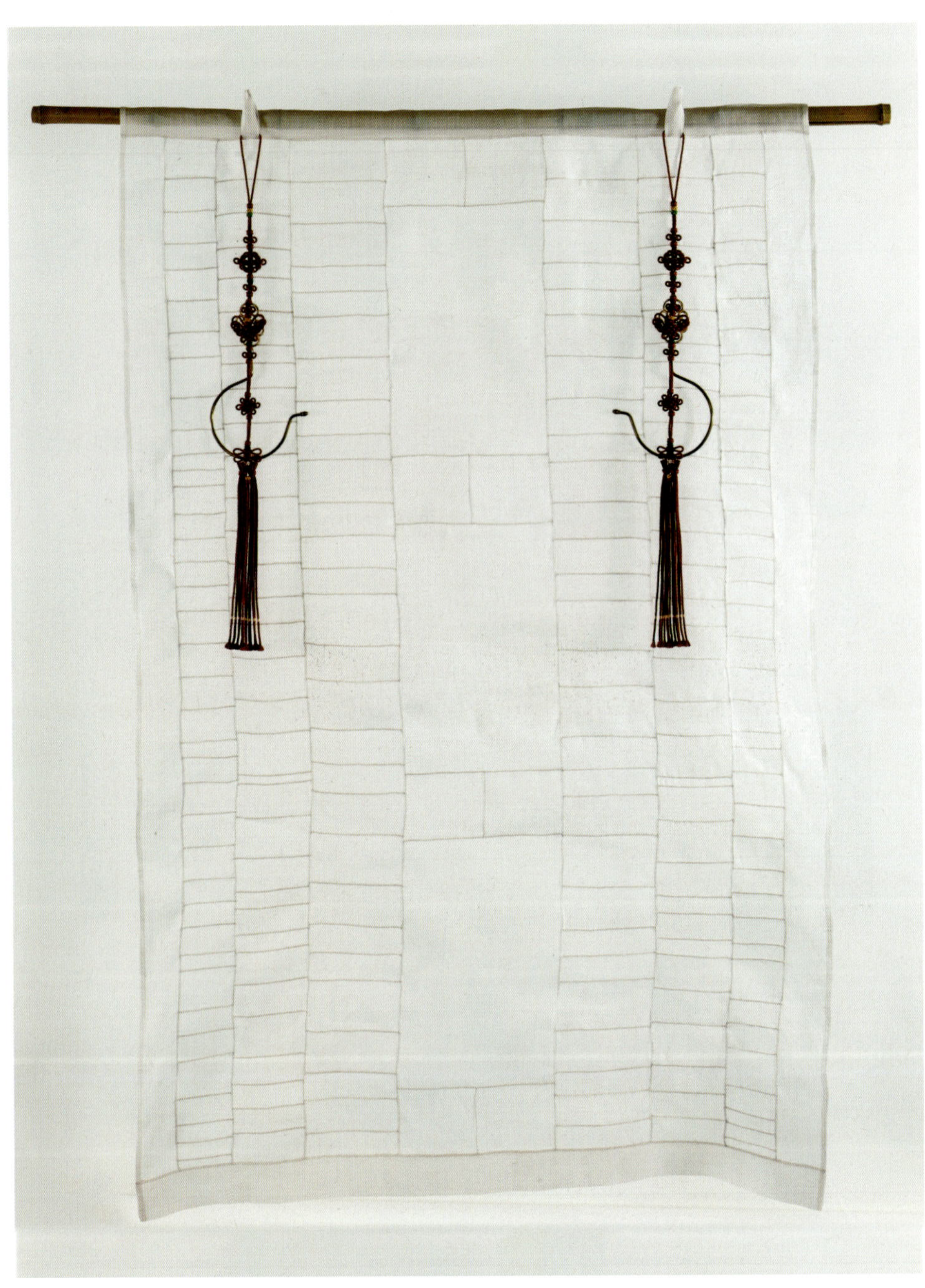

모시 조각보 발 유소, 2008~2009년작

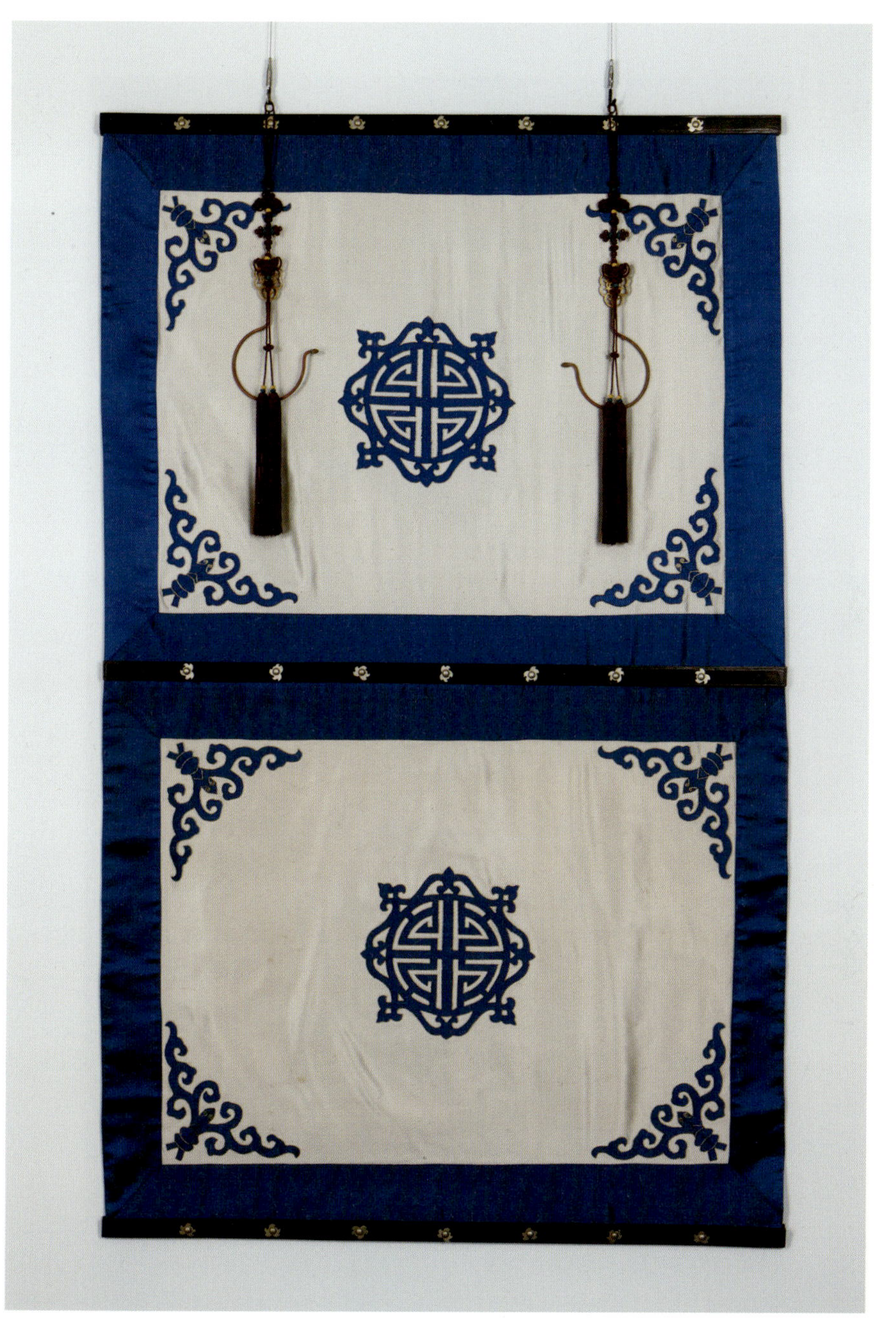

방장 유소, 1982년작

2장 생활 속의 매듭, 박양자 맺다

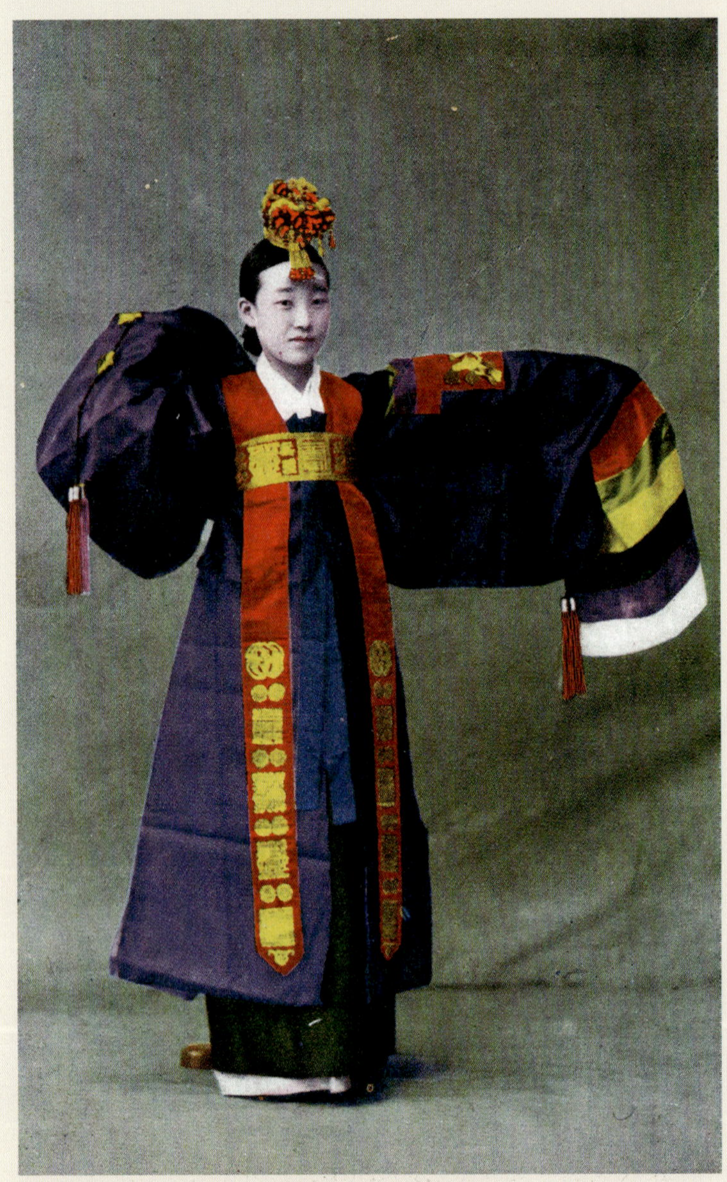

춤추는 기생(김진향), 고불미술관 소장

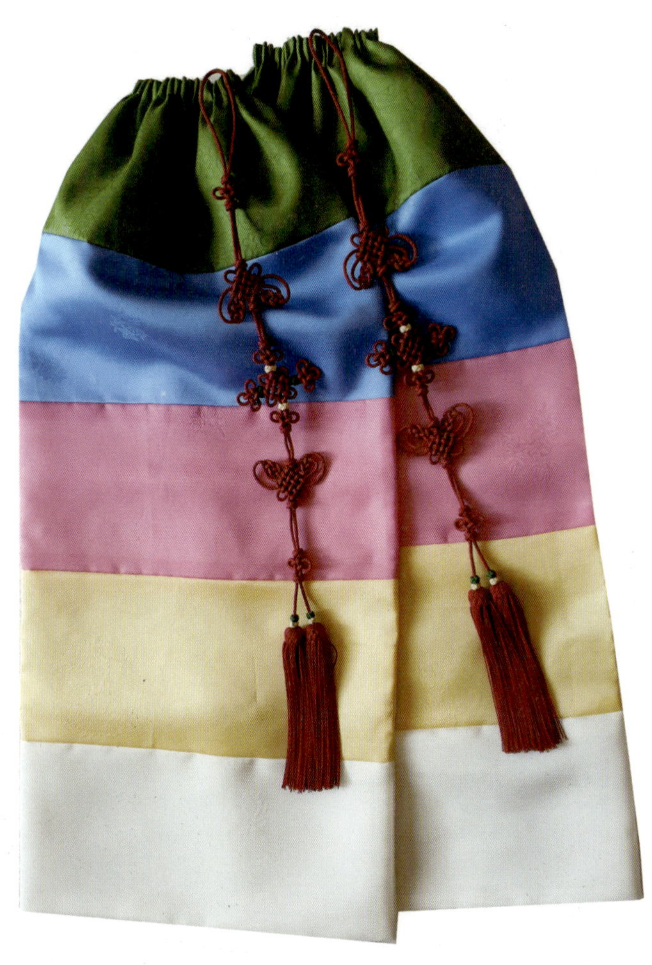

오색한삼 유소, 2022년작

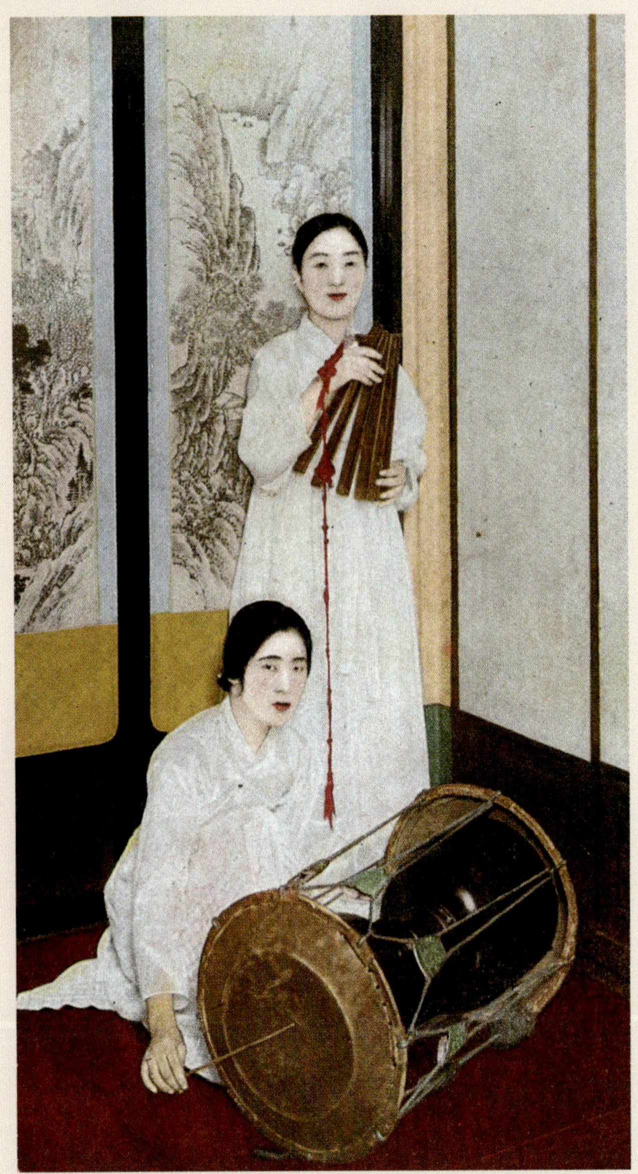

악기를 연주하는 기생, 고불미술관 소장

멋과 품격의 예술 매듭

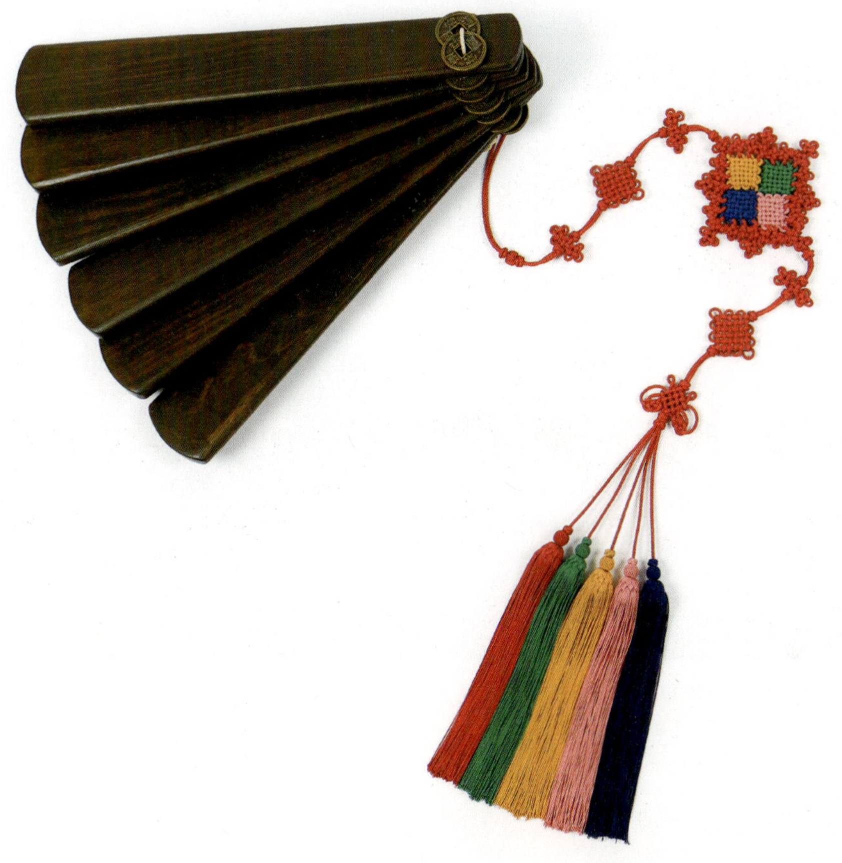

박 유소, 2019년작

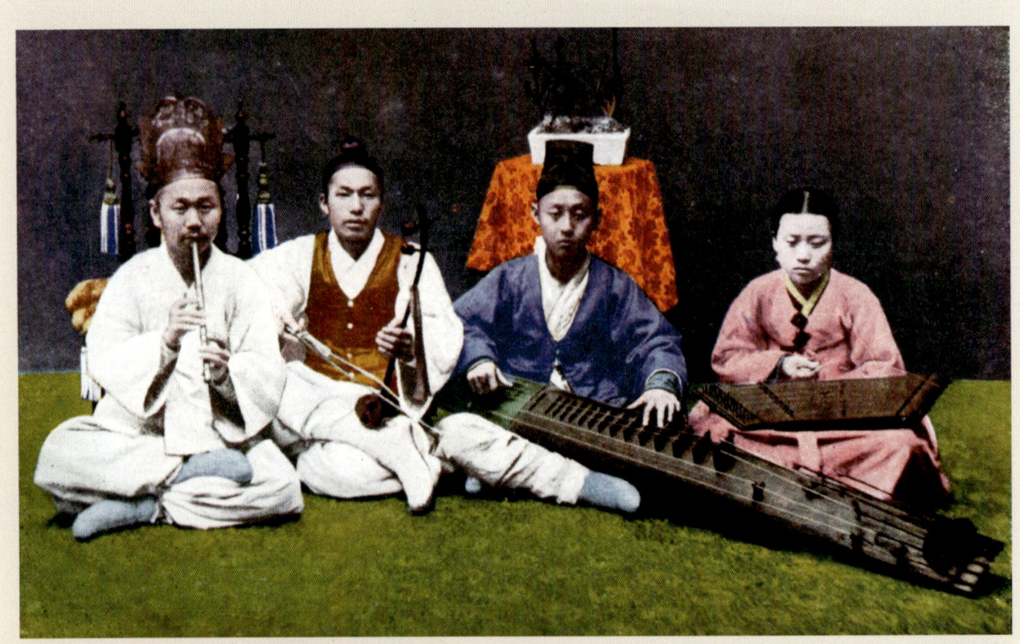

악기를 연주하는 남녀, 고불미술관 소장

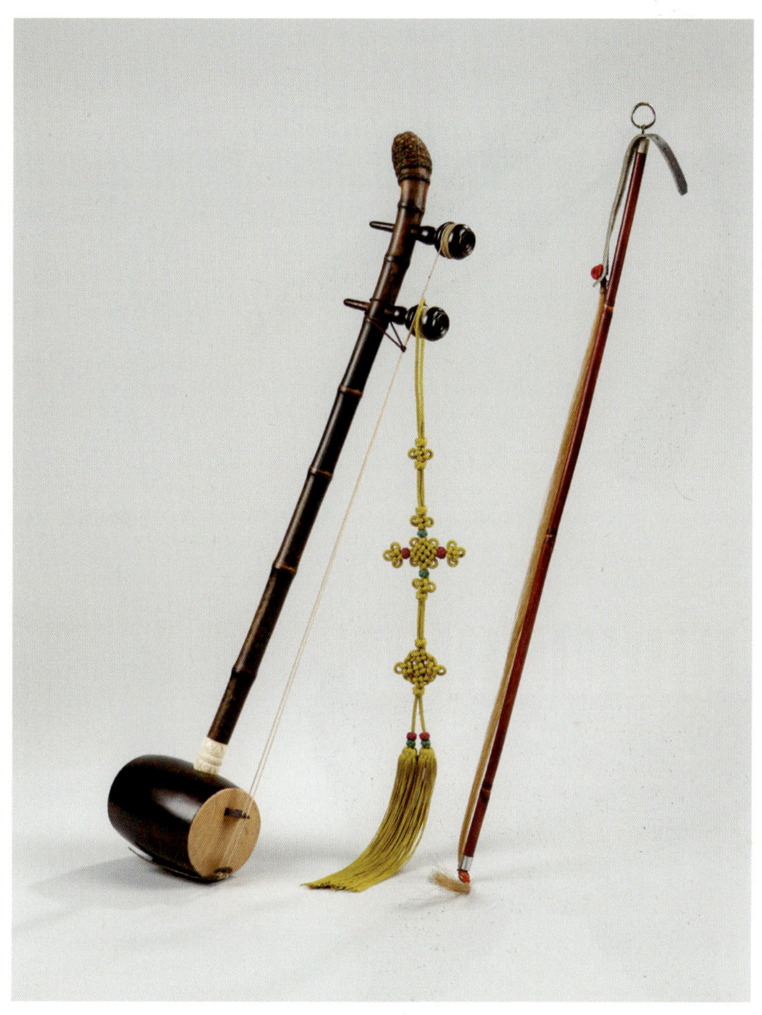

해금 유소, 2011년작

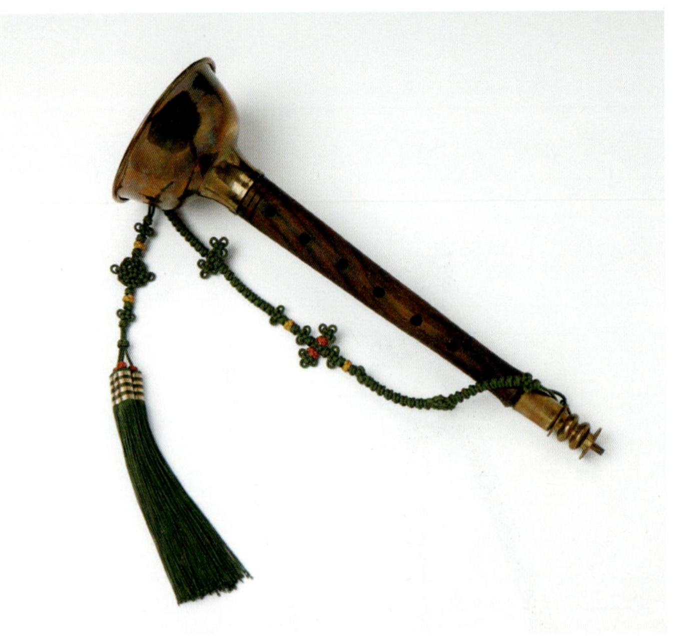

태평소 유소, 1989년작

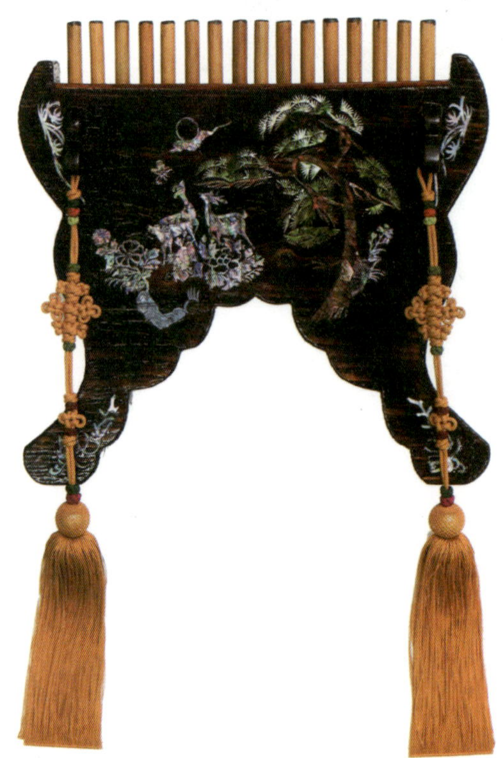

소 유소, 2019년작

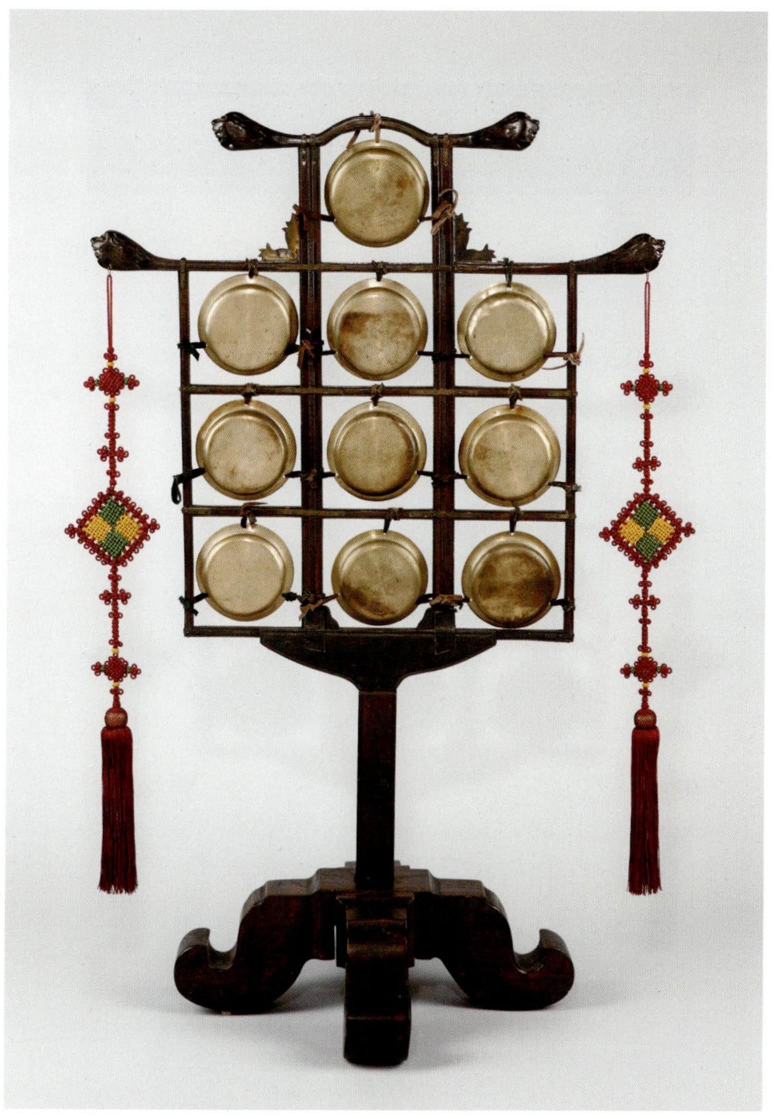

운라 유소, 1993년작

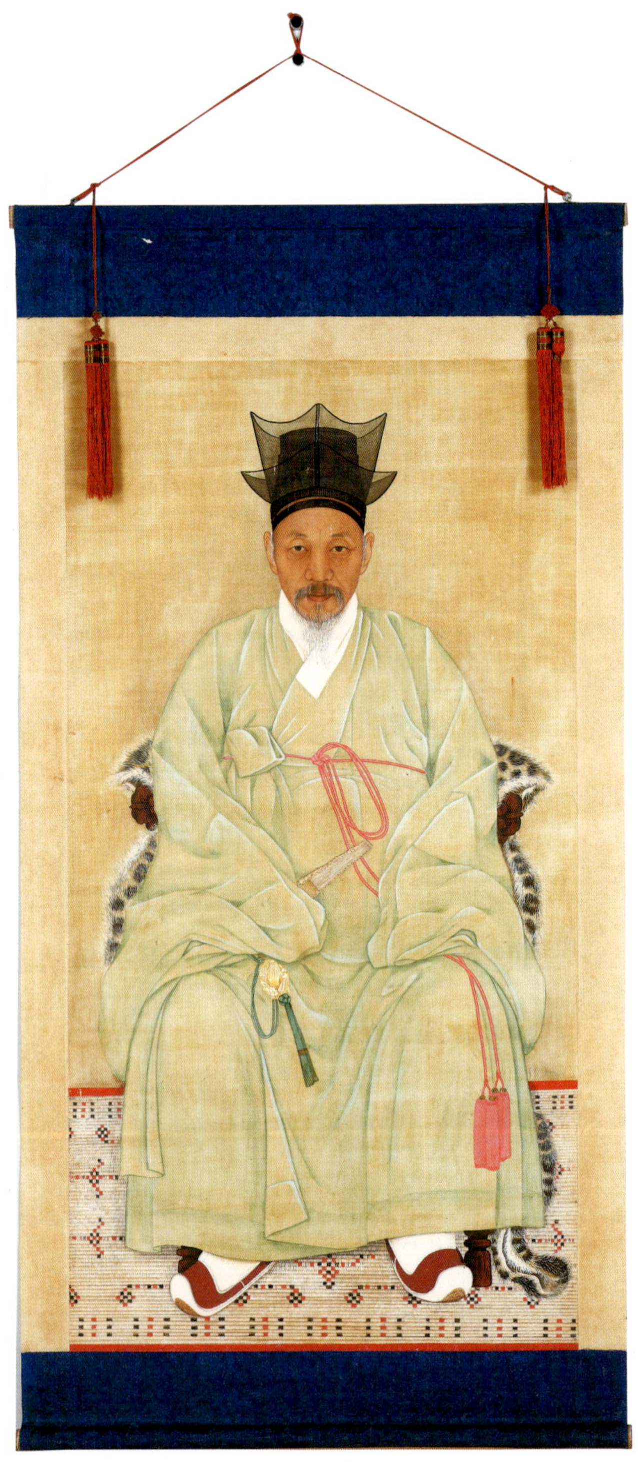

김철상 초상, 국립전주박물관(전주847)

멋과 품격의 예술 매듭

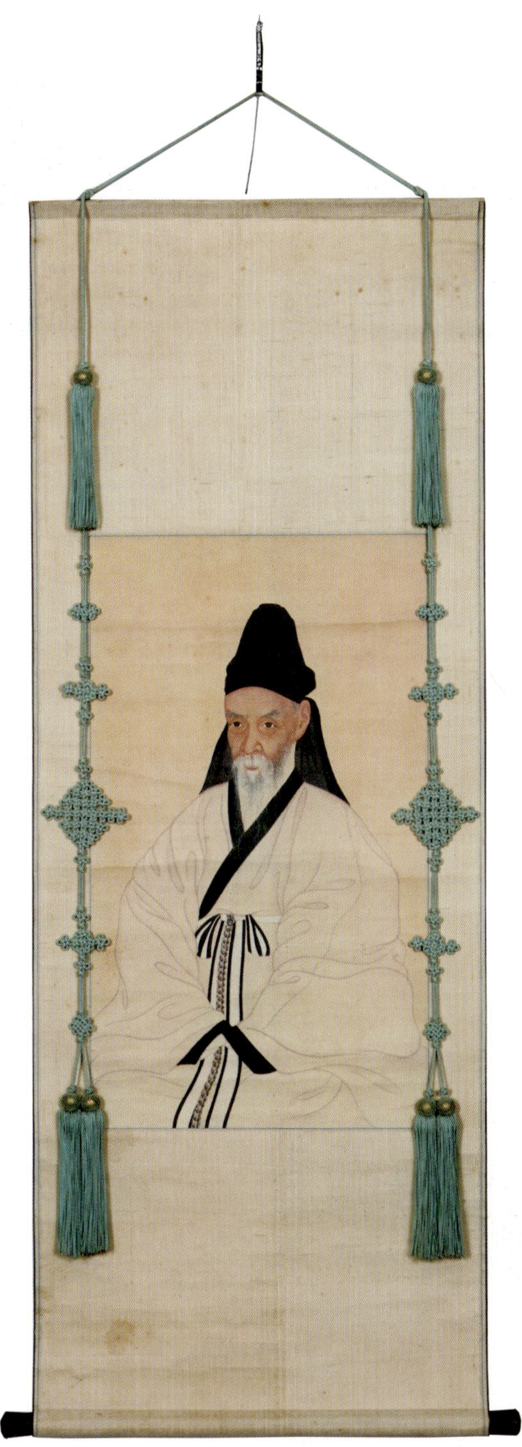

이제 초상(인쇄본) 유소, 1980년작

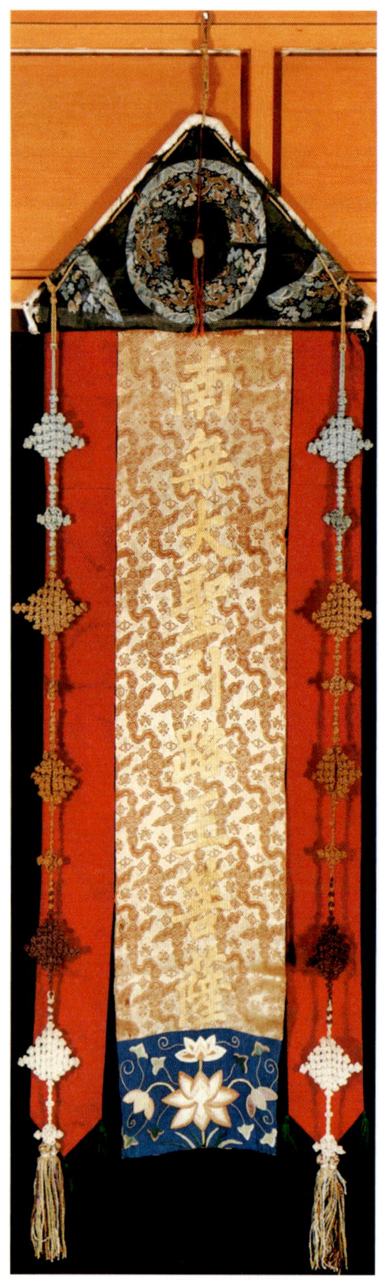

나무대성인로왕보살번, 1790년경, 화성 용주사

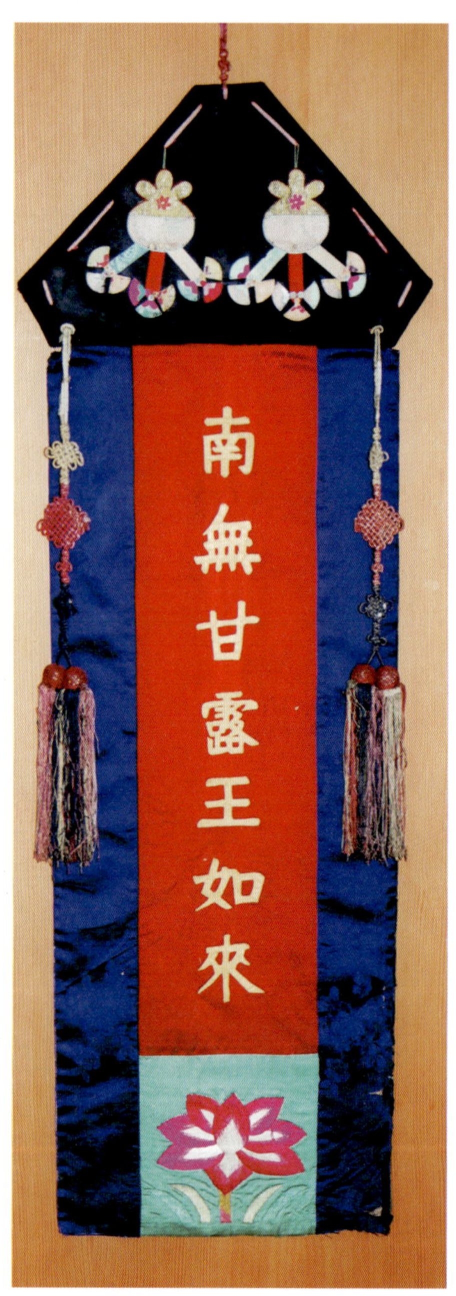

나무감로왕여래번, 20세기 전반, 화성 용주사

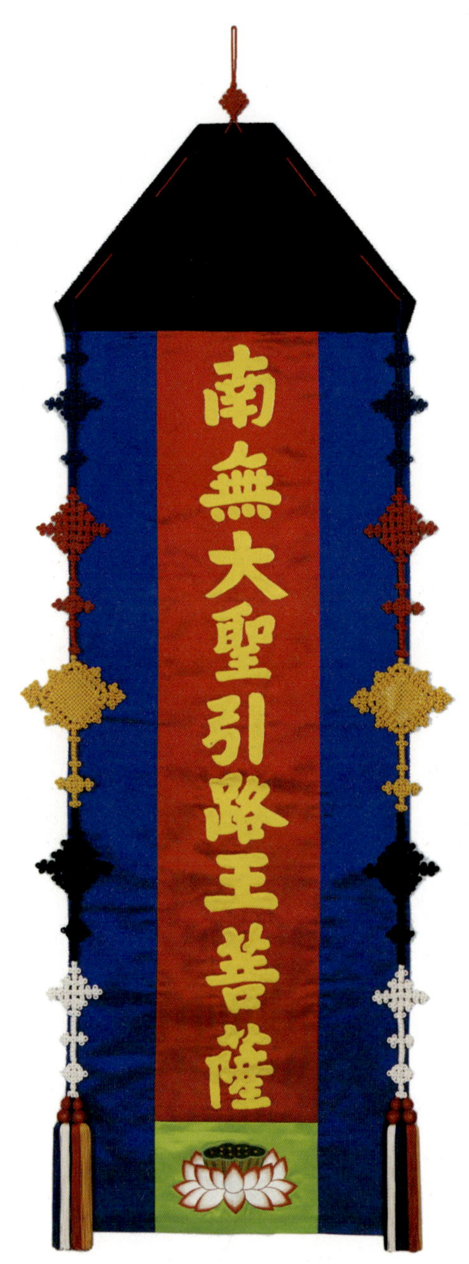

불번 유소, 2012년작

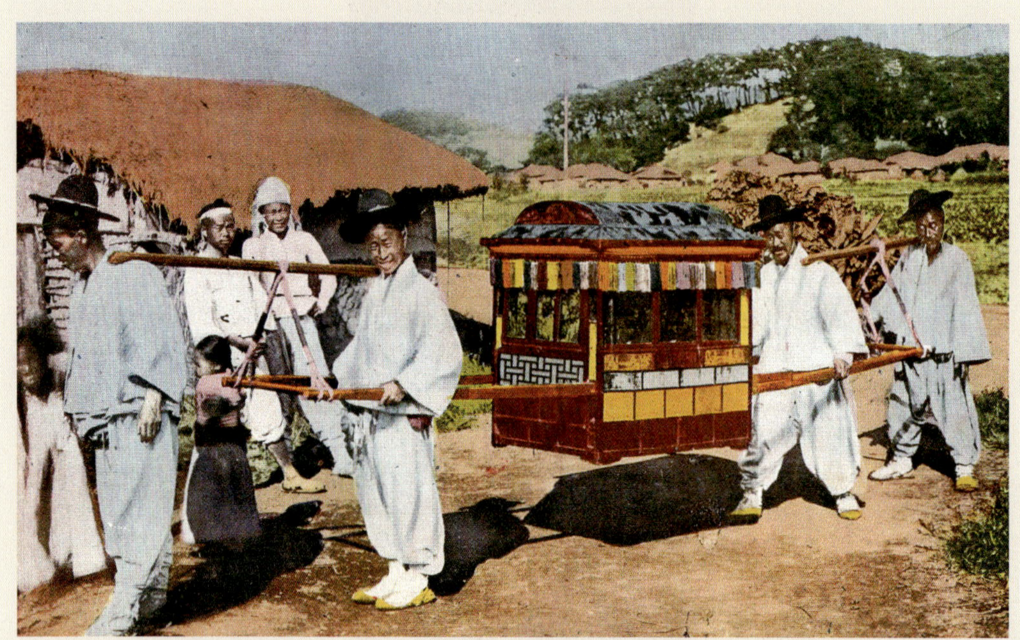

가마, 고불미술관 소장

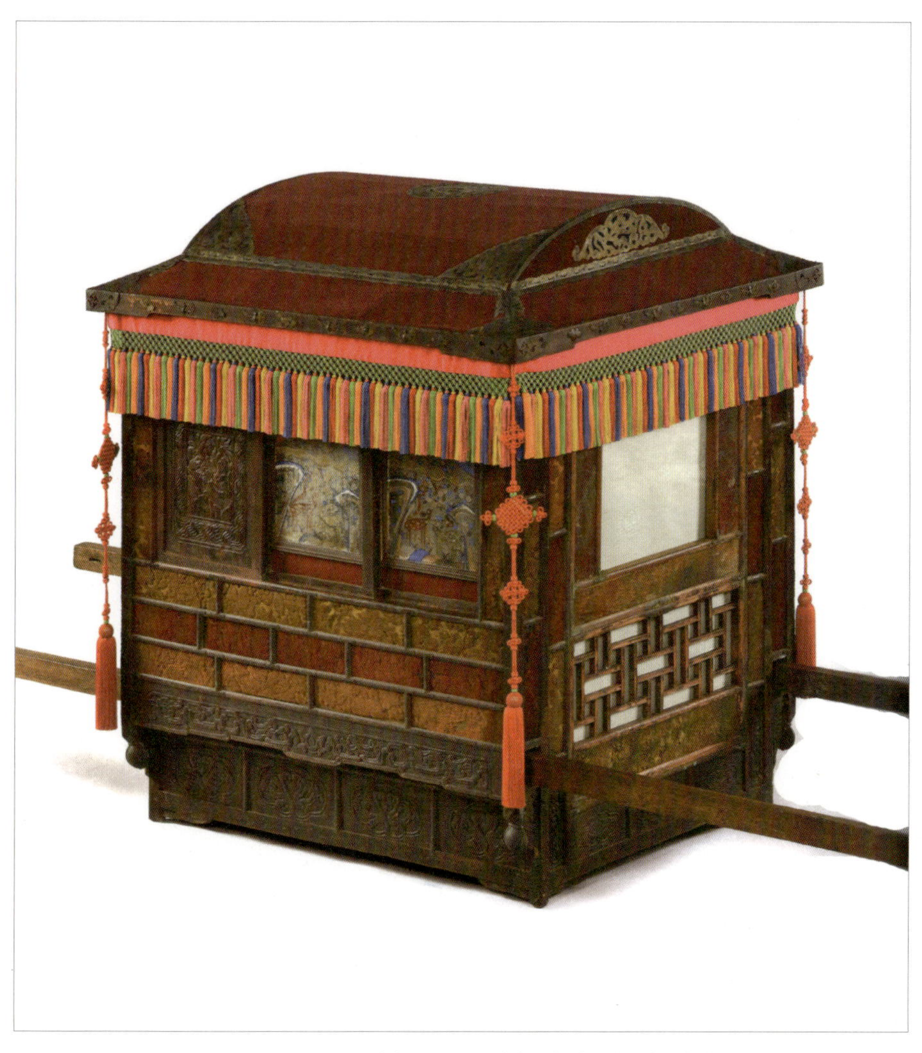

가마 유소, 오륜대박물관(한국매듭연구회 회원 공동 제작), 2011년작

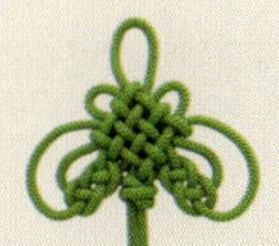

청사 박양자, 매듭으로 한 길을 걷다

1. 매듭과 인연

국립중앙박물관에서 사회의 첫발을 내딛다

종갓집 며느리인 어머니는 옷감 물들이는 일은 물론 요리도 잘하셨다. 특히 의복을 직접 만들어 가족에게 입히실 만큼 손재주와 바느질 솜씨가 뛰어났다. 그런 어머니의 모습을 자연스럽게 지켜보며 자란 탓에 나 또한 어려서부터 항상 무엇인가를 만들고 꾸미는 일을 좋아하는 취미를 갖게 되었다. 돌이켜 생각해 보니 내가 매듭이라는 외길을 걷게 된 것도 어머니로부터 물려받은 솜씨와 이러한 어린 시절 환경의 영향을 받았다고 생각한다.

기울어진 가정 형편 때문에 나는 내 힘으로 학비를 충당해 대학에 가야겠다고 생각했다. 학비를 위해 구직하던 중 지인의 소개로 국립중앙박물관 학예연구실 미술부에 입사하게 되었다. 국립중앙박물관에는 잠시만 다닐 생각이었다. 그러나 그곳은 어릴 적 고향처럼 포근했고, 주위 환경이 너무 마음에 들었다. 사무실은 여느 직장과는 달리 누가 시켜서 일하기보다

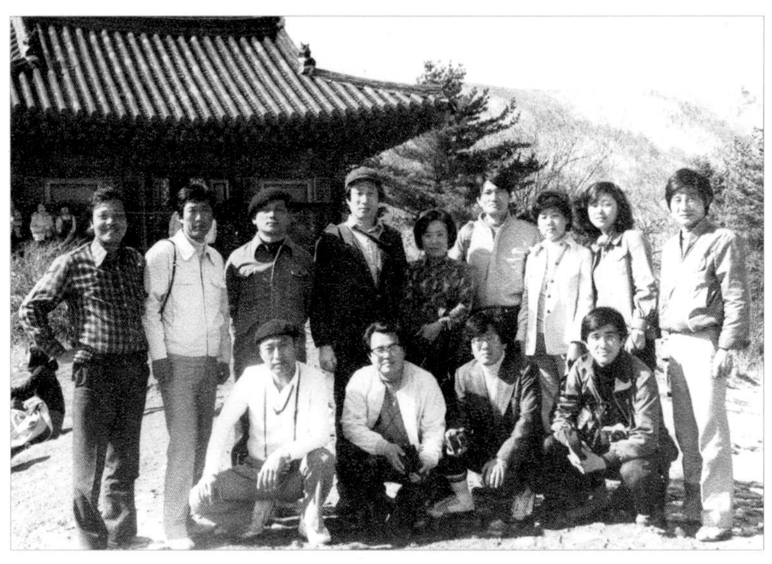

국립중앙박물관 야유회(1970년대 초반)

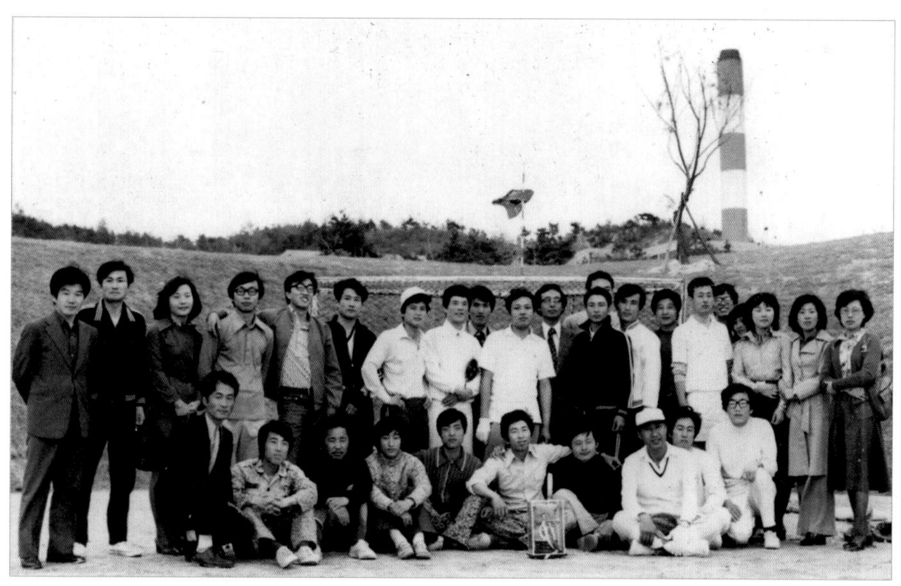

국립중앙박물관 야유회

는 자율적으로 각자 자기의 일을 찾아서 일하는 분위기였다.

내가 국립중앙박물관에 입사했을 때 최순우 관장(후일 국립중앙박물관장 역임)님은 학예연구실장, 정양모 관장(후일 국립중앙박물관장 역임)님은 미술부 미술과장님으로 계셨다. 그 외에 이준구 계장님, 권영필, 임영주, 박영규, 이상수 선생님과 같이 근무했다. 같이 계셨던 선생님들은 어린 나이의 사회 초년생인 나를 가족처럼 자상하고 따뜻하게 배려해 주셨다. 칭찬까지 아끼지 않고 해 주셔서 이제까지 경험하지 못한 보람과 긍지와 고마움을 느끼며 신나는 직장 생활을 했다.

그런데 막상 박물관 업무를 시작하면서 큰 어려움에 직면하게 되었다. 유물의 명칭과 자료가 온통 한자투성이었는데, 이를 읽고 해석하기에는 나의 한자 실력이 너무나도 부족했다. 나 스스로 한자의 필요성을 가볍게 보았고, 학교에서도 한문 수업 시간을 아예 없애버린 상황이었기에 일상적인 한자도 잘 몰랐다. 박물관 업무를 시작하면서 한자의 중요성을 알고, 이에 절박한 심정으로 우선 도록과 자료에 나오는 한자부터 옥편을 찾아서 열심히 익혔다. 특히 당시 한문 혼용 신문을 매일 읽어 나간 것이 크게 도움이 되어 어느 정도 독해력이 생기게 되었다.

점심시간에는 박물관 2층 옥상에 올라가 매듭을 맺어 보기도 하고 경회루 등 경복궁을 산책하면서 직원들과 다정하고 즐거운 대화의 시간도 가졌다. 지금도 문득 그때의 추억이 그

3장 청사 박양자, 매듭으로 한 길을 걷다

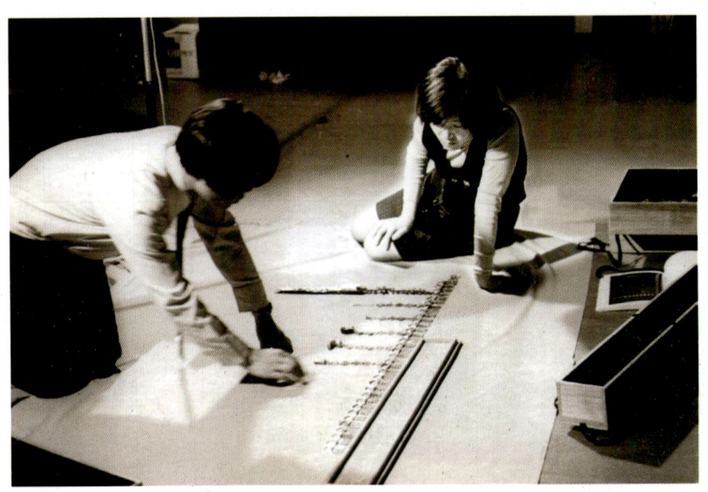

한국미술 5천년전 유물 전시(左 임영주 선생님)

리워진다. 당시의 소중한 인연들을 다시금 만나고 싶다.

미술부에서 근무하면서 유물들을 직접 만져 보는 소중한 기회를 가질 수 있었다. 당시 나는 업무에 매우 만족하였기 때문에 윗분들의 지시가 없더라도 관련 자료를 정리하고 관리하는 일을 열정적으로 찾아 하며 시간 가는 줄 모르고 일했다.

박물관의 큰 행사인 특별전시회가 있을 때는 박물관 소장 유물도 전시하지만 개인이 소장한 유물을 대여해 전시하기도 했다. 이때 포장해온 유물을 특별실로 옮겨서 꺼낸 뒤 조심스럽게 사진 촬영을 하고 전시실에 진열했다. 이 일련의 과정은 신중하고 세심함이 요구되는 긴장된 작업이었다. 때문에 출근해서 진열실에 들어가 작업에 집중하다 보면 어느덧 밤늦은 시간이 되었고 몸은 녹초가 되었지만, 그럼에도 큰 보람과 자부심을 느꼈다.

당시 국립중앙박물관에서 같이 근무했었던 선생님들은 성격도 차분하고 자상하셨다. 또 항상 진지한 연구 자세로 자신의 전공 분야 업무를 묵묵히 수행하셨다. 지금도 그 모습들이 눈에 선하다. 당시 그분들의 모습은 성직자의 모습이 연상될 만큼 참으로 존경스러웠다.

그분들 덕분에 적성에 맞는 직장에서 열심히 일할 수 있었다. 그 인연과 경험이 있었기에 오늘의 내가 있다고 생각하면서 지금까지 늘 감사한 마음을 잊지 않고 있다.

매듭장 김희진 선생님과의 만남

김희진 선생님과의 인연은 국립중앙박물관 학예연구실 미술부에 근무하던 1973년도에 처음 시작되었다. 선생님께서는 매듭 작품이 완성되면 당시 학예연구실장님이던 최순우 실장님께 보여 드리고 난 후 내가 있던 미술부에도 가끔 들리곤 하셨는데, 빈틈없는 분이라는 인상을 받았다.

선생님은 국립중앙박물관에 자주 오셨는데, 한번은 최순우 학예연구실장님과 미술부 직원을 댁으로 초대해 주셨다. 이때 처음으로 선생님의 작업 공간을 볼 수 있었다. 흔히 볼 수 없는 이상한 도구들과 후일에 알게 된 끈 틀의 생김새는 신기하면서 그 자체가 멋스러웠고, 예사롭지 않았다. 그때 선생님의 자택은 정릉으로, 개울물이 흐르는 공기 맑은 곳이었다. 그 시절 선생님의 작업실은 일반 가정집에서는 보기 드물게 방 두 개를 합쳐 놓은 것처럼 크고 긴 공간이었다. 이후 선생님은 『매듭과 다회』라는 책을 출간하셨다. 당시는 스튜디오 사정이 좋치 않아 국립중앙박물관 전시실에서 지금은 고인이 된 한국문화재 사진연구소 사진 작가 한석홍 선생님과 함께 선생님의 매듭 작품 촬영을 진행했다.

처음에는 매듭을 맺는 과정이 없었으나 박영규 선생님(전 문화재청 무형문화재위원회 위원장)이 매듭을 맺는 과정이 세밀하게 들어가야 한다고 적극 권유하셨다. 이에 본인이 직접 촬영한 것을 추가로 보완하였다. 책이 완성되기까지 종합적인 편집 과정은 권영필 선생님이 많은 도움을 주셨다.

작품 촬영 당시 선생님의 모습은 마치 무엇에 취해 홀린 듯하셨다. 작품들과 진지하게 대화를 나누는 듯한 모습이셨는데, 그 모습이 지금도 생생할 만큼 인상적이었다. 그곳에서 처

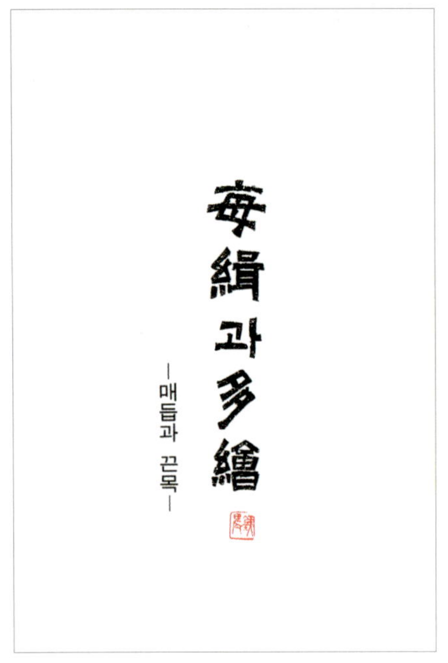

김희진, 매듭과 다회, 光明出版社, 1974

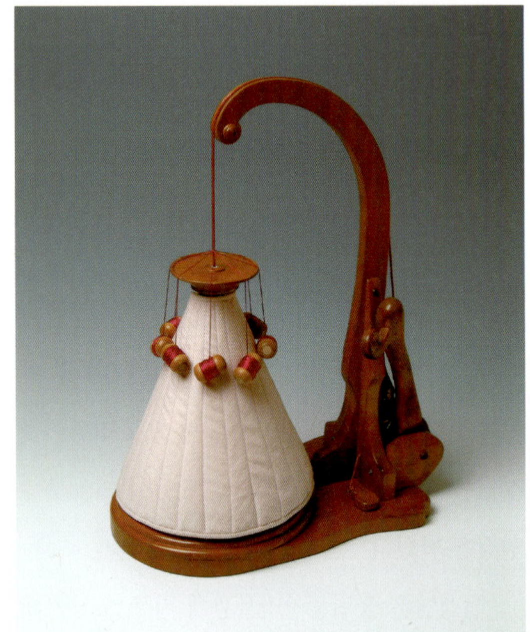

김희진 다회틀

음으로 선생님의 다양한 작품들을 자세히 볼 수 있는 기회를 갖게 되었다. 그때 선생님의 매듭 작품을 보면서 너무나 큰 감동과 환희를 느꼈다. 아름다운 색채와 뛰어난 조형미, 매듭의 엮임과 조임이 고운 빛깔과 어우러져 하나로 통일된 단아한 모습은 단번에 나를 매듭의 세계로 빠져들게 했다.

이후에 내가 매듭에 많은 관심을 보이자 이를 아신 정양모 국립중앙박물관장님과 박영규 선생님께서 김희진 선생님에게 나를 적극 추천하였다. 이를 계기로 김희진 선생님의 문하생으로 정식 입문하게 되었다.

작품을 보면서 어떠한 과정을 거쳐야 하는지 대략적인 내용을 전해 들었던 나는 선생님의 뒤를 이어 보고 싶었다. 또 한편으로는 이 어려운 과정을 내가 아니면 감히 할 사람이 있을까 하는 교만한 자신감까지 생겨 당시 야간대학교마저 포기하고 학교를 다닌다는 학구열로 열심히 해야겠다고 다짐했다.

그 당시만 해도 매듭에 대해 관심 있는 사람이 거의 없었기 때문에 사라져가는 이 분야를 배우고 익혀 계승 · 발전시키는 것이 내가 해야 할 가치 있는 일이라고 확신하게 되었다.

선생님의 전수 교육은 1973년 전승공예연구소를 개설하여 소수의 학생에게 실기 지도를 실시하면서 시작되었는데, 선생님은 개별 지도라는 기본적인 교육 원칙을 확고히 지켜 나가셨다. 이에 한 번에 5명 이상은 가르치지 않으셨고, 5명 기초반 교육이 끝나야만 그 다음 그룹 수업을 받을 수 있었다. 나 역시 1974년 가을, 다른 4명의 학생들과 한 그룹이 되어 매주 토요일 오후 3시간씩 기초반 수업을 받았다.

기초반 6개월을 배우고 이어서 연구반 1년 동안은 직장에서 받는 한 달 수입보다 많은 수업료를 내면서 배웠다. 당시 선생님은 수업 때마다 한 사람 한 사람의 손놀림 과정을 끝까지

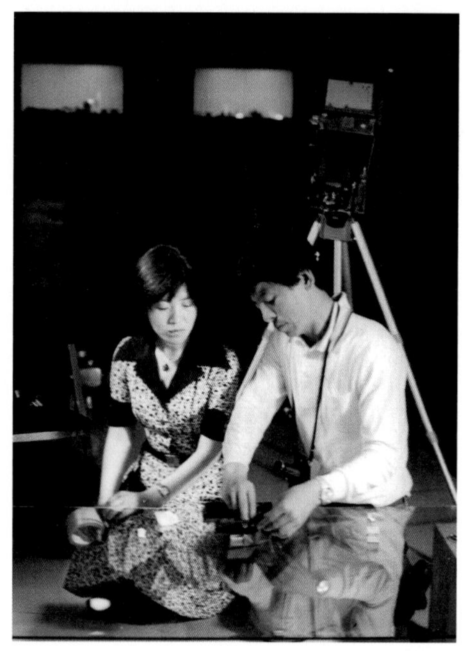

한석홍 선생님과 유물 촬영

지켜보셨다. 잘못된 것이 있는 경우 절대 그냥 넘어가는 법 없이 매우 꼼꼼하고 세심하게 지도해 주셨다. 그 덕분에 그때 배운 기본형 매듭을 잊지 않고 지금까지 이어올 수 있는 기본 실력을 갖추게 되었다.

처음 기초매듭을 배울 때는 나일론으로 된 빳빳한 끈을 가지고 연습했다. 이후 연구반에서는 시중에 파는 테드론실을 사서 끈목을 짜고(다회 친다고 한다), 술을 만드는 연습을 했다. 네 가닥으로 짜는 4사는 어렵지 않았으나 여덟 가닥으로 짜는 8사는 오른올, 왼올을 접시에 앉혀서 짜다 보면 구분을 잘해 놓는다고 해도 서툴러서 제자리에 놓기가 정말 어려웠다. 선생님께서는 눈이 여문 옥수수알처럼 보이게 짜라고 늘 말씀하셨지만 탱글탱글하지 않고 옆으로 기어가는 눈으로 보이는가 하면, 한 올이 튀어나와 보기 흉하게 될 때가 많았다. 마음처럼 되지 않아 허리도 아프고 정말 힘들었지만, 신기하기도 하고 재미도 있어 시간 가는 줄 모르고 했다.

매듭 작품을 하기 위해서는 타래로 된 명주실이 필요하다. 명주실은 시중에서 구입하기가 어려웠기에, 직물하는 공장에 선생님이 특별 주문하여 제자들에게 나누어 주셨다. 생사를

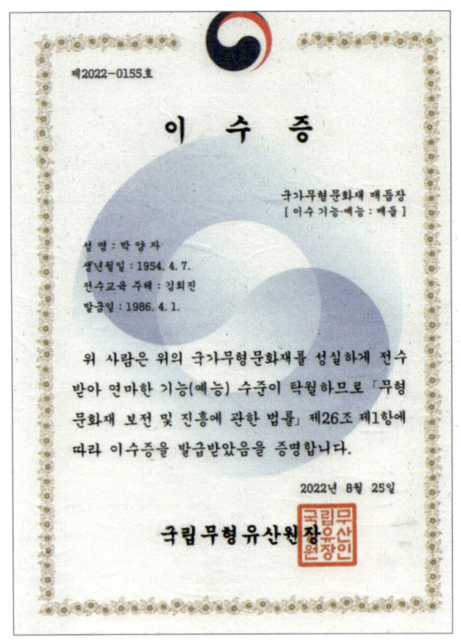

국가무형문화재 매듭장 이수증

가지고 정련부터 시작하여 여러 가지 원하는 색으로 염색하고 작품에 맞는 굵기로 합사한 다음 바탕을 꼬아 다회틀에 앉혀 끈목을 짜고 술을 만드는 과정을 거쳐야 한다. 실은 마음대로 구입할 수가 없었다. 또한 가장 큰 문제점은 실을 주문할 때마다 실의 굵기가 달라 작품을 할 때 색을 보고 삼작을 맞추려하면 굵기가 맞지 않아서 아주 힘들었다.

염료는 다이론을 주로 사용했지만 회현동 지하상가와 을지로 입구에서 조금씩 덜어서 파는 것을 사다가 여러 가지 색을 같이 혼합해서 염색하기도 했다.

이렇게 1974년 가을 김희진 선생님의 문하생으로 입문하여 전수 교육 과정을 모두 마치고, 1979년 설립된 한국매듭연구회의 창립회원이 되었다.

1981년 문화재청으로부터 중요무형문화재 제22호 매듭장 전수장학생으로 선정되어 5년간 매듭전수 교육을 다시 받았으며 1986년 교육과정이 종료된 이후 중요무형문화재 제22호 매듭장 이수자가 되었다. 그 당시에는 연구반 과정까지를 수료한 사람만이 전수장학생으로 선정되어 다시 전수 교육을 받는 어렵고도 힘든 과정을 거쳐야 했다. 매듭장의 첫 번째 이수자는 예덕희, 박명희 씨였고, 그 다음 이수자가 나와 김진영 씨였다.

매듭의 한 길로

국립중앙박물관 근무를 하면서 매듭을 틈틈이 배우기 시작했다. 처음에는 일주일에 한 번씩 배우다가 선생님과 같이 하는 시간이 점점 많아졌는데, 이후 선생님에게 대내외적인 업무가 많이 생기게 되면서 일주일에 3일씩(수요일 오후, 토요일 오후, 일요일) 쉬는 날에도 선생님 댁으로 가거나 바깥에서 선생님의 일을 도와드려야 했다.

종암동에 있는 집에서는 염색해 놓은 타래실을 얼레에 옮기고 끈목을 짤 수 있는 작업을 하였다. 지금은 물레에 걸어 놓고 돌려가며 실을 감지만 그때는 두 사람이 서로 마주 앉아서 했는데, 도우미 아주머니는 실타래를 손목에 끼워 돌려주고 나는 얼레에 옮겨 감았다. 타래실은 술술 잘 풀릴 때는 쉽게 풀리지만 한번 엉키기 시작하면 다 감을 때까지 힘들게 한다. 명주실을 만지고 실을 길게 합사하고 꼬는 기초 작업까지 했다. 가락지 끈목은 가늘게 짜서 썼기 때문에 색색가지 끈목을 짜면서 8사 짜는 기법도 많이 익힌 것 같다.

특히 선생님의 전시회가 있을 때에는 작품 촬영부터 도록 제작과 전시 준비에 이르기까지 전반적인 행정처리 등 일련의 모든 과정을 같이 참여했다. 지금은 팩스가 있어 각종 서류를 보내기가 쉬워졌지만, 그때만 해도 일일이 서류를 들고 다녀야만 했다. 문화재관리국에 서류를 전달하던 일과 광명출판사에서 매듭책을 출간하면서 땡볕에

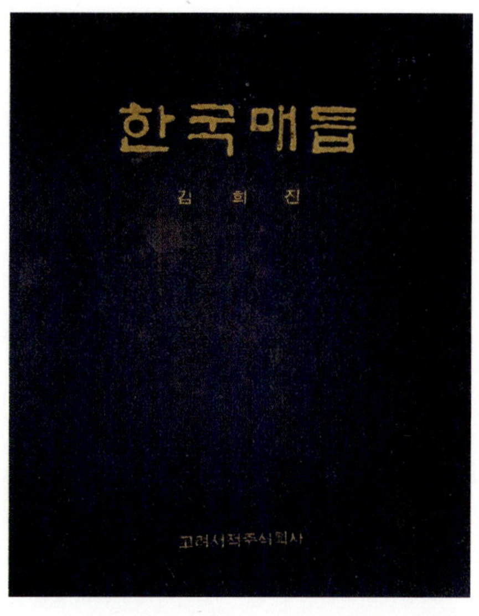

김희진, 한국매듭, 고려서적주식회사, 1982

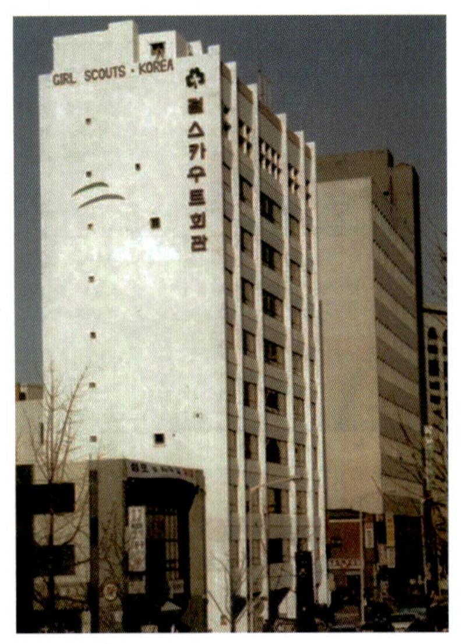

1980년 3월 13일 조선일보

서소문길을 오가며 땀 흘렸던 일이 생각난다.

1980년에는 매듭연구실을 종로에 있는 걸스카우트회관에서 시작하게 되었다. 이후 인근 가든타워로 장소를 옮겼는데 이때부터 매듭을 배우겠다는 사람들이 점점 많아졌다. 이때 김은영, 김혜순, 김완숙 선생님이 평일 초급을, 토요일 초급반은 내가 맡아서 가르쳤다. 한 달에 한 번씩은 김희진 선생님 앞에서 배웠던 것을 테스트 받았으며, 연구반은 선생님이 직접 지도하셨다.

70년대 말에서 80년대 중반까지 매듭의 붐이 일었다. 시중에는 정체성도 알 수 없는 매듭을 장롱에도 걸고 바가지(바가지공예)에도 만들어 붙이는 등 차마 봐줄 수 없는 조잡한 상품이 판을 쳤다. 따라서 전통 매듭에 대한 잘못된 인식과 풍조를 올바르게 바로 잡는 일이 급선무였다. 그 일환으로 우리는 두 가지 종류의 매듭 문화상품을 우선 생각했다. 하나는 노리개를 염색하고 끈을 짠 뒤 술을 비벼서 만드는 수준 높은 상품이었다. 다른 하나는 기계 끈목으로 현대화된 간단한 액세서리에 응용하는 것이었다. 이때 나는 문화상품 노리개를 준비했고, 정릉 언니(지인)는 기계 끈목을 짜는 일을 했다. 연습 끈목은 시중에서 파는 끈목을 쓰지 않고 끈목 짜는 기계를 수입해서 사용했다. 정릉언니가 기계 끈목을 짜서 주면 연구실의 회원들이 연습용 끈목으로 사용했고, 선생님은 그 끈목을 연습끈 외에는 어디에도 쓸 수 없도록 철저하게 단속했다.

오랜 세월 김희진 선생님을 도와드리고 보필하면서 지켜본 바로 선생님은 매사에 철저하고 적당하게 넘어가는 법

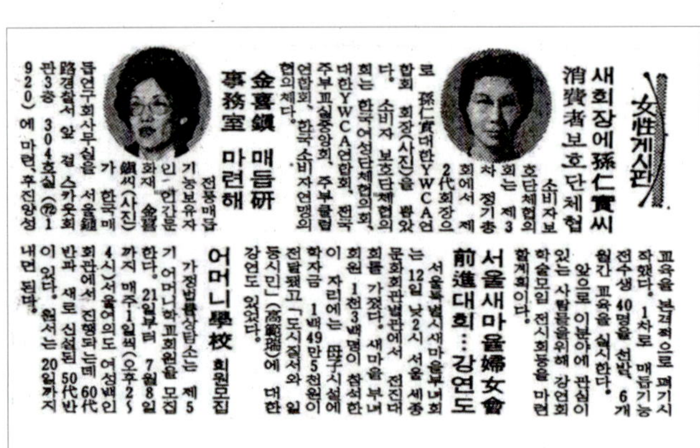

멋과 품격의 예술 매듭

이 없는 완벽주의 성향이셨다. 이에 배울 점도 많았지만 제자로서 선생님을 모시기가 어렵기도 했다. 특히 작품 평가에 인색하셔서 마음에 들면 아무 말씀이 없으셨지만 그렇지 않으면한쪽으로 밀쳐 버리셔서 서운한 때도 많았다. 그러나 시간이 흐르면서 선생님을 이해하게 되었고, 서로 소통할 수 있는 기회가 많아졌다. 그렇게 차츰 적응해 나갔고 선생님도 나를 믿고신뢰하는 사이가 되어 외출할 때에는 중요한 열쇠까지 맡기실 정도였다. 그렇다 보니 박물관업무와 매듭을 배우는 일, 그리고 선생님을 도와드리는 일까지 병행하기가 점점 어려워졌다.직장에서 많은 배려를 해주셨음에도 결단을 내릴 때가 된 것이다. 결국 1980년 8년간 함께했던 정든 직장에 사표를 내면서 오직 '매듭'이라는 한 길을 선택했다. 한편으로는 훌륭하신분들과 좋아하는 일을 오랜 시간 함께했기에, 정들고 포근했던 직장을 떠난 아쉬움과 미련은한동안 쉽게 지워지지 않았다.

관련 신문 내용

※ 1980년 3월 7일 조선일보

매듭硏 연구실 마련 – 한국매듭연구회(회장 金喜鎭)는 한국걸스카웃회관 304호에 연구실을 마련 4일 개관했다.

※ 1980년 3월 13일 조선일보

金喜鎭 매듭硏 事務所 마련해 – 전통매듭기능보유자인 인간문화재 金喜鎭씨(사진)가 한국매듭연구회 사무실을 걸스카우트회관 3층 304호실(72-1920)에 마련, 후진 양성교육을본격적으로 펴기시작했다. 1차로 매듭기능 전수생 40명을 선발, 6개월간 교육을 실시한다.앞으로 이 분야에 관심이 있는 사람들을 위해 강연회 학술모임 전시회 등을 마련할 계획이다.

일본 동경에서 열린 한국전승문화전 전시 참여

1979년 3월 일본 석천문화재단과 여성잡지 "주부의 벗"사의 초청으로 한국전승문화전
에 매듭(김희진), 도자기(신정희), 꽃꽂이(임화공)가 함께 전시되었다. 여기서 나는 선생님을 보
조하여 전시 진열을 도왔다. 각기 다른 세 가지 분야를 같이 전시하는 것이 과연 효과가 있을
까 걱정했는데 의외로 반응이 좋았다. 많은 사람이 관람했고, 일본 TV에도 전시 소식이 방영
되었다. 일본대사와 대사 부인, 건축가 김수근(공간) 선생님도 오셔서 축하해 주시고 한국대
사관저에 초대받아 차를 대접받기도 했다.

어느 날은 숙소인 호텔방에서 잠을 자는데 이상하게 빙빙도는 느낌이 들었다. 알고 보니
지진이었는데, 처음 경험해 보는 지진에 아찔했다.

전시회가 끝나고 일본 도쿄국립박물관이나 미술관을 관람했는데 박물관의 전시 방법이

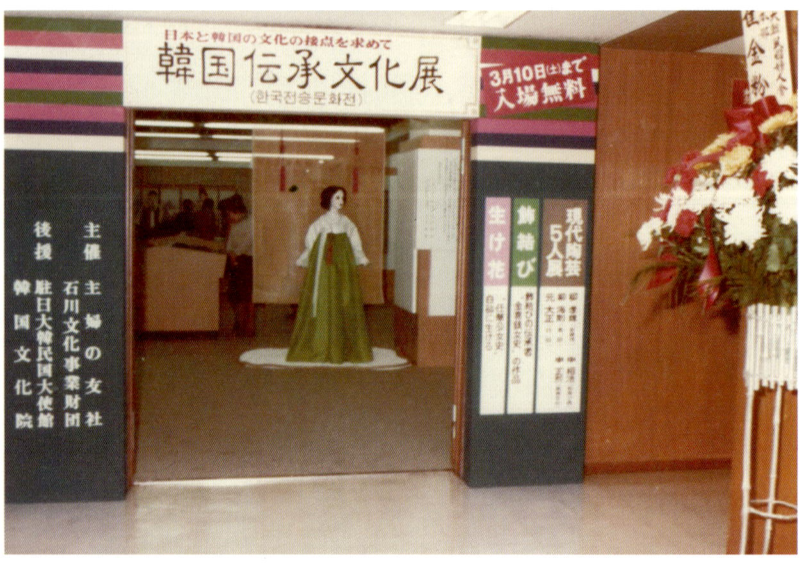

일본 동경 한국전승문화전, 1979

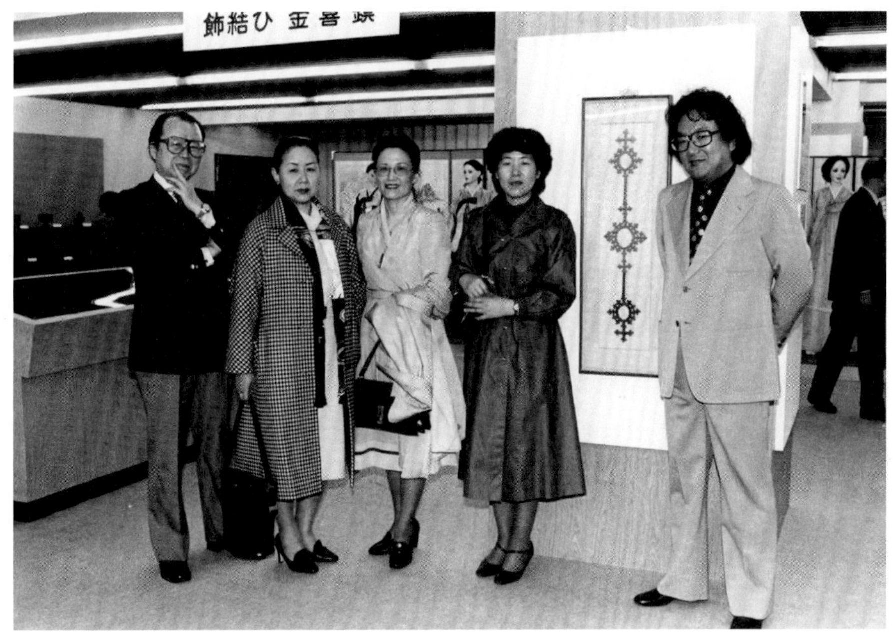

한국전승문화전

매우 뛰어났다. 돌아와서 최순우 관장님께서 느낌이 어땠냐고 물어보셔서 대뜸 우리 유물보다 좋아 보이지는 않는데 진열 효과 때문에 매우 귀한 것처럼 보였다고 대답했다. 유물 하나하나 전시를 잘 했다고 말했더니 관장님께서는 전시를 어떻게 하느냐가 중요하다고 말씀하셨다.

그때 같이 진열을 돕고 도쿄박물관 등을 안내해준 잡지사 직원은 매듭에 관심을 많이 보였던 분으로 일 년 후쯤 한국에 와 내가 인사동과 박물관을 안내하기도 했다.

2016년 한국매듭연구회가 교토 고려미술관에서 회원전을 열었을 때, 어느 분이 나를 찾는다고 해서 가 보았더니 1979년도 일본에서 전시했을 때 만난 잡지사 직원이었다. 남자분이었기에 매듭에 관심이 있다고 해도 실제로 배울 거라고 생각하지 못했는데, 20년쯤이 흐른 뒤에 매듭을 배우러 우리 연구회 공방으로 와서 한 달에 두어 번씩 매듭을 배웠다고 했다. 매우 이례적인 일이라 아직도 기억에 남는다.

한국매듭연구회 창립회원이 되다

1979년 10월 10일, 한국매듭연구회를 성북동 간송미술관 댁에서 발족했다. 창립 회원은 그동안 선생님으로부터 기초반 6개월, 연구반 1년을 전수받은 문하생 13명이었다. 한국매듭연구회는 우리 매듭만이 지니는 아름다움과 멋, 품격의 맥을 이어서 창조적인 섬유예술로서 계승·발전시키기 위하여 설립되었다.

간송댁 큰 며느님인 김은영 선생님(서울시 매듭장 명예보유자)은 나의 윗 기수로 연구회 일을 적극적으로 하셨다. 연구회가 발족하면서 나는 총무를 맡아 초창기 미력하나마 힘을 보탰다. 그 무렵 시중에는 이름도 모르는 이상한 매듭이 범람하기 시작하여 전통 매듭의 가치가 훼손되고 있었다. 선생님께서는 몹시 안타까워하면서 이러한 사회 현상을 바로 잡을 필요성을 절감하고 전수 교육에 더욱 전념하셨다. 특히 일반 대중을 상대로 직접 전통 매듭의 예술성과 우수성을 알리는 것이 급선무이고 효과적이라고 판단하여 문예진흥원에서 첫 강연을 시작하셨다. 문예진흥원 강당에서 첫 매듭 전수 교육 공개강좌가 있다는 소식을 전하기 위해 각 신문사 문화부에 강좌 일시, 장소가 적힌 홍보 내용을 전달했다. 짧지만 일간지마다 강좌를 소개하는 기사가 났다. 덕분에 공개강좌가 성황리에 끝났고, 매듭을 배우고 싶어 하는 사람이 폭발적으로 늘었다. 이러한 관심과 열기에 힘입어 1980년 3월부터는 종암동 선생님 작업실이 아닌 안국동에 위치한 걸스카우트 회관 304호에서 일반인을 대상으로 본격적인 교육을 실시하게 되었다.

초급과정은 일주일에 3시간씩 6개월로 하였는데 초급반이 끝나고 연구반을 시작하면 앉아서 끈도 짜고 실도 나르는 수업을 해야 했다. 하지만 장소가 마땅치 않아 고민하던 중 그해 7월 가든타워 빌딩 1402호로 이사를 했다. 이때부터 초급반 6개월은 한국매듭연구회 회원들이 지도하고 한 달에 한 번씩 배웠던 매듭을 김희진 선생님 앞에서 한 사람 한 사람씩 점검

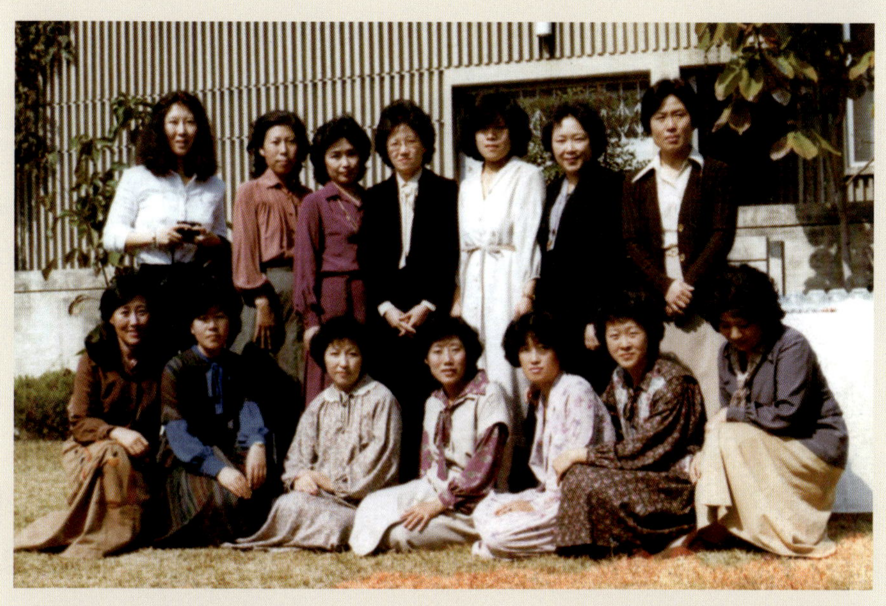

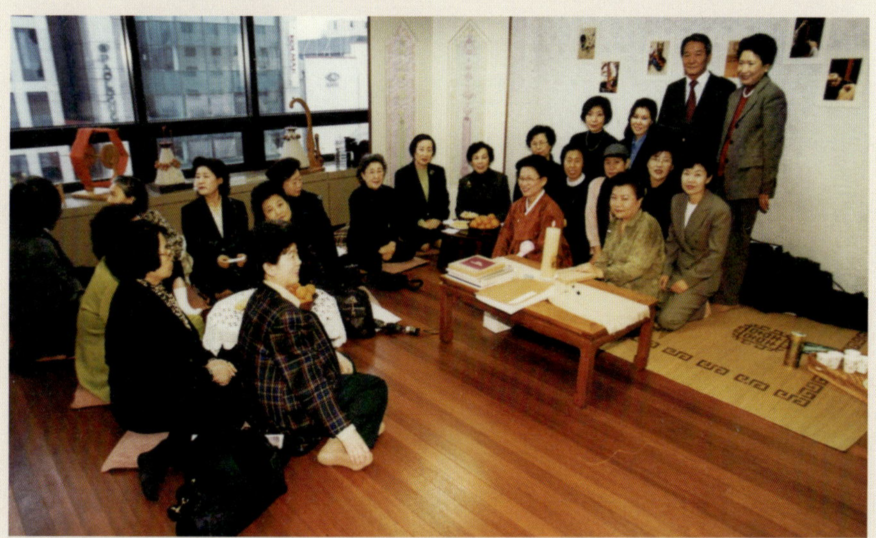

▲ 한국매듭연구회 창립 ▼ 한국매듭연구회 연구회 모임(가든타워)

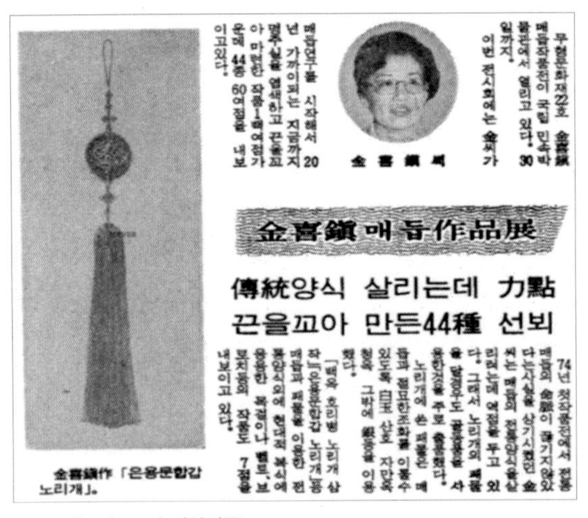

1980년 6월 23일 경향신문

받았다. 이렇게 6개월 초급과정이 지나고 나면 1년 6개월의 연구반 과정을 시작했으며, 연구반은 선생님께서 직접 지도하셨다. 이렇게 총 2년의 과정이 지나야만 한국매듭연구회 회원으로 입회할 수 있었다.

1980년 6월에는 경복궁 내에 위치한 국립민속박물관에서 선생님의 두 번째 전시회가 있었다. 그때 나는 처음으로 귀주머니를 출품했으며, 전시회 한쪽 공간에는 우리 회원들의 작품도 전시했다.

1981년 9월에는 한국의 집에서 회원 15명이 참여한 제1회 한국매듭연구회 회원전을 열게 되었다. 연구회 설립 20년 만에 이룬 성과였다. 작품을 출품한 회원은 김희진, 김은영, 한혜자, 김완숙, 김평혁, 이부자, 김진영, 김혜경, 조숙자, 장영희, 김혜순, 이순영, 박양자, 박명희, 김상란 등이었다.[1]

나는 초상화 유소와 노리개를 출품했는데 초상화 유소는 1980년 전승공예전 장려상을 수상한 작품이었고, 노리개는 새로 제작한 작품이다. 특히 유소는 국립중앙박물관에서 이제 선생 초상화 모사본을 구입하고 외할머니께서 손수 짜셨다는 명주로 배접을 하여 유소 양쪽에 늘어뜨리는 대작이었다.

그때 유소에 들어가는 방망이술을 하기 위해 술에 들어가는 구슬을 깎느라 얼마나 힘이 들었는지 모른다. 을지로 입구 공예사 집을 수소문해서 찾았지만 한두 개는 잘 깎아 주지 않아 마땅한 곳을 찾기가 쉽지 않았다. 알맞게 잘 되었다고 해서 가져와 망을 뜨면 너무 크거나 작았고, 술을 묶으면 모양이 나지 않아 만들기를 여러 번 반복해서 만든 다음에야 완성할 수 있었다. 그때 깎은 구슬들은 고생을 너무 많이 해서 만든 것이라 애정과 미움이 섞여 있다. 지

---

1   회원의 이름은 전시 도록에 있는 순서대로 하였다.

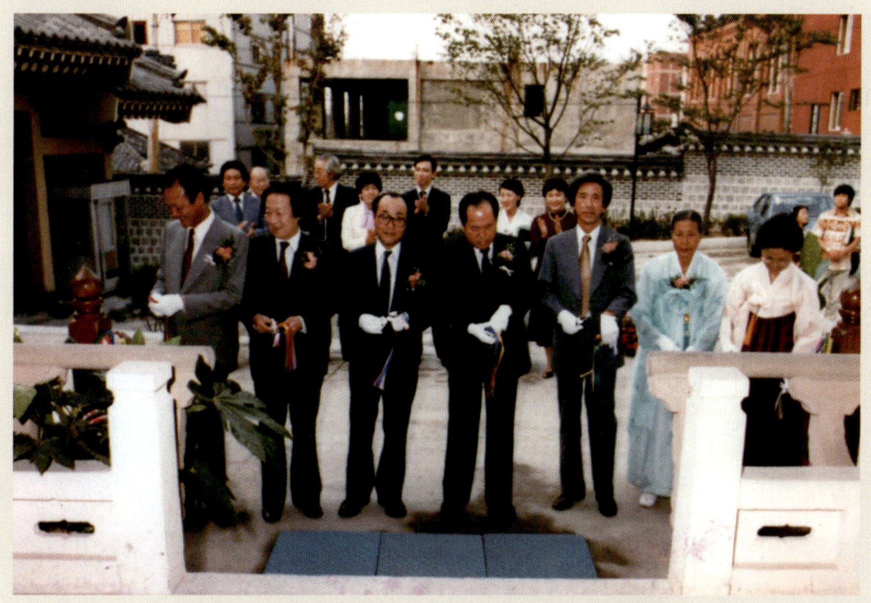

한국매듭연구회 제1회 전시회 오프닝

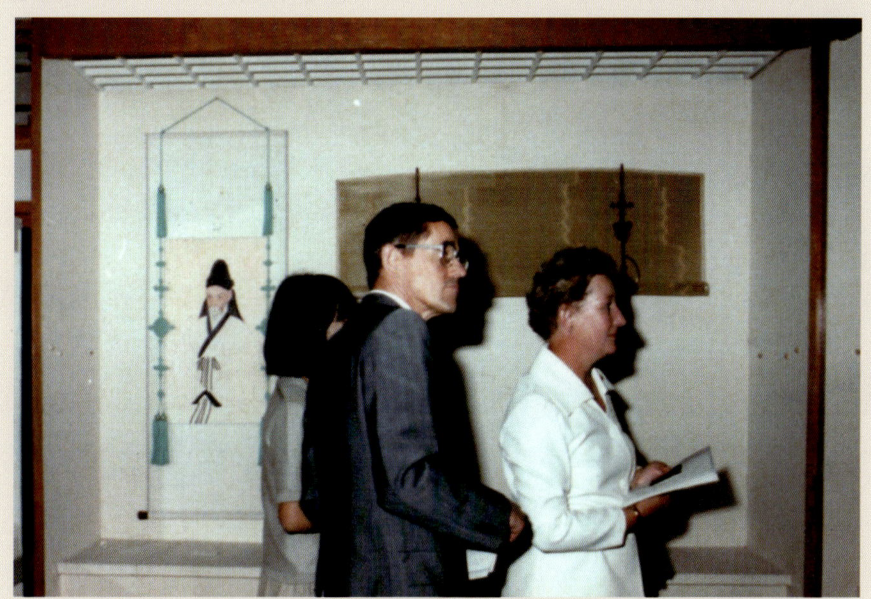

제1회 회원전 전시실

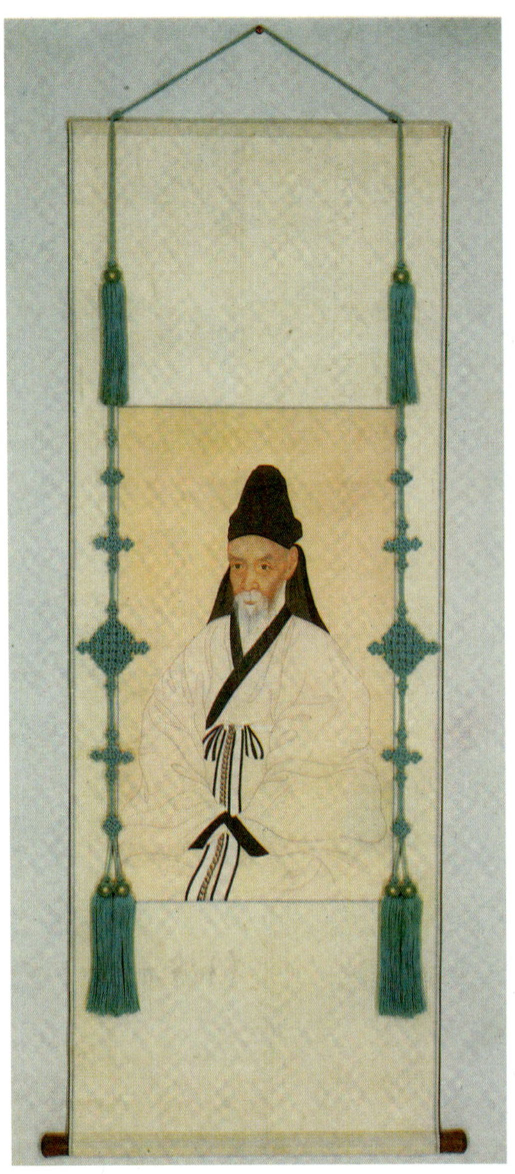

1981년 한국매듭연구회 제1회 회원전 출품 초상화 유소

금은 쓰지 못하는 구슬이지만 아직도 버리지 못하고 간직 중이다. 이러한 시행착오를 여러 번 거친 후로 내가 깎은 구슬 모양과 크기가 기준이 되어서 훗날 회원들이 편리하게 쓰게 되었다.

한때 매듭 장인이 사라져 가는 위기도 있었다. 그러나 1979년 설립된 한국매듭연구회의 회원들이 앞장서서 전통문화를 지키고자 노력한 덕분에 2023년까지 31회에 걸쳐 국내외의 회원전을 이어올 수 있었다. 이는 매우 대견스럽고 자랑스러운 일이며, 모두 회원들이 전승 의지와 열정, 끈기와 인내심으로 부단히 연구하고 노력한 결과라고 생각한다.

모쪼록 한국매듭연구회가 전통과 현대를 아우르는 창조적인 작품을 계속해서 출품하여 전시회가 계승·발전되는 한편, 이를 통해 전통 매듭의 멋과 향기가 멀리 퍼져 나가길 바란다. 그렇게 된다면 전통 매듭이 아름답고 우아한 섬유예술로 자리매김하는 데 한국매듭연구회가 중심적인 역할을 해줄 것으로 믿는다.

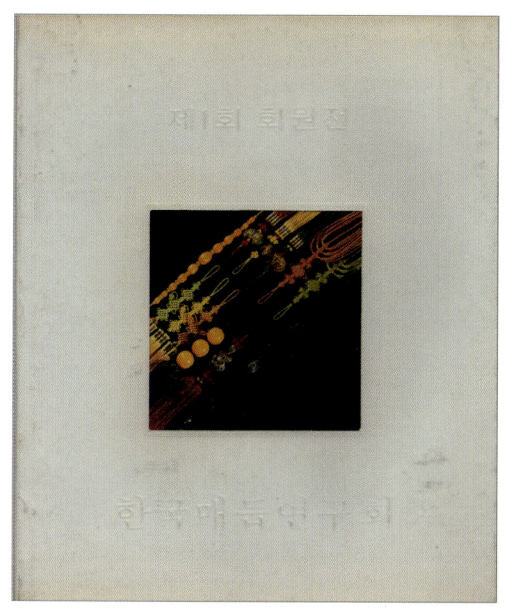

1981년 한국매듭연구회 제1회 회원전

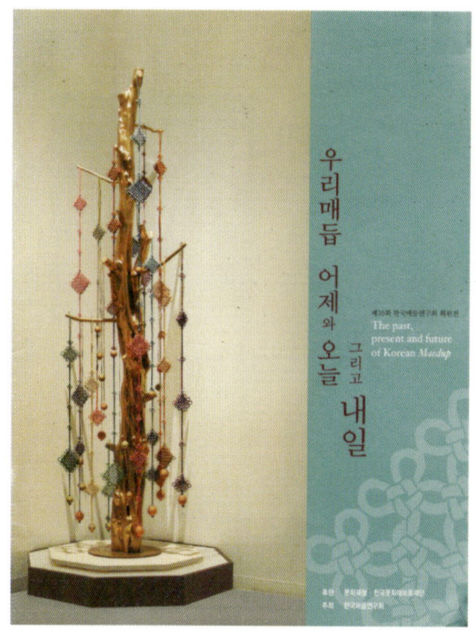

2006년 한국매듭연구회 제16회 회원전

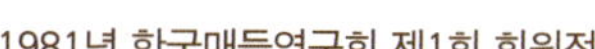

※ **1980년 6월 23일 경향신문 金喜鎭 매듭 作品展**

무형문화재 22호 金喜鎭 매듭작품전이 국립민속박물관에서 열리고 있다. 30일까지 이번 전시회에는 金씨가 매듭연구회를 시작해서 20년 가까이 되는 지금까지 명주실을 염색하고 끈을 꼬아 마련한 작품 1백여점 가운데 44종 60여점을 내보내고 있다.

74년 첫작품전에서 전통매듭의 命脈이 끊이지 않았다는 사실을 상기시켰던 金씨는 매듭의 전통 양식을 살리려는데 역점을 두고 있다. 그래서 노리개의 패물을 달경우도 골동품을 사용한 것을 주로 출품했다.

노리개에 쓴 패물은 매듭과 절묘한 조화를 이룰 수 있도록 白玉 상호 자만옥 청옥 그밖에 銀 등을 이용했다.

[백옥 호리병 노리개 삼작] [은용문합갑 노리개] 등 매듭과 패물을 이용한 전통양식 외에 현대적 복식에 응용한 목걸이나 벨트, 브로치 등의 작품도 7점을 내보이고 있다.

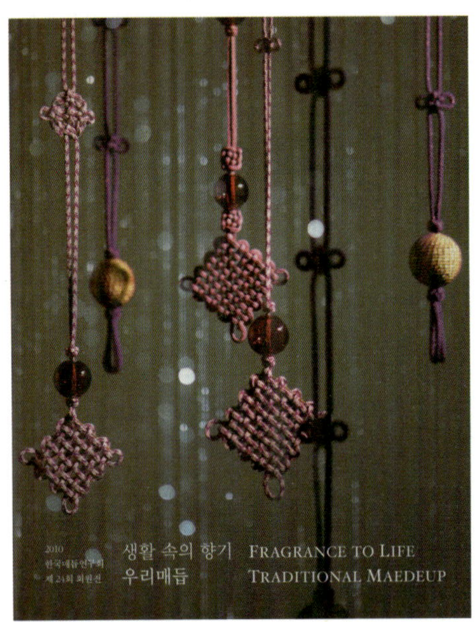

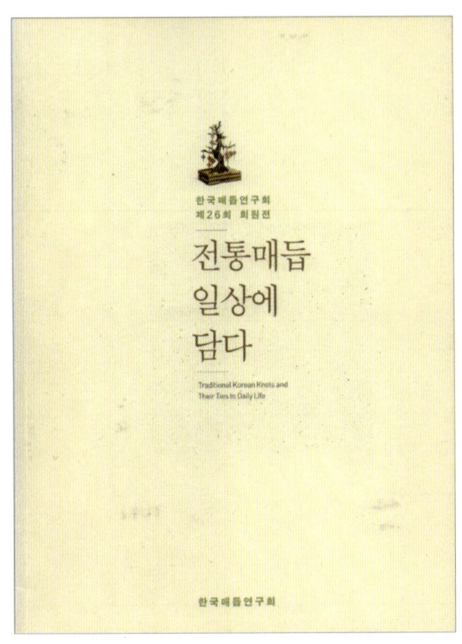

2010년 한국매듭연구회 제24회 회원전   2012년 한국매듭연구회 제26회 회원전

※ 1981년 9월 13일 조선일보

재질 기법 모두 옛것 살려, [한국매듭연구회] 회원전 10월 10일까지

무형문화재 제22호 매듭기능보유자 金喜鎭씨가 전통매듭전승을 위해 창립한 한국매듭연구회의 제1회 회원작품전이 21일부터 10월 10일까지 서울 한국의 집(266-9101)에서 열리고 있다. 이 전시회는 근래 우후죽순처럼 일고 있는 매듭강좌나 기성제품과는 달리 한국의 전통매듭을 올바로 전해내리고, 현대의 생활 속에 뿌리내리게하자는 연구자들의 발표장이어서 많은 여성들의 관심을 모으고 있다.

출품회원은 金喜鎭 회장을 비롯하여 김은영 한혜자 김완숙 조숙자 장영희 김평혁 이부자 김진영 김혜경 김혜순 박양자 이순영 박명희 김상란씨 등 15명. 출품작은 모두 50여점으로 전통매듭을 그대로 재현한 것들과 전통을 바탕으로 현대화한 것들로 대별된다. 선보인 작품들은 노리개 목걸이 등 장신구와 벽걸이 발걸이 燈 등 실내장식품들이 주류를 이루고 있다

「여성들에게 매듭이 널리 보급되어 붐을 이루는 것은 다행한 일이나, 일부에서는 설입은 솜씨로 기법이 잘못 전해져 전통성이 상실될 우려가 있고, 부업만 내세우다보니 기계화 상??하는 추세도 없지 않아.

한국매듭연구회는 "매듭의 정교한 솜씨를" 전수받으려는 순수한 모임으로, 매듭을 통해 한국적인 아름다움을 감지하고 소양을 닦는데 주력하고 있어요. 이번 회원작품전을 통해 한국매듭이 가야 할 방향을 제시하고, 매듭에 대한 올바른 인식을 심어주었으면 해요.

金喜鎭회장의 말이다

이번 출품작들은 시중에 흔히 나돌고 있는 기계끈을 쓰지 않고, 시작부터 완성까지 회원 자신이 전통기법을 그대로 살린 것이 특징이다.

「흰명주실 타래에 고운 빛깔을 물들여, 그실로 끈을 짜고, 매듭을 구성하여 완성한 작품들이지요. 기계로 만든 끈으로 매듭만 엮는 것과는 달리, 일관된 작업을 손끝으로 할 때 비로소 매듭의 결지와 참멋을 느낄 수 있다고 봐요.」

운영위원 김은영씨는 명주가 주는 재질, 품위있는 빛깔에서부터 조형 상의 아름다움을 창조해 내기까지에 매듭의 진수가 담겨져 있다고 말한다.

「전통공예학교가 하루 빨리 세워졌으면 해요. 전통예능은 학교도 있고 발표할 무대도 있으나, 정통기능 쪽은 공부할 수 있는 곳도, 발표할 장소도 없는 실정이에요. 전수교육을 할 수 있는 전통공예학교의 설립은 매우 시급한 문제입니다.」

사라질뻔 했던 전통예술매듭을 되살리기 위해 20년을 바쳐온 金喜鎭 회장의 염원이다. 73년 김희진전승공예연구소를 개설, 매듭전수교육을 해 온 그는 개인의 힘으로는 연구소를 유지하기가 힘들다고 고충을 말한다. 그러나 뜻을 같이하는 동인들과 함께 이번 전시회를 연 것을 그는 몹시 대견해 한다. 〈鄭薰憲기자〉

　　나에게는 잊을 수 없는 삶의 스승 세 분이 계신다. 바로 최순우 관장님, 정양모 관장님, 박영규 교수님이다. 최순우 관장님께서는 내가 매듭을 배우기 시작하면서부터 김희진 선생님이 작품을 가져오시면 너도 와서 보라고 불러주셨고, 내가 작품을 만들 때도 몇 가지 색을 염색해서 가져가면 '이런 색으로 하는 것이 좋겠다', '이것은 너무 강하고 여기에는 이것이 더 어울린다'고 자상하게 설명해 주셨다. 최순우 관장님은 직장생활을 시작한 지 얼마 되지 않은 나에게 각별한 관심과 세심한 배려를 아낌없이 해주셨다.

　　정양모 관장님께서는 항상 연구에 집중하고 책을 쓰시면서도 나에게 많은 지도와 격려를 해주셨다. 미술 과장님으로 계실 때부터 직장생활과 함께 매듭 공부를 병행할 수 있도록 여러 가지로 살펴주셨고, 김희진 선생님과 일주일간 일본으로 전시회에 다녀올 때에도 다녀오라고 기꺼이 허락해 주셨다. 돌이켜 보면 내색 없이 나를 많이 응원해 주시고, 의욕과 용기를 불어넣어 주셔서 너무나 감사하다.

　　박영규 교수님은 김희진 선생님의 매듭 맺는

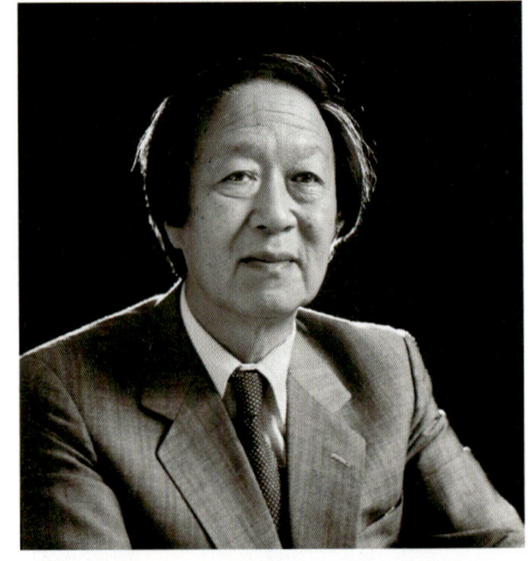

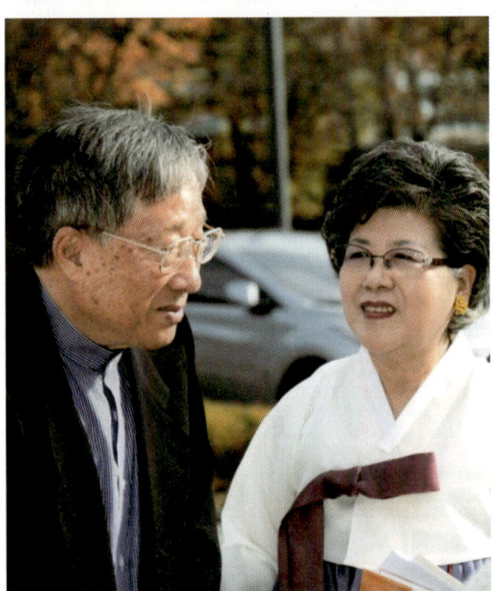

▲ 혜곡 최순우 관장님(한국문화재사진연구소 사진 제공)
▼ 소전 정양모 관장님

과정을 촬영하다 보니 선생님과 가장 가깝게 지내신 분이다. 나에게도 야간 대학에 다니는 대신 전공을 매듭으로 바꾸는 것이 어떻겠냐고 제일 먼저 권유하신 분이다.

당시는 일반적으로 결혼을 하면 모든 것이 단절되기 쉬운 때였고 야간 대학의 형식적인 졸업장이나 경제적인 이해관계를 떠나 진정으로 평생 하고 싶은 일을 선택할 수 있도록 유익한 충고와 조언을 해주셨다. 덕분에 지금까지도 사이좋은 오누이처럼 가장 많이 의지하는 분이다.

공모전에 출품해 보라고 적극 권유하신 분이기도 하다. 덕분에 1977년 동아공예대전에 벽걸이 한쌍을 출품하여 처음으로 입선하였고, 이것을 계기로 1978년부터 1982년까지 매년 전승공예대전에 출품하여 장려상을 받았다.

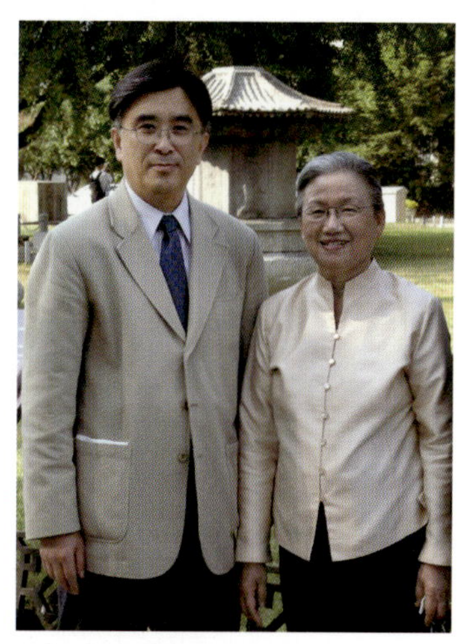

박영규 교수님과 김희진 선생님

최순우 관장님, 정양모 관장님, 박영규 교수님은 내가 김희진 선생님의 문하생이 되도록 추천해 주신 분으로 내 삶의 나침판과 길잡이가 되어주신 스승님이다. 이런 훌륭하신 스승을 만난 나는 은혜와 축복을 받은 행복한 사람이라고 생각하며 늘 감사한 마음을 가지고 살아가고 있다.

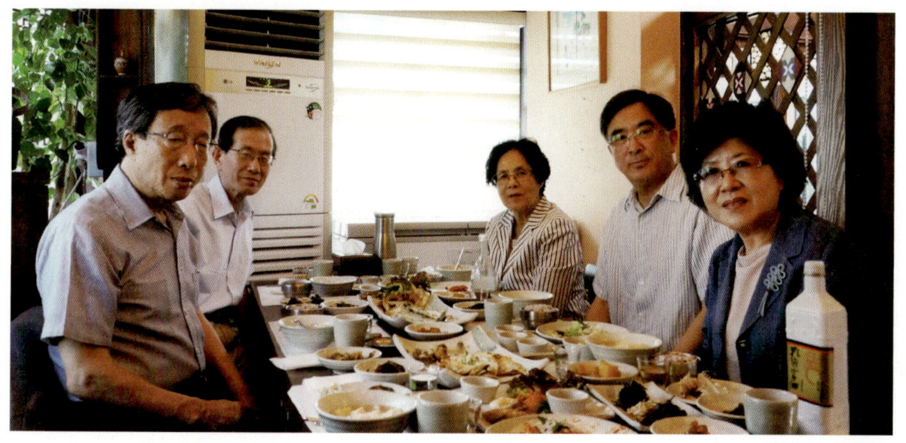

삶의 스승님들

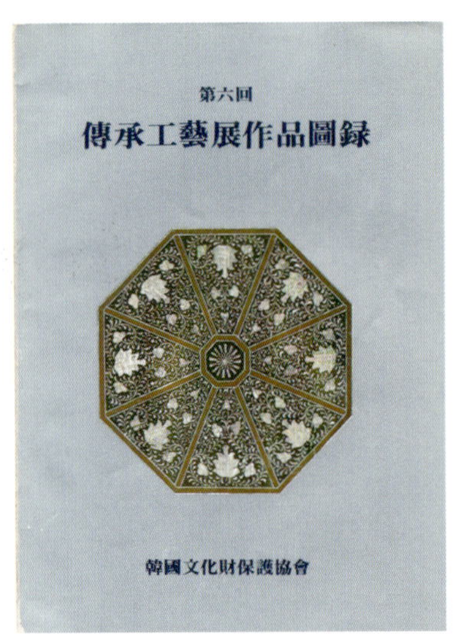

제6회 전승공예대전 도록

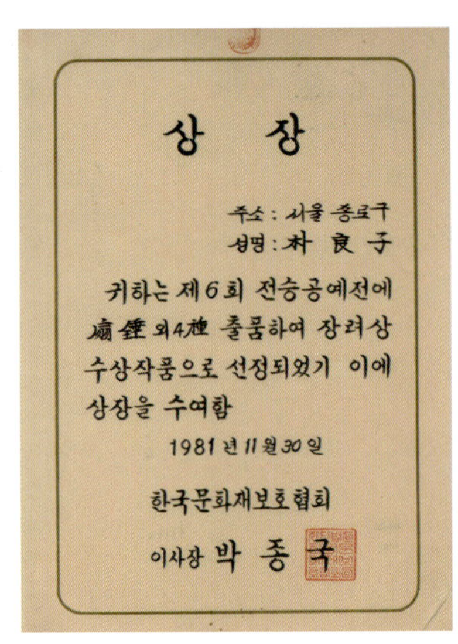

제6회 전승공예대전 상장

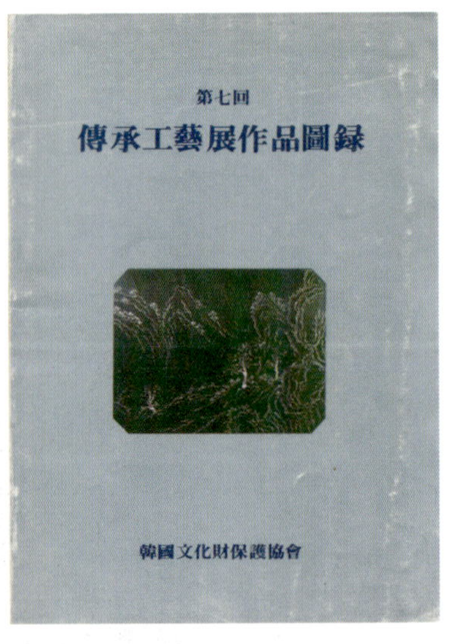

제7회 전승공예대전 도록

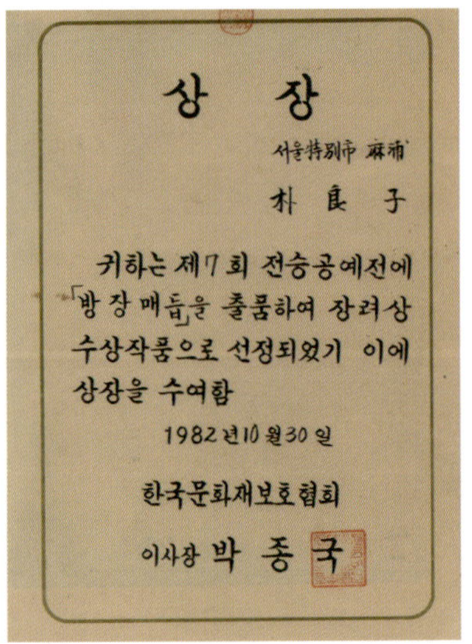

제7회 전승공예대전 상장

2. 작품 활동

엑스포 93 대전세계박람회에 실연작가로 참여

1993년 대전직할시 유성구 대덕연구개발특구에서 열린 엑스포는 "새로운 도약의 길"이 주제였다. 부제는 "전통기술과 현대과학의 조화와 자원의 효율적 이용과 재활용"으로, 8월 7일부터 11월 7일까지 93일 동안 개최되었다. 세계 108개 국과 33개 국제기구, 대한민국의 200여 기업이 참가한 대규모 국제행사였다.

나는 당시 엑스포 아트홀에서 매듭 실연작가로 참여하게 되었다. 관람객을 대상으로 끈목 치는 기법과 술 만드는 과정, 매듭에 관한 도구 일체와 완성된 작품 몇 점도 가지고 가서 함께 보여주었다. 관람객들은 끈목 짜는 틀에서 가는 명주실 8가닥으로 끈목을 짤 때, 질서정연하게 규칙적으로 움직이는 정교한 손놀림에 의해서 섬세하게 끈이 짜여지는 과정을 유심히 들여다보면서 너무나 신기해 했다. 또한 매듭 완성 작품이 이렇게 어려운 과정을 거쳐서 나온다는 설명을 듣고 대단히 어려운 작업이라며 놀라워했다. 특히 외국인들은 원더풀을 연발하기도 했다.

매일 비슷한 설명을 하느라 진땀을 흘렸지만 이곳에서의 시연을 통해 우리 한국 매듭의 아름다움과 조화, 균형의 미를 홍보했다는 데 뿌듯함과 보람을 느꼈다. 동료인 이부자 선생님도 시연에 참여해 주셔서 큰 도움이 되었다.

당시의 국제 행사 참여는 매듭을 시작한 지 20여 년이 되는 시점에 주어진 뜻깊은 기회였다. 따라서 그동안 배운 기술과 실력을 보여주고자 나름대로 혼신의 노력을 다하여 뿌듯하였으나, 한편으로는 나의 부족함을 보완하기 위해 앞으로 더욱 정진하고 개척해야겠다고 다짐하게 된 계기가 되었다.

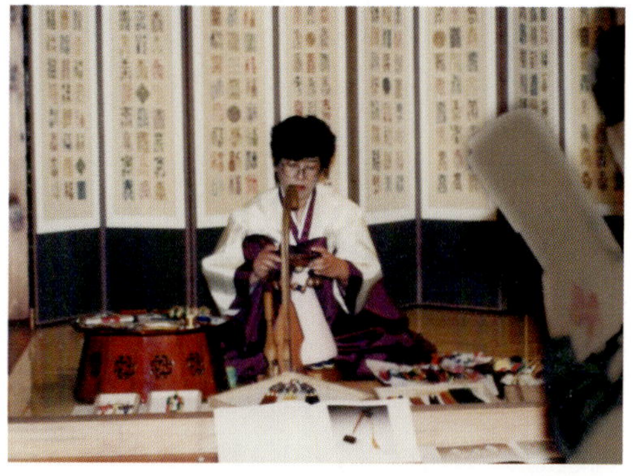

대전엑스포 93년 전통공예전 실연

악기에 매듭 유소를 연결하다

멋과 품격의 예술 매듭

조선 시대 악기는 다양한 모습과 여러 형태의 매듭으로 장식되었음을 쉽게 볼 수 있다. 나 역시 악기에 멋과 품격을 한층 더해주는 유소를 나름대로 재현해 보고 싶다는 생각을 가지고 있었다. 그러던 차에 1989년 인사동에서 태평소를 보고 바로 구입했고, 제9회 전통공예관에서 열린 한국매듭연구회 회원전에 처음으로 악기에 유소를 연결하여 출품했다. 첫 태평소 유소 작품을 완성한 이후 악기 유소에 관심이 더해져 다양한 악기를 살펴보던 중 유난히 '운라'(음정이 있는 동라 10개를 한 틀에 매달아 놓고 작은 망치로 쳐서 연주하는 타악기)라는 악기에 마음이 끌렸다. 거기에 유소를 더하고 싶었지만 악기를 가정집에서 보관하기도 쉽지 않아 고민이 되었다. 그러던 중 인사동 악기를 판매하는 곳을 통해 국가무형문화재 제42호 악기장 이영수 선생님께서 조선 시대에 제작된 악기를 보유하고 있다는 반가운 소식을 듣게 되었다. 이영수 선생님을 찾아뵙고 1994년 서울특별시에서 주최하는 "매듭으로 보는 어제와 오늘의 생활 문화전"에 운라 유소를 출품하고 싶다고 말씀드렸다. 선생님께서는 '악기에 우리의 아름다운 전통 매듭 예술을 보탠다고 하니 반갑고 기쁜 일'이라고 격려하시면서 기꺼이 악기 대여를 허락해 주셨다. 너무나 감사했다.

이후 작품 준비를 위해 이영수 선생님의 자택에 방문했다. 가장 먼저 운라 악기를 세밀하게 실측하고 사진을 찍고 온 뒤 실을 염색하고 끈을 짜서 운라 유소 작품을 완성했다. 운라에 대한 기록은 〈진작의궤〉(1828년 순조 28년)와 〈진찬의궤〉(순조 29년)에 보이고 19세기에 그려진 〈평양감기 환영도〉에서 운라 연주자가 보인다. 순조 28년 〈진작의궤〉에는 운라에 소요되는 유소의 양이 기록되어 있는데 "운라 한 쌍에 유소 네 건이 들어가며 오색 진사 2량 2전이 소용된다"라고 되어있다. 자료를 보면 유소 장식은 도래매듭, 생쪽매듭, 매화매듭, 삼정자매듭 등으로 보이고 짧은 딸기술을 한 것으로 보인다.

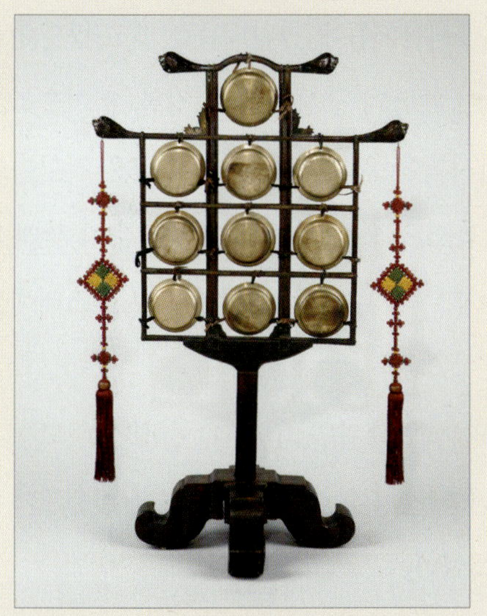

운라 유소, 1994년작

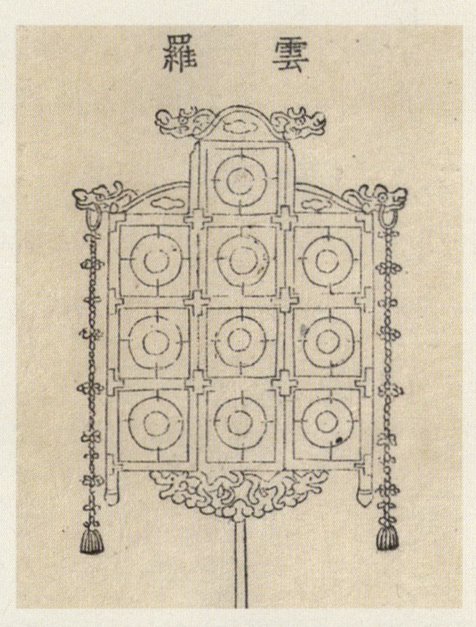

운라, 진작의궤, 1828년,
한국학중앙연구원 장서각 소장

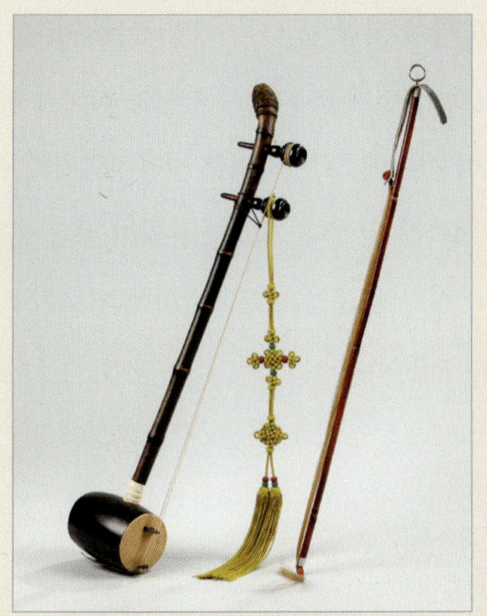

해금 유소, 2014년작

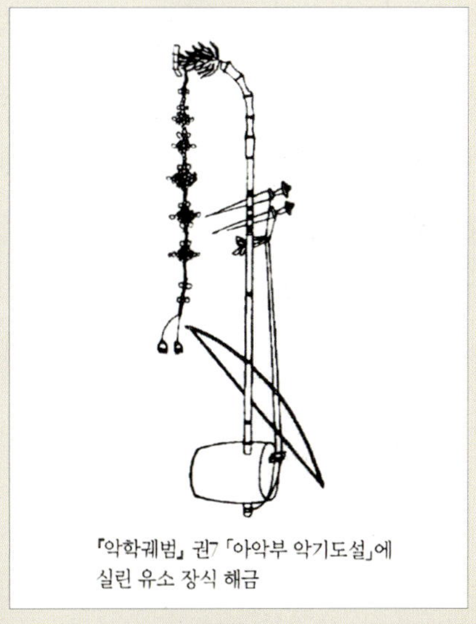

해금, 악학궤범 권7 아악부 악기도설

조사 자료와 검토, 이에 더해 운라 악기를 실측하고 사진은 찍어 왔지만 끈의 굵기, 매듭 구성 등을 완성하기는 쉽지 않았다. 여러 가지로 구성해 보고 연구한 끝에 도래매듭, 생쪽매 듭, 가락지매듭, 삼정자매듭을 하고 중앙에는 사색판매듭에 난간매듭을 맺고 방망이술로 끝 맺음을 했다. 고풍이 흐르는 악기에다 이와 같이 매듭의 구성을 하니 정말 잘 어울리고 비례 도 맞는 것 같아 만족스러웠다. 관람객들도 전시회에 운라 유소는 처음 나온 것이어서 너무 멋지다며 호평을 해주었다. 그래서 나는 운라 유소 작품에 각별히 애정을 많이 갖게 되었다. 이후 2014년 "비단실로 맺은 멋과 품격"을 주제로 한 나의 첫 개인전 홍보 포스터에도 운라 유소 사진을 메인으로 넣었다.

"매듭으로 보는 생활 문화전"은 우리나라의 서울이 수도가 된 지 600년이 되는 뜻깊은 해를 기념하기 위하여 개최됐다. 1,100만 시민의 참여와 화합을 바탕으로 서울시가 새롭게 태어나기 위한 사업의 일환으로 열게 된 전시회였다.

해금 유소는 2011년에 완성해서 보관하고 있었지만, 해금 악기가 마음에 드는 것이 없 어서 전시하지 못하다가 김은숙 회원이 잘생긴 악기를 대여해주어 2014년 개인전 전시회에 해금 유소를 전시하게 되었다.

이후 2018년 여주박물관에서 개최한 "세종 왕이 되신 날" 세종대왕 즉위 600돌 특별기 획전에도 초청되어 왕의 후수, 박 유소, 소 유소 등을 전시했다. 당시 악기는 최태귀 악기장이 제작했다. 박을 제작하는 데에는 큰 어려움 없이 기존에 있는 악기를 사용하였지만, 소 악기 의 경우 몇 번의 시행착오를 겪으면서 힘들게 제작해야 했다. 자개의 문양이 마음에 들지 않 아 몇 번을 고쳐 다시 하기를 반복하다가, 결국 십장생 문양으로 배치하여 마무리하였지만, 악기가 온전히 마음에 들지 않아 아쉬움이 남는 작품이다.

자수, 누비, 침선, 규방공예를 배우다

2000년부터는 본격적으로 매듭뿐만 아니라 자수, 누비, 침선 등도 만들어서 완성해 보기로 마음먹었다. 원래 독자적이고 독창적인 매듭 작품은 그 자체만으로도 다양한 멋과 아름다운 자태를 자랑한다. 하지만 어떤 주 대상(주체)물에 끈을 잇는 종속품으로서 존재할 때 대상과 어울리며 한층 균형과 조화의 미를 더하므로 그 대상을 찾고 선택하는 데 많은 고민과 어려움을 항상 겪었다.

유물에 자수로 만든 작품이 많이 있어서 전부터 관심을 갖고 있었으나 남에게 부탁해서 하려니 마음에 들지 않은 부분도 있고 여러 가지 어려움이 따랐다. 그래서 내가 처음으로 수를 놓아 작품을 만들었고, 그 첫 작품이 부채를 넣은 자수 선낭이었다

회원 김은영(서울시 무형문화재 명예 보유자) 선생님께서 천을 주셔서 만들었는데 도안을 가지고 조금 지도를 받으면 할 수 있겠다는 자신감이 생겼다. 그 후에 자수는 자수장 이병숙 선생으로부터 2000년에서 2005년까지 연세대학교 평생교육원, 한양대학교 평생교육원에서 수업을 받으며 내가 작품에 쓸 수 있는 작품들을 하나씩 완성했다.

수 공작노리개는 이병숙 선생이 도안한 것을 약간 축소하였고, 공작 두루주머니는 연세대학교 박물관에 있는 귀주머니를 보고 문양만 같이 하고 형태를 두루주머니로 변형시켰다. 수저집은 여기저기에서 문양을 가져와 도안을 만들어 자수를 하였고, 비취발향, 진주낭, 사주보 등 5년여 가까운 기간 동안 열심히 수를 놓았다. 이후 15년이라는 긴 세월이 흐른 뒤 매듭 작품이 완성된 것도 있고 아직까지 완성하지 못한 자수 작품들도 여럿 있다.

1998년 삼성동 국가무형문화재 전수회관 404호 매듭 공방에 매주 화요일마다 당번을 나갔을 때의 일이다. 언젠가 매듭에 관심이 있다던 권연신 선생님이 들려서 매듭에 관한 대화를 나누던 중에 본인은 구혜자 선생님(국가무형문화재 침선장)께 누비 침선을 배우러 다닌다

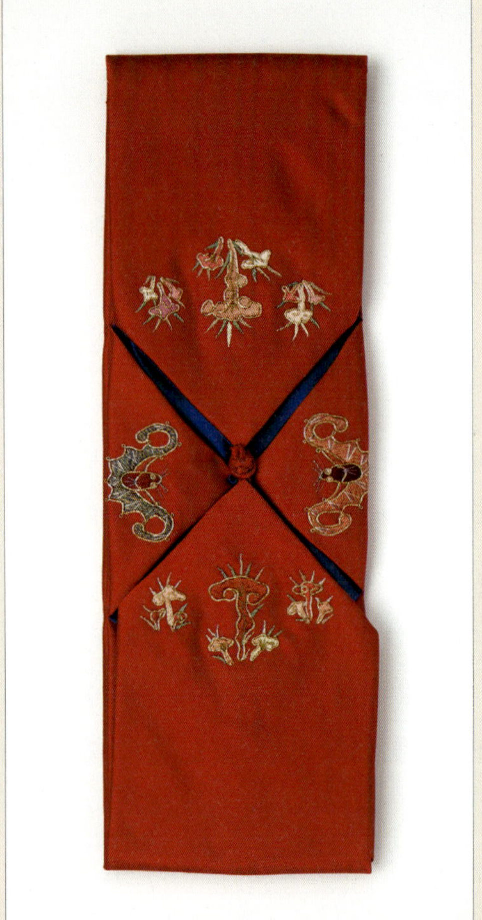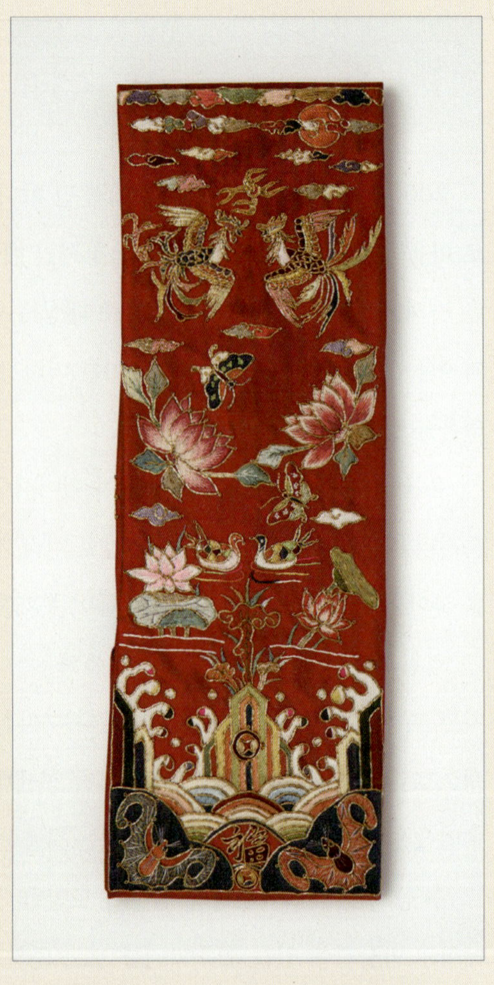

사주보 앞면과 후면, 2000년작

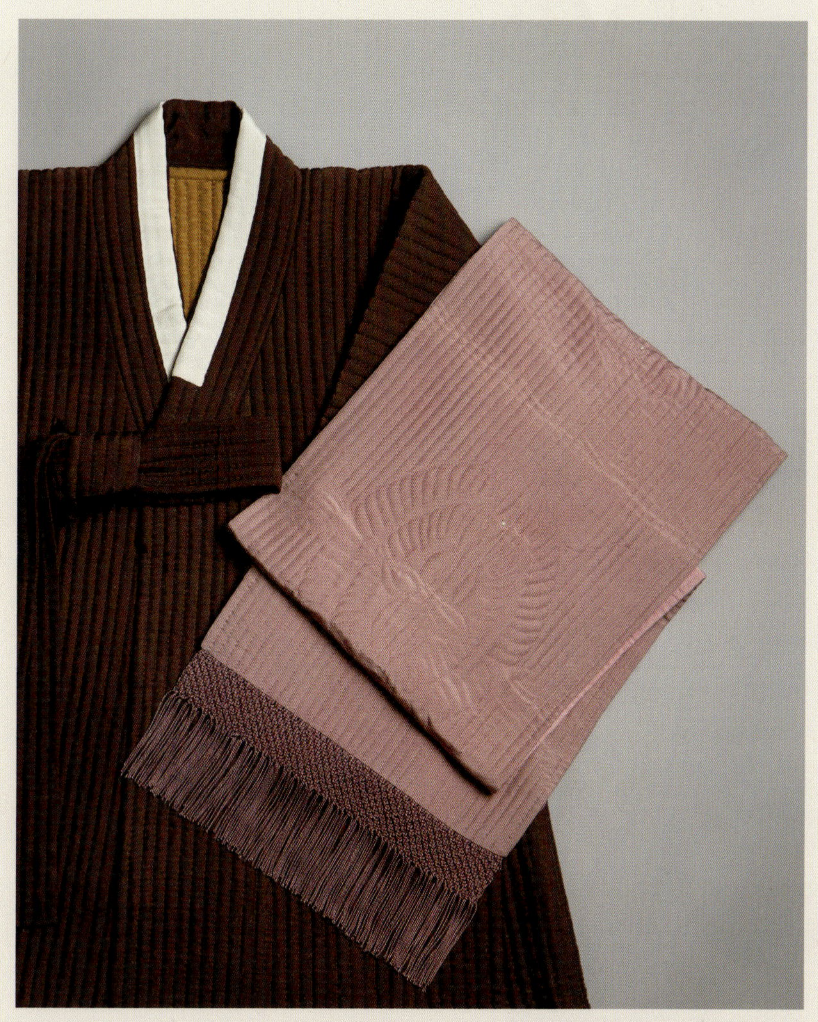

누비두루마기와 솔, 2002년작

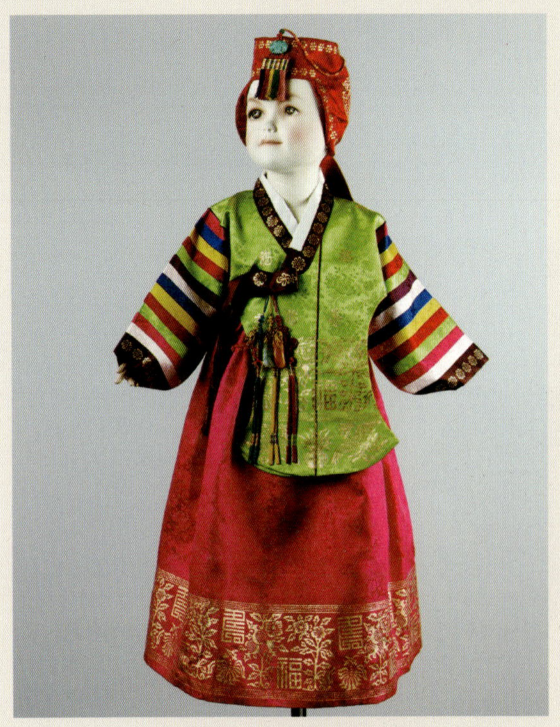

여아돌복, 2007년작

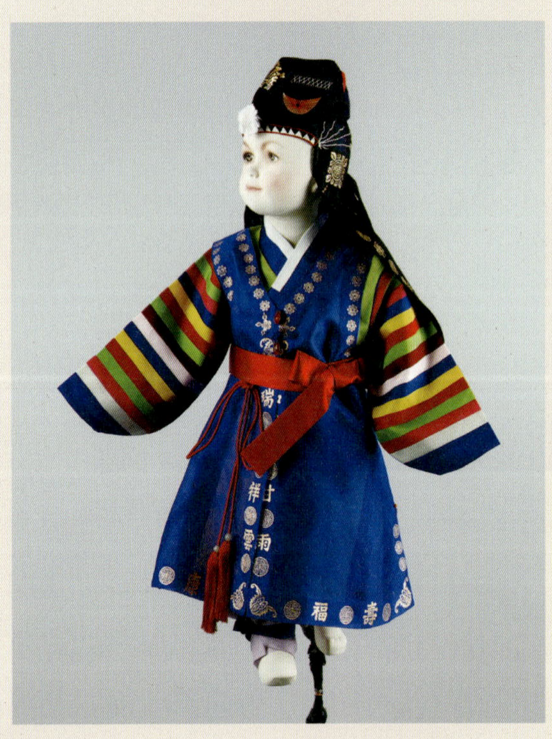

남아돌복, 2007년작

고 했다. 그런데 우연히 2000년 3월 연세대학교 평생교육원 자수 교육반에서 다시 만나게 되어 무척 반가웠다. 그 인연으로 일주일에 하루씩 집으로 와서 누비를 가르쳐 주었다.

제일 먼저 누비를 하고 싶어 조끼, 배냇저고리, 바지, 두렁치마 등을 만들었다. 그리고 숄을 누비로 하면 좋은 작품이 될 것 같은 생각이 들었다. 숄을 만들기 위해 명주실과 명주천에 코치닐(선인장에서 기생하는 곤충에서 추출하는 적색계의 염료) 염료와 매염제는 백반으로 염색을 하여 솜을 놓고 중앙에는 공작 문양을 누볐다. 숄 양쪽 끝에는 후수매듭을 하여 회원전에 출품했다. 추후 전시장에서 어느 부인이 내가 만든 숄을 구입하고 싶다고 했지만 너무 힘들게 완성한 작품이라 구입 제의를 정중히 거절했다. 돈으로 환산할 수도 없고 다시는 만들 수도 없는 작품이라는 생각에서였다.

이 작품은 여태껏 내가 염색해서 만든 타래실 중에서도 가장 애를 태웠던 실로 기억될 만큼 힘들었다. 코치닐과 같은 천연 염색은 한두 번 염색해서는 원하는 빛깔이 나오지 않기 때문에 7번 정도 염색한 후에야 타래실을 쓸 수 있었다. 얌전히 곱게 실 타래를 염색한다고 했지만 실을 감으려니 처음부터 얽혀서 실 감는 데만 거의 한 달이 걸렸다고 하면 어느 누가 믿을까?

오직 장인 정신 하나로 묵묵히 걸어온 길이라 상업적 거래 관계는 거의 무시하다시피 하였으므로 경제적 어려움도 있었다. 장인은 손끝의 숙련된 기술을 요하는 예술인으로 인간의 가장 근엄하고 존엄한 모습이라고 자부해왔다. 그럼에도 언젠가는 매듭하는 동명이인이 매듭작품을 시중에 거래한 것 때문에 괜한 오해를 받은 적도 있었다.

누비 작품 중에 가장 대작인 두루마기는 소목으로 철매염을 하여 겉감으로 하고 황백에 백반으로 염색하여 안감으로 썼다. 올을 튕기고 고르게 솜을 놓아 한땀 한땀 누비기 시작한 지 2년에 걸쳐 두루마기를 완성했다. 완성 후 손을 보니 나도 모르게 오른손 셋째 손가락이 휘어 있었다. 이렇듯 숨죽인 인내를 통하여 완성한 누비 두루마기에 손끝에서 피어난 매듭의 멋과 향기를 품은 노리개를 연결한다고 생각하니 이런 고통조차도 보람있고 자랑스러웠다.

한편 여자아이 돌복과 남자아이 돌복도 완성하고 조바위, 돌띠, 타래버선, 애기 노리개, 도포끈 등을 만들어서, 여기에 매듭을 맺어 전체 작품을 완성했다. 그동안 단편적으로 단품만 보여주었던 매듭 작품들이 하나의 작품을 통해 어디에 어떻게 쓰이는지를 한눈에 보여줄 수 있는 작품으로 완성되니 보기에도 좋았다. 무척이나 흥미를 느끼면서 작업할 수 있었다.

규방공예의 하나인 조각보는 옷과 주머니 등을 만들고 난 자투리 헝겊을 이어서 만든 것으로 기하학적 대칭미를 드러내는 것이 특징이다. 나는 바늘꽂이, 조각보, 여의주문보 등 매듭과 조화를 이루는 작품들을 꾸며 보았다. 여의주문보는 1년 정도를 책상 위에 펼쳐 놓고 고민한 끝에 중앙에는 국화매듭을 하고, 네모난 가장자리에는 일정한 간격으로 24개의 생쪽 매듭으로 완성했다. 작품에 어울리는 작고 섬세한 매듭을 연결하여 이어붙이자 작품의 생명력이 살아나 화룡점정의 모습이었다.

결국 나는 작품을 완성하는 재미에 푹 빠져 부족한 배움을 채우고자 권연신 선생님을 찾아다니며 귀찮게 하곤 했다. 돌이켜보면 내가 참 염치없는 사람이었다는 생각이 들어 항상 미안하고 감사한 마음을 가지고 있다.

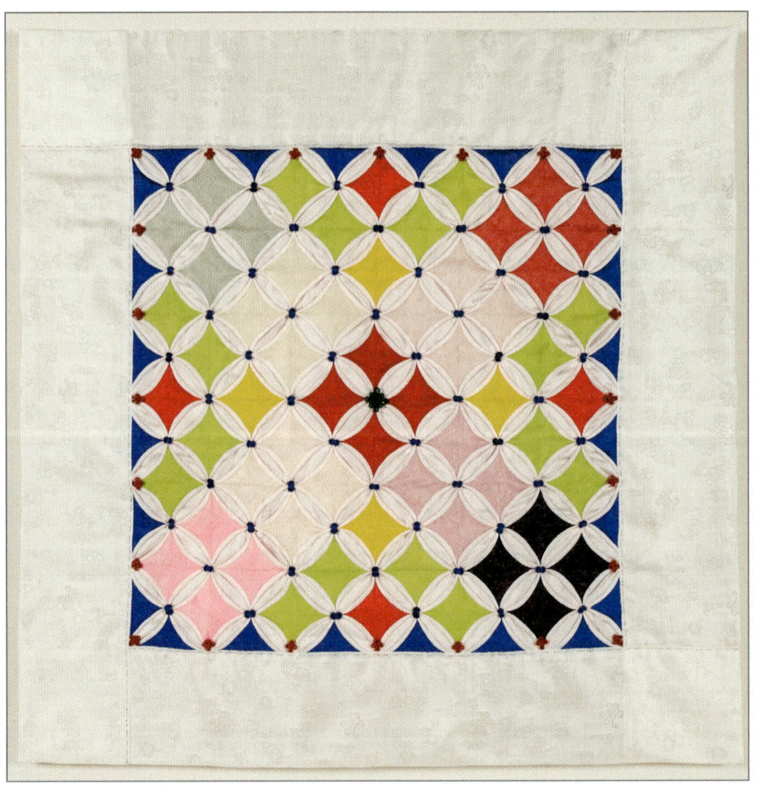

여의주문보자기, 2005년작

3. 만학의 꿈

내 마음속에는 항상 배움에 대한 향학열이 잠재되어 있었다. 국립중앙박물관을 다니던 중 대학을 포기하고 매듭의 길을 가기로 결심하였으나, 매듭 등 전통공예 예술 분야에서도 학력이 필요하다는 것을 뒤늦게 깨달았다. 그러나 이미 때는 지난 뒤였다. 서로를 비교하고 줄을 세우는 문화 속에서 느끼는 상대적 박탈감에 제때 학업을 마치지 못한 후회와 마음의 상처도 상당했으며 이를 이겨내는 일도 힘들었다. 어느덧 자녀가 성장하고 60대 초입에 들어선 2015년 어느 날, 우연히 집에서 온라인으로 들을 수 있는 관련 강좌가 원광디지털대학교에 있다는 것을 알았다. 원광디지털대학은 4년제 사이버대학으로 실용 위주의 특성화 교육을 실시하는 특화된 대학이다. 그 중 한국복식과학학과는 매듭, 자수 침선, 천연염색, 규방공예 등 섬유예술 분야에 활용 가능한 작품들을 배울 수 있는 곳이었기에, 나에게는 학문적으로 꼭 공부해보고 싶은 분야였다. 못다 한 학업에 대한 열망 또한 가득했었기에 망설이지 않고 입학했다.

대학교에서의 배움을 통해 아얌, 조바위, 남바위, 족두리, 규방공예 등을 모두 직접 만들고 매듭을 맺어 완성할 수 있었다. 여기서 얻는 큰 성취감이 있었기에 지금도 학교에 들어가 배우기를 정말 잘했다고 생각한다.

옷을 만드는 실기 과정과 관련하여, 한 번씩 만들어 본 옷들도 많았지만 내가 배운 것과 다른 방법도 있었다. 혼자서 따라 하려니 이해가 되지 않아 강의를 수없이 반복해 돌려보기도 했다. 그때 집 안은 마치 영업하는 바느질 집처럼 도구들을 늘어놓고 살았는데, 나름 잘 치운다고 해도 가족들의 옷에 실올이 묻을 수밖에 없어 미안했다. 또한 매듭 작업에 필요한 끈 틀, 술틀, 진열장, 실 감는 자구리 등 도구들이 방 하나를 가득 채웠고, 실을 합사하고 술을 비비는 작업을 할 때면 거실까지 차지하게 되었다. 어쩔 수 없이 가족들의 자유로운 생활을 제

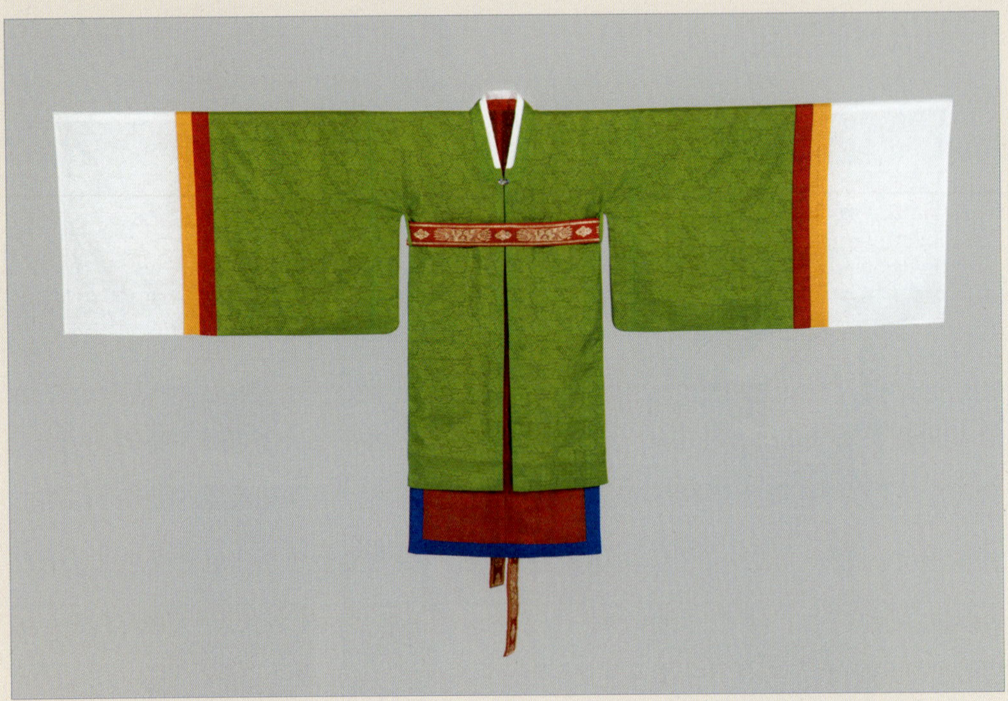

원삼, 2017년작

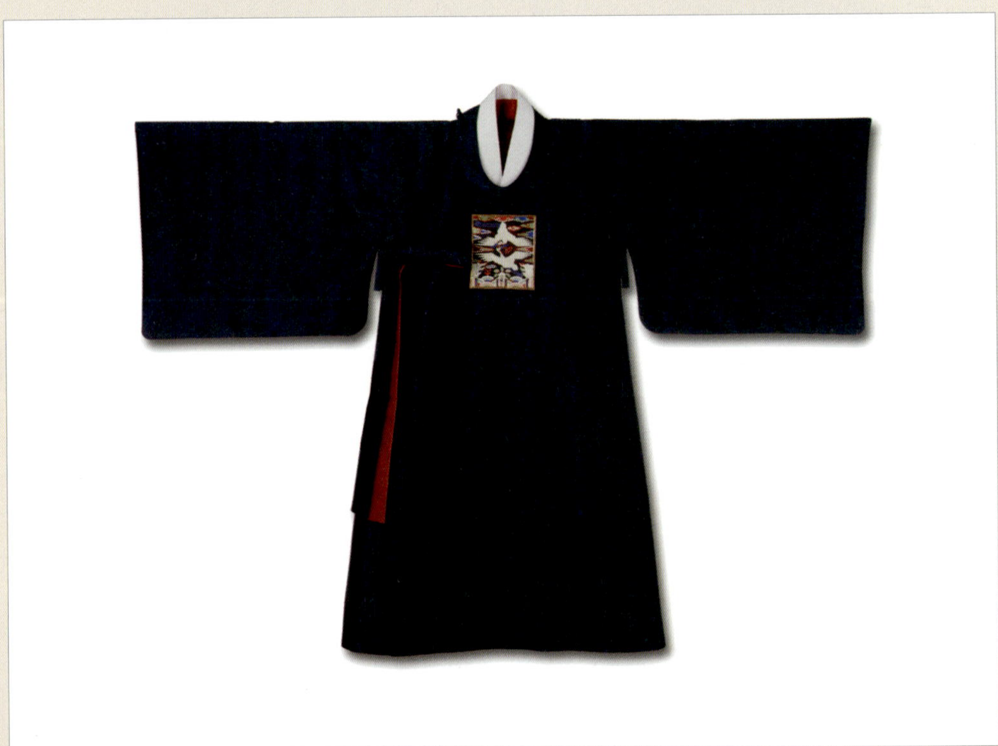

단령, 2018년작

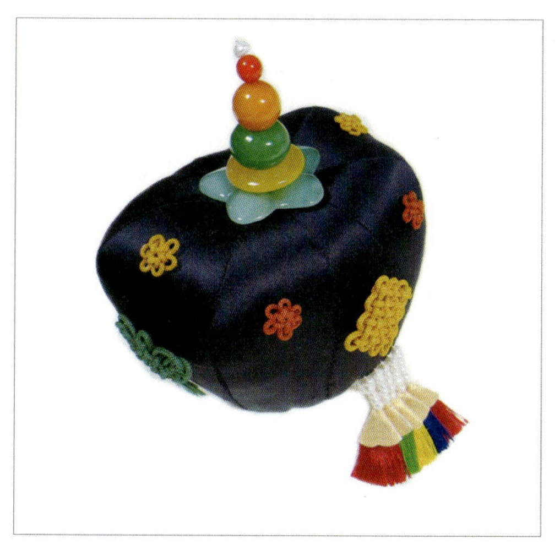

족두리, 2018년작

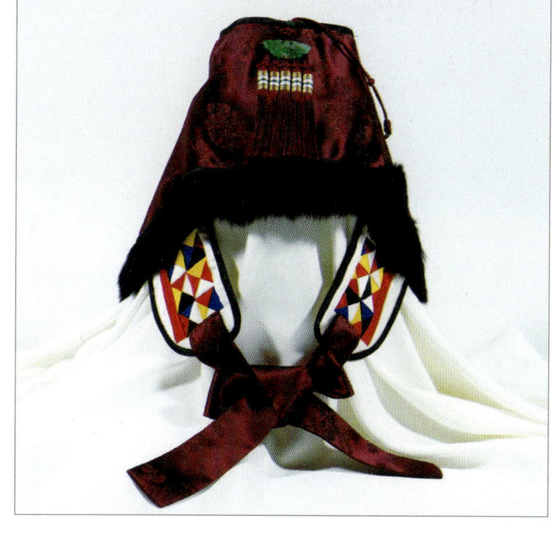

남바위 2015년작

약하였으니 가족에게 많은 빚을 지고 있다.

배웠던 과정 중에 가장 어려웠던 것은 원삼, 단령을 만드는 것이었다. 옷의 크기도 컸지만, 까다로운 손바느질도 너무 많고 안과 겉이 잘 맞지 않아 다른 학우의 도움을 받으면서 힘들게 완성했다.

실기 숙제와 교양강좌는 여러 번 되풀이하여 보면서 따라갈 수 있었는데, 컴퓨터에 익숙하지 않은 나로서는 온라인으로 시험을 볼 때마다 진땀을 흘려야 했다. 하지만 원광디지털대학교는 온라인으로 수업이 이루어졌기에 학교를 오가느라 낭비되는 시간이 없었고, 졸업 후에도 5년간은 수업을 다시 볼 수 있어 이해가 되지 않는 부분은 이후에도 계속 반복해 학습할 수 있다는 장점이 있었다.

의욕만 가지고 시작한 늦깎이 대학 공부에 많은 어려움을 겪었으나, 마친 이후에는 큰 보람과 긍지도 느낄 수 있었다.

대학원 입학

나는 지금도 작품을 할 때는 항상 초심을 잃지 않으려고 애쓴다. 숙달이 되어서 능수능란할 것처럼 생각하겠지만 오히려 그렇지 않다. 아직도 작품을 완성하고 나면 부족한 부분이 보이고 아쉬운 생각이 들 때가 많다. 특히 대학교를 졸업한 이후에는 이론적인 배움의 갈증을 더욱 절실히 느끼게 되었다. 그러던 차에 원광대학교 대학원에 재학 중인 선배를 만나 대학원의 수업, 논문을 쓰기까지의 과정을 상세히 들었다.

어느덧 칠순을 바라보는 나이와 그동안 바쁜 일상에 휘둘려 힘들고 고달프게 살아왔으니 여행도 하면서 여유롭고 낭만적으로 살고 싶은 마음도 있었다. 그러나 내친김에 전문적이고 체계적인 이론 공부도 하면서 매듭과 관련한 심도 있는 연구를 해보고 싶은 욕심이 생겼다. 이에 모든 것을 뒤로 하고 만학의 꿈을 이루고자 대학원에 진학하게 되었다.

그런데 막상 등록을 하고 보니 학교 수업을 받는다는 것이 쉬운 일이 아니었다. 서울에서 강의를 하는 날도 있었으나, 입학한 대학원의 본교가 전북 익산에 위치하였기에, 본교에서 수업이 있는 날이면 아침에 구리에서 책가방을 메고 나서서 수서역으로 이동 한 후 SRT를 타고 익산역까지 2시간을 가야 했다. 또 수업이 끝나면 밤늦게 지친 몸으로 다시 귀가했다. 옛날 같으면 엄두도 낼 수 없는 당일 왕복 통학이었다. 덕분에 늦은 배움의 길에 큰 도움이 되었고, 늦은 나이에 이렇게 마음껏 공부할 수 있다는 점에 감사할 따름이었다. 특히 학교를 오가며 기차를 타니, 옛날 학교 친구들과 즐거운 수학 여행길, 명절 귀향 고생길, 가족과 재미있는 여행길 등 아름다운 추억이 아련히 떠오르기도 했다.

그러나 수업을 위하여 기차를 타고 내려가는 동안 그날 발표해야 할 과제들을 준비해야 했기에, 차창 밖에 펼쳐진 황금 들녘 등 시골 풍경과 자연경관을 제대로 감상할 여유가 많지 않았다. 특히 초기에는 나이 차가 많은 대학원 학우들과의 어울림에 불편과 어려움은 없을지 많은 걱정을 했다. 그러나 학우들이 편하게 대해 주어서 함께 대화와 토론도 하고 미술관과 박물관을 같이 관람하는 등 허물없이 지내면서 친해질 수 있었다.

한편 교수님들도 진지하게 최선을 다해서 지도해 주셨다. 박물관, 미술관을 다녀온 뒤에는 리포트 제출하기, 지정된 책을 읽고 독후감 쓰기, 다른 사람의 논문 읽고 요점 정리하여 발표하기 등 다양한 과제가 주어졌다. 그때마다 흥미롭고 재미도 있었으나, 오랜 시간 학업을 손에서 놓았던 나에게는 쉬운 일만은 아니었다. 아무래도 늦깎이 공부인지라 남들보다 두 배 이상의 노력을 해도 강의 내용 등 여러 면에서 이해력이나 기억력, 순발력이 뒤떨어지는 것은 어쩔 수 없는 현실이었다. 나로서는 이를 온전히 받아들이는 한편 극복해야 했다. 이런 어려움 속에서 공부하고자 노력하는 나의 모습을 좋게 보셨는지, 교수님들은 보이지 않는 많은 배려와 격려를 해 주셨다. 그때마다 큰 힘과 용기를 얻어 더욱 열심히 노력할 수 있었다.

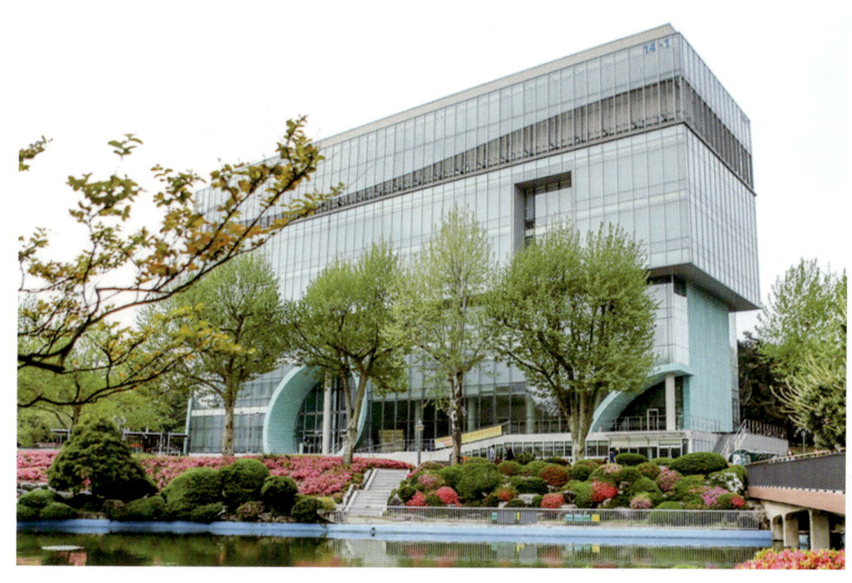

원광대학교 도서관

석사 논문을 준비하다

대학원 수업이 어느 정도 진도가 나가면서 석사논문을 준비하게 되었다. 논문은 주제 설정이 중요한데, 이게 쉽지 않아서 많은 고민을 했다. 다른 분야와 비교할 때 매듭 관련 논문이 다양하지 못하고 부족한 면이 있어, 참고할 자료도 많지 않았다. 여러 도록 등 자료를 찾아 살펴보다가 불번에 유소가 많다는 것을 알고 "조선 후기 불번(佛幡) 유소(流蘇) 연구"를 주제로 하여 논문을 쓰기로 결심했다. 오랜 시간 매듭을 해 온 나조차도 사찰에 불번이 이렇게 많다는 것을 처음 알았고, 이번 기회에 불번 유소를 깊이 있게 연구해 보고 싶은 마음이 있었다.

그러나 불번 유소는 사찰에서 큰 행사가 있을 때 사용하기 때문에 관심있게 보지 않으면 잘 알 수 없고, 그동안 많이 다루어지지 않아서 자료 찾기가 쉽지 않았다. 먼저 불번 유소 자료를 찾고 수집하는 것이 중요하였다. 어느 사찰에서 어떤 종류의 불번을 소장하고 있는지를 파악해야 했는데 해당 도록을 가지고 있는 도서관을 쉽게 찾을 수 없었다. 다행히 사찰에 연락이 되어 문의하면 작품 보존상 협조가 어렵다고 하여 실물을 볼 수가 없었다. 게다가 코로나19로 자료 수집에 더욱 난항을 겪게 되면서 암울한 시간을 보내야 했다.

나는 이러한 고민을 박영규 교수님께 말씀드렸다. 박 교수님은 목공예를 전공하셨고 저술과 강연을 통해 다양한 분야의 전문가를 잘 알고 있을 것 같았다.

지푸라기라도 잡는 심정으로 애로 사항을 말씀드리자 박 교수님은 불교미술사를 연구하는 최선일 박사님을 소개해주셨다. 불교문화에 조예가 깊고 관련 분야에 해박하신 분으로 많은 도움이 될 거라고 하셨다.

이에 최 박사님께 불번 유소에 대한 논문을 쓰고 싶다며 그간의 사정 이야기를 했다. 코로나19로 관련 자료를 보기 힘들었으며, 논문을 위해 불번 유소 실물을 보고자 한다고 말씀드렸다. 고맙게도 최 박사님은 여러 곳으로 수소문을 해주셨고, 그 결과 개인적으로 작품을 소장하고 있는 곳을 알게 되었다. 그것은 조선 후기에 제작된 것으로 보이는 불번 유소 2점이었다. 최 박사님이 친절히 동행까지 해 주셨는데, 작품을 실측하고 사진도 찍고 왔더니 논문을 반쯤은 쓴 기분이었다.

내가 불번 유소를 처음 실견한 것은 서울 보문사에서 소장하고 있는 나무대성인로왕보살번이다. 1980년 김희진 선생님과 함께 보문사에 갔는데 자그마한 뒷방 비구니스님 처소에서 불번 유소를 보았던 기억이 있다. 그때 실측을 하고 사진을 찍는데 방이 너무 좁아서 스님과 선생님, 나까지 세 사람이 있기에도 매우 불편했었다. 그 당시에는 불번이 너무 대작으로 느껴져서 제작해 보고 싶은 엄두가 나지 않았다. 그러나 가만히 생각해 보니 왕실에서 하사한 것으로 알려진 보문사 불번은 유소와의 조화가 다른 불번 유소보다 아름답고 뛰어나다는 점에서 매우 소중한 가치가 있다고 생각되었다. 이후 30여 년이 훌쩍 지난 뒤에 다시 보문사를 방문하여 불번 유소를 실견하고 직접 재현하는 과정 등을 논문에 상세히 서술하게 되었다.

대부분의 불번은 그 크기가 1m 이상으로, 불번 유소의 매듭 형태는 사진으로도 알 수 있지만 끈목의 짜임이나 술의 형태는 자세히 알 수 없다. 유물을 실제로 보면 사진으로 보는 것과 다른 점이 많았다. 실물을 반드시 보아야 하는 이유였다. 그 이후로 최 박사님의 도움을 받아 동북아불교미술연구소에서 소장하고 있는 책 중 불번이 나올 만한 책들은 모조리 찾아서 기록했다. 또 서적들을 구입하여 목록을 만들어 가면서 논문 작업을 위한 기초 작업을 한 단계씩 해나갈 수 있었다.

거의 날을 세우다시피 하면서 내 영혼을 쥐어짜 심혈을 기울여 작성한 초안을 가지고 교수님의 지도를 받으러 수시로 갔다. 꼼꼼하고 예리하신 지도교수님은 그때마다 빨간 펜으로 초안의 내용을 사정없이 그어 내려가셨다. 만신창이가 된 논문 초안을 보면 무엇을 어떻게 써야 될지 엄두가 나지 않았고, 형언할 수 없는 마음의 상처 때문에 밤을 꼬박 새어도 잠이 오지 않았다. 생전 먹어 보지 않았던 수면제를 먹어야만 겨우 잠을 잘 수 있을 정도였다.

누가 시켜서 쓰는 것도 아니고 내가 원해서 선택한 길이니 원망도 못하고, 써지지 않는 글을 하루 종일 붙들고 책상에 멍하니 앉아 있는 날이 허다했다. 그때의 심정은 표현할 길도 없었고, 그 누구에게도 이야기할 수 없는 고독하고 처연하기 그지없는 황량한 마음이었다. 마

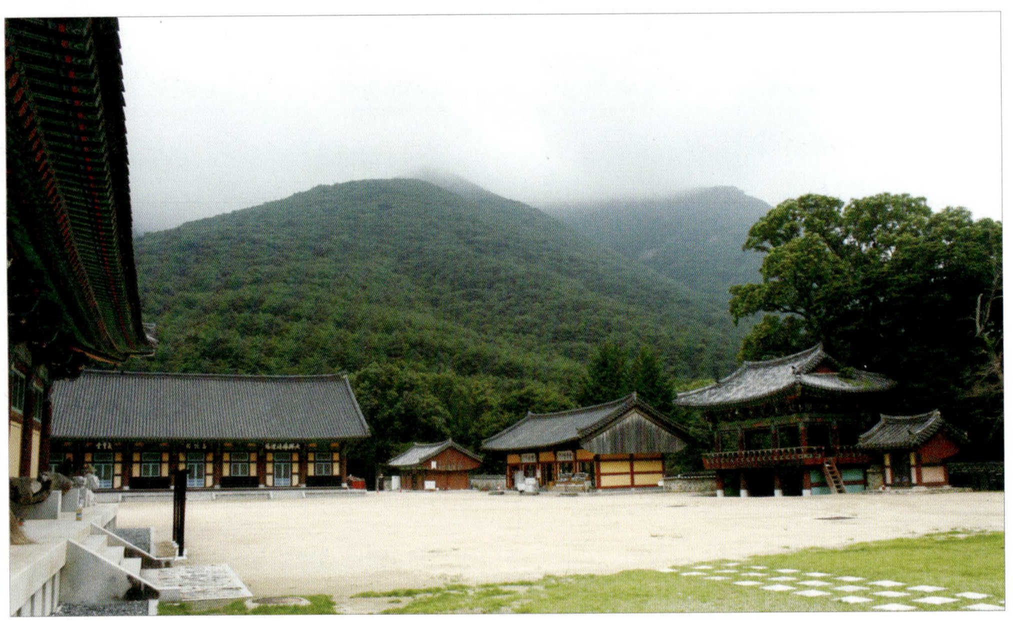

밀양 표충사

음을 추스르고 가다듬기를 반복하면서, 매듭처럼 수행하는 마음을 가지고 다시 시작했다. 몇 줄 쓰지 못하는 날이 많다가도 어떤 때는 술술 잘 써지는 날도 있었다. 그럴 때마다 기운을 북돋으면서 더디지만, 천천히 논문 쓰기를 진행했다.

한편 논문 자료 수집 과정에서 기억에 남는 일도 있었다. 밀양 표충사에 불번 유소를 실견하러 갔을 때의 일이다. 그 사찰에 오래된 불번 유소를 소장하고 있다는 것을 알고 종무소와 연락을 한 후, 기차를 타고 먼 길을 찾아갔다.

총무스님과 학예사가 유물 창고를 친절히 안내해 주셔서 불번 유소 2점을 실측하고 사진을 찍고 조사를 마쳤는데, 특히 자수를 놓은 바탕에 손상이 많아서 유물을 보는 데에 매우 조심스러웠다. 이 불번들은 조선 후기에 제작된 것으로 소중한 자료였는데, 도록 사진을 통해서는 알 수 없는 것을 발견했다. 2점 중 한 점은 끈목을 세 가닥 꼬임으로 매듭 맺었고, 한 점은 8사로 짜여진 끈목으로 매듭을 맺었다는 사실이었다.

실측을 마친 후 스님께서는 내게 어떻게 돌아가느냐고 물으셨다. 나는 버스를 타고 밀양역으로 간 뒤 기차를 타고 간다고 했더니, 스님께서는 밀양역까지 30분 정도 가야 하니 태워

멋과 품격의 예술 매듭

다 주시겠다고 하셨다. 스님께서는 우리 문화 유산에 많은 관심을 갖고 소중히 다루고 아껴 주는 것이 대단하다고 하시면서 나에게 귀한 인연에 대접을 하고 싶으셨다고 하셨다. 박물 관에 근무하면서 유물을 다루었던 나의 손놀 림이 일반 사람들과는 다르게 보이지 않았나 싶었다. 나는 스님의 호의를 더 이상 사양할 수 없었다. 생각지도 않은 환대와 식사 대접까 지 받게 되어 너무 황송하고 감사하였다. 보람 있고 유익한 하루였다. 그 이후 논문이 완성됐 을 때 스님께 완성된 논문을 보내드리려고 연 락했더니 무척 반가워하시고 축하해 주셨다.

논문을 심사하는 날, 긴장되고 조금은 떨렸 지만 불번 유소에 대해 내 소신껏 이야기를 했 다. 또 그날은 지도교수님이 마치 내 응원군처 럼 느껴졌다. 논문 심사를 받기까지 매 단계마

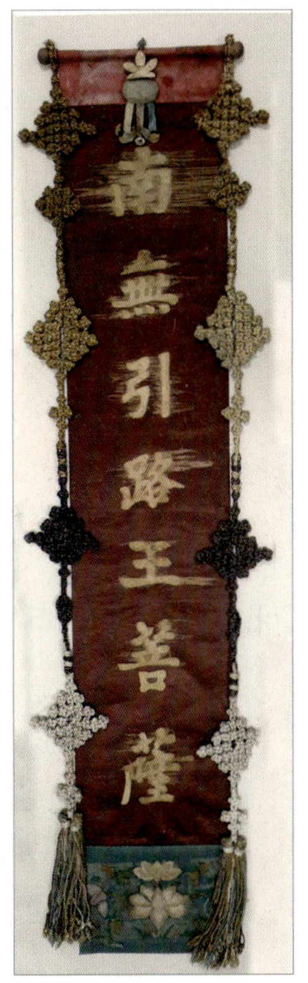
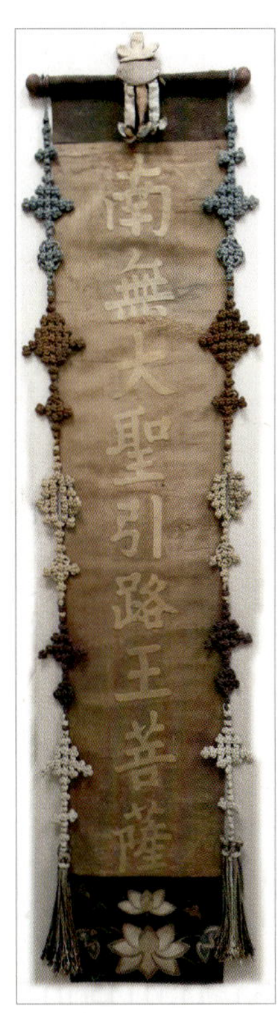

밀양 표충사 불번 유소

다 고비가 많았지만, 논문이 완성되어 통과되고 보니 "드디어 내가 해냈구나!"하는 자부심과 긍지로 감개무량했다. 특히 지도교수님의 냉철하고 엄격한 지도가 있었기 때문에 논문 완성이 가능했다고 생각한다. 지도교수님이셨던 남경미 교수님에게 감사할 따름이다. 또한 최선일 박 사님께도 논문 작성에 많은 자료 제공과 조언을 해 주셔서 늘 감사한 마음을 잊지 않고 있다.

3장 청사 박양자, 매듭으로 한 길을 걷다

4. 개인전

첫 번째 개인전 – 비단실로 맺은 멋과 품격

2014년 4월 15일 삼성동 중요무형문화재전수회관에서 매듭과 인연을 맺어 온 지 40여 년 만에 첫 개인전을 열었다. 40여 년을 돌아보면 시간을 쪼개가며 쉬지 않고 명주실에 염색을 하고 한 올 한 올의 실로 끈을 짜서 작품을 만들어왔다. 작품 하나를 완성하는 데 짧게는 몇 개월에서 길게는 수년이 걸렸으며, 이러한 작품 하나하나가 나의 혼과 정성이 담긴 분신과 같다. 12일의 전시 기간 동안 육체적으로는 힘들었지만, 많은 분들이 축하해 주셨고 관람객들의 격려까지 이어져서 큰 보람을 느낀 행복한 시간이었다.

특히 전시 작품 중 자수, 누비, 조각보, 침선 등 다수는 이 분야에 솜씨는 없지만 내가 직접 정성껏 배우고 만들어서 매듭 작품에 반영한 것들로 구성했다. 전문가가 보는 안목으로는 부족한 부분도 있었겠지만, 한 분야를 최소한 5년 정도는 배우고 익혀서 매듭 작품에 반영한 것이었다. 내 경험으로는 매듭 개인전시회의 경우 제대로 된 작품을 보여주려면 최소 30년의 긴 시간과 내공이 필요하다고 생각한다.

매듭은 손끝의 기술을 요하는 숙련된 작업으로 매듭을 연결하는 대상과 작품 연계성에 균형과 조화미를 갖춘 장인의 예술혼이 깃들어 있어야 작품에 생명력이 있다고 할 수 있다.

첫 개인전의 축사는 전 국립중앙박물관 정양모 관장님과 김혜순(국가무형문화재 22호 매듭장 보유자) 한국매듭연구회 회장님이 해주셨다. 김희진(국가무형문화재 22호 매듭장 명예 보유자) 선생님께서는 정양모 관장님과 함께 도록의 축사를 써 주셨고, 건배사는 박영규 교수님이 해주셨다. 바쁘신 와중에 한상수(국가무형문화재 자수장) 선생님, 김은영(서울시문화재 매듭장 명예 보유자) 선생님, 노미자(서울시문화재 매듭장 보유자) 선생님, 그 외에 많은 귀빈들과 박물관에서 함께 근무했던 옛 동료분들께서 먼 길 마다치 않고 와 주셔서 너무 감사했다.

작품 촬영은 한국문화재사진연구소 한정엽 실장님이 우리 집에 와서 이틀 동안 밤늦게까

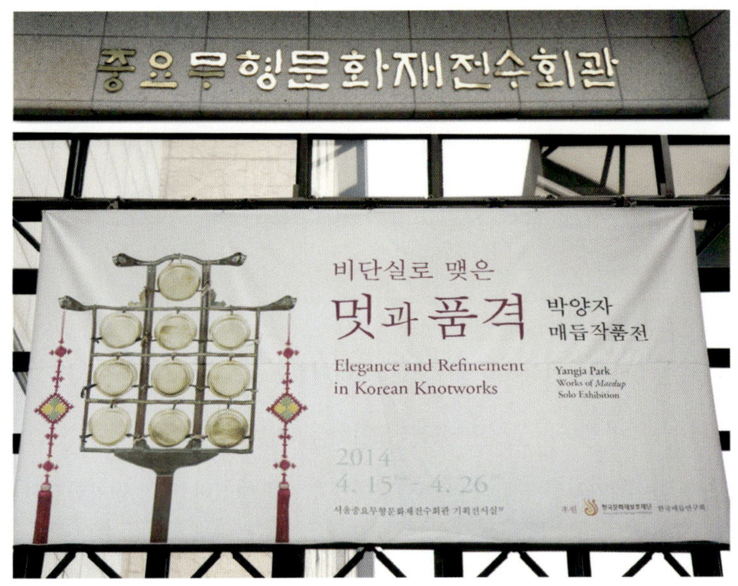

1회 개인전 비단실로 맺은 멋과 품격, 2014년

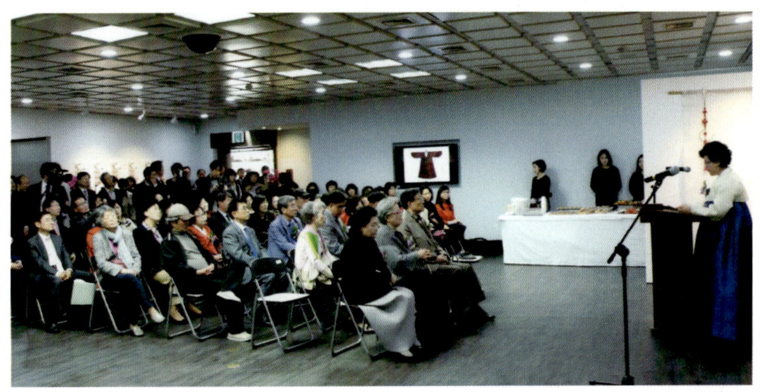

개인전 개막식

지 촬영을 해주셨다. 대작들은 집에서 찍을 수가 없어 삼성동 무형문화재전수회관 전시실로 옮겨서 찍었다. 도록 편집에는 박영규 교수님이 고문을 맡아 큰 도움을 주셨다. 이처럼 많은 분께서 도움을 주셨기에 좋은 도록을 출판할 수 있었다.

특히 박영규 교수님이 외국 출장에서 다녀오자마자 전시장으로 와서 진열장 배치며 작품 진열 등을 하나하나 체크해 주었고, 한국매듭연구회 회원들 역시 작품 진열을 도와주었다. 전시 기간 내내 당번도 회원들이 돌아가면서 맡아 주었다. 사진 촬영하는 동안 사촌 동생 김근순이 집에 와서 도와주었고, 진열하는 날에는 점심을 준비해 와서 나물 반찬에 밥을 맛있게 먹었는데, 지금도 회원들이 가끔 나물 동생 잘 있느냐고 묻곤 한다.

비단실로 맺은 멋과 품격 축사

매듭장인 박양자의 작품전

옛날 동양화의 세계에서 문인화가라 하면 그림 그리기를 스스로 즐겨 자신의 심회를 그림의 언어로 표현할 뿐 그림을 팔아 돈으로 바꾸지 아니하는 작가를 일컬었다. 그러면서도 문인화는 회화사의 큰 줄기요 회화사에서 높이 평가되고 회화사 발전에 지대한 영향을 미쳤다. 박양자 매듭장의 작품하는 모습을 지켜보면서 문득 옛날 문인화가와 같은 마음과 자세로 매듭을 맺고 있다는 생각을 하여본다.

내가 그를 처음 만난 것은 그가 1972년 국립중앙박물관에 재직할 때부터였고 그가 1980년에 퇴직하였으니 같은 직장에 근무한 시간도 9년이요 그를 만나 안지는 벌써 40년을 넘는다. 그는 마음과 외모가 단정하고 조용한 사람이다. 그가 우리 매듭 제작 연구에 뜻을 두기 시작한 것은 국립중앙박물관 미술부에 근무하면서부터이며 그가 매듭을 배우고 싶다하여 우리 매듭계의 거장 김희진 선생에게 적극 소개하여 그 문하에 입문하게 되었다. 그 후에는 한국매듭연구회 전시회에 가면 언제나 박양자 작가를 만나고 으레 박양자의 단정한 작품이 출품이 되어있는 것을 보고 소리 없이 꾸준히 연구와 작품에 매진하고 있다는 것을 알고 있었다.

김희진 선생 문하에 입문한지 벌써 40년, 1977년부터 1982년까지 전승공예대전에서 장려상을 수상하고 회원전에 제1회부터 지난해까지 거르지 아니하고 출품하였으며, 특별전, 해외전에도 출품하는 것은 물론 대전 EXPO'93에서는 현장에서 시연도 하고 김희진 선생의 이수자로 연구 활동에도 힘을 쏟고 있다.

매듭은 한결같은 꾸준한 자세와 인고의 세월을 견뎌내야 어떤 경지에 이를 수 있는 작업이자 전통문화에 대한 깊은 이해와 자부심이 있어야 하고 또 그 일을 그 전통을 다음 세대에 보여주고 이어지기를 간절히 바라야만 되는 일이다.

이번에 출품된 작품에는 그의 40년 인고와 보람의 세월이 고스란히 담겨있다. 조촐하고 어여쁜 삼작단작 등 여러 가지 노리개, 귀주머니, 오방색주머니, 수주머니 등 각종 주머니매듭, 약낭, 필낭과 수저

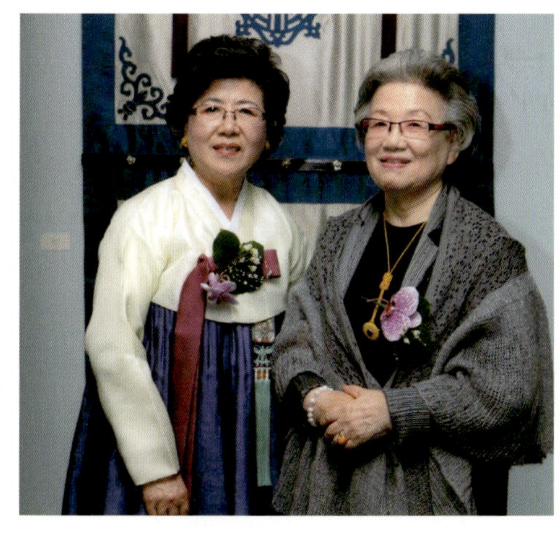
개인전을 축하해 주신 스승 김희진 선생님

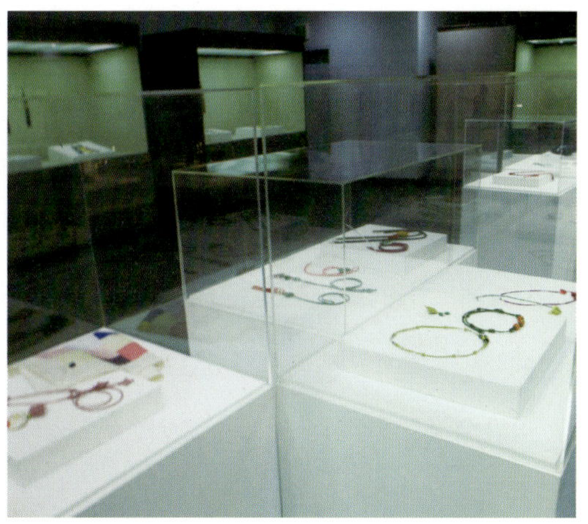
개인전 전시실

집의 매듭, 보자기의 금전지술, 진주선, 안경집매듭, 부채끈매듭과 각종 의대, 운라, 태평소, 해금 등 각종 국악기 장식매듭, 조바위, 복건 등 여러 가지 모자의 매듭, 발걸이, 방장매듭, 초상화에 들이우는 매듭, 불가의 각종 번에 드리운 매듭 등 참으로 의젓하고 품위있고 멋있는 아주 다양한 매듭이 있다.

또한 옛 매듭을 응용하여 현대 생활에 적용한 후수의 느림과 같은 것을 솔에 단 것, 누비 두루마기, 염주 지갑장식, 매듭장식 조각보, 목걸이, 넥타이 등 각종 장신구와 현대적 창작품도 있다. 하나같이 품위있고 조촐하고 단정하고 단아하다. 이 모든 작품에서 명주실에 물들이기, 매듭끈짜기, 자수와 누비와 술 만들기, 주머니 만들기, 염주에 그물망 씌우기 등이 모두 그의 솜씨니 놀랄만하다고 아니할 수 없다.

그는 말한다. 주부로서 살림도 중요하지만 자신이 또 다른 뜻 있는 일을 하고 있다는 것이 즐겁고 보람이 있다고. 누가 시킨 것도 아니요, 자신의 작업을 아무도 알아주지 아니해도 스스로 보람을 느끼는 일을 하면서 그 속에서 즐거울 수 있다면 얼마나 행복한 사람인가.

그가 이번 전시의 표제로 생각한 「어울림의 미」, 「멋과 품격」, 「가치미의 예술」, 「꾸밈에서 발견한 아름다움」, 「손과 마음의 꽃」, 「명주실로 맺은 여인의 꿈」이것이 모두 그가 작품에 임하는 자세요 매듭을 맺는 정신일 것이다.

2014년 4월

정양모(전 국립중앙박물관장, 전 문화재위원회 위원장)

매듭장인 박양자의 작품전

한국매듭연구회 창립회원인 박양자 회원의 개인전을 기대하면서, 그와의 처음만났던 계기를 되살려 보게 된다. 그는 당시 국립중앙박물관의 고 최순우 학예연구실장께서 내게 소개한 미술부 직원이었으며, 이후 나의 가르침을 받으면서 근무시간을 쪼개어 매듭 작업에 몰두할 만큼 열성으로 가득 차 있었다.

내가 매듭에 관한 책을 첫 출간할 때 그는 출판사를 오가며 나를 도왔다. 책 발간의 동기는, 나의 매듭 작업 과정을 유심히 지켜보던 고 최순우 관장께서 그곳 학술지인 「미술자료 12호」에 원고를 싣자고 하시더니, 아예 전통매듭에 관한책을 출간하도록 권유하셨기 때문이었다. 정양모 관장과 권영필 교수로부터원고 편집 과정을 도움 받고, 박영규 교수의 사진기술을 활용하여 매듭이 맺어지는 과정을 세밀하게 연출하는 등의 작업을 진행해 나갈 때 그 또한 다양한 수고로써 뒷일을 맡았다. 후일 이 원고는 전통매듭, 궁중매듭으로 통칭되던 매듭이 한국매듭으로 정리되는 첫 번째 책이 되었다.

이처럼 오래된 인연으로 사제지간의 정을 맺어오고 있는 그는 한국매듭연구회창립회원 13명 가운데 한 사람이며, 40여 년을 끊임없이 연마하고 연구한 결과를 오늘 전시회를 개최하게 되어 매우 기쁜 마음 가득하다. 더불어 한국 매듭의 전승과 발전에 그녀가 기꺼이 한 몫을 담당하였음을 치하 하며, 앞으로 더욱 정진하여 한걸음 더 나아가기를 기대한다.

2014년 4월

김희진(중요무형문화재 22호 매듭장, 한국매듭연구회 명예회장)

2015년 4월 9일부터 5월 17일까지 경기도 박물관에서 나와 전영원 두 사람의 작품으로 "매듭, 과거와 현재를 잇다 2"라는 제목의 초대전을 열었다. 경기도 용인시 기흥에 자리 잡은 경기도박물관은 경기도의 역사와 문화의 전통을 밝히고 계승·발전시키면서 미래를 준비하고자 1996년에 개관한 곳이다. 개관 이래 유물 수집 및 전시, 학술 연구 등을 통해 문화 사랑방의 역할을 해왔다.

당시 이원복 경기도박물관 관장님의 전향적이고 적극적인 도움에 힘입어, 박물관의 기증 유물실에서 〈박양자, 전영원 초대전〉("매듭, 과거와 현재를 잇다 2")을 열 수 있었다.

경기도박물관에서 2014년 3월 진행되었던 첫 번째 매듭 전시회("매듭, 과거와 현재를 잇다 1")

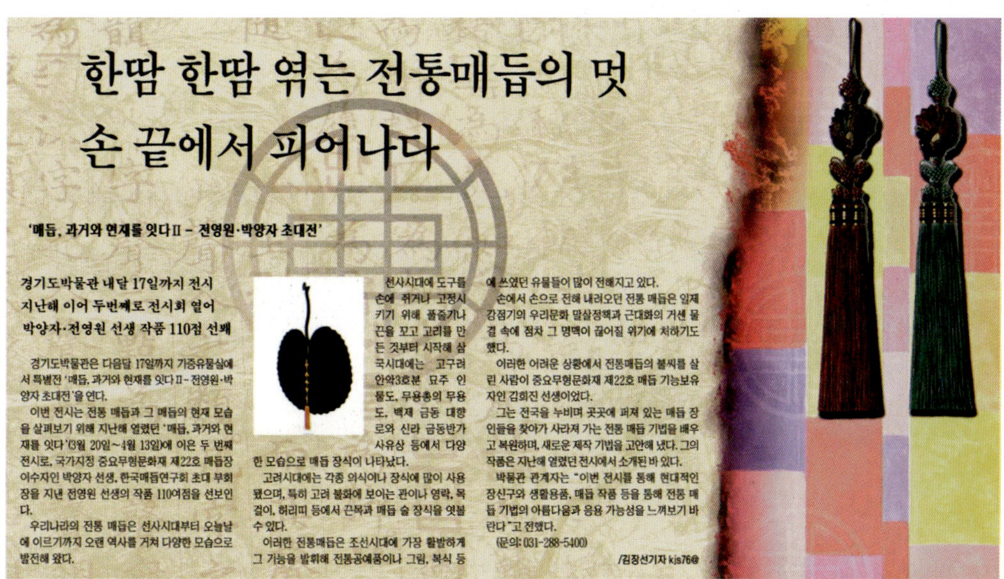

2015년 4월 17일 경기신문

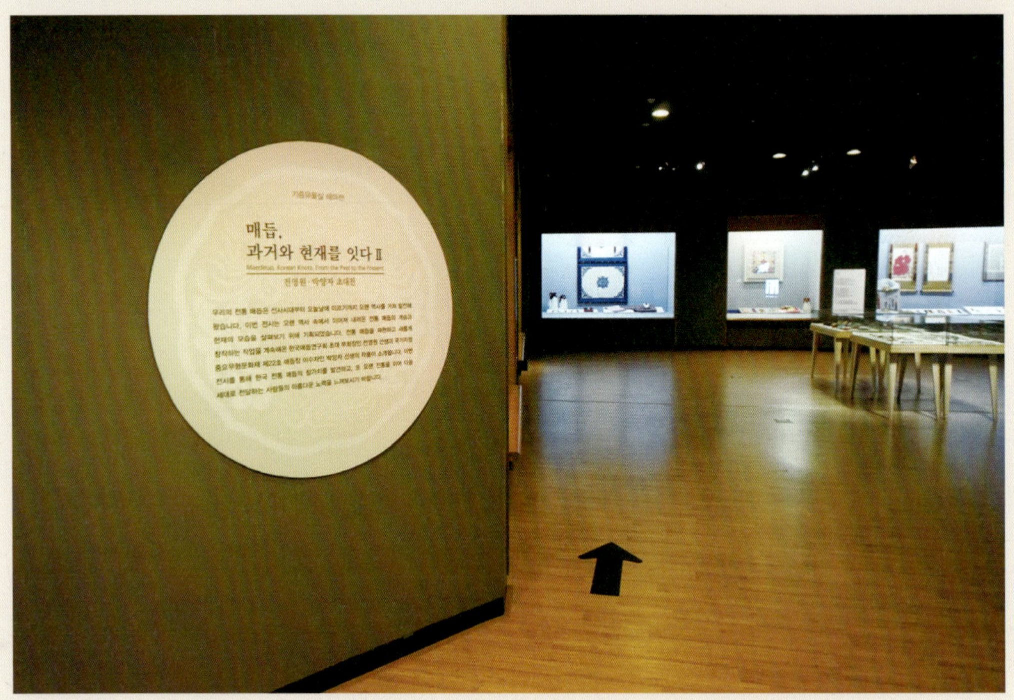

매듭, 과거와 현재를 잇다 전시실 입구

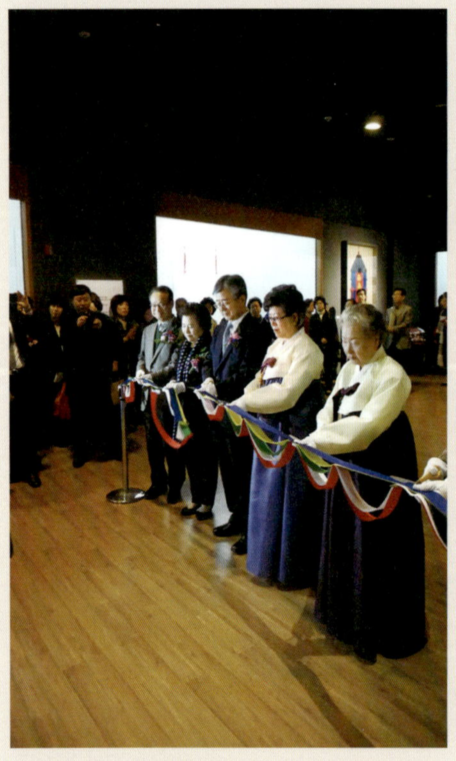

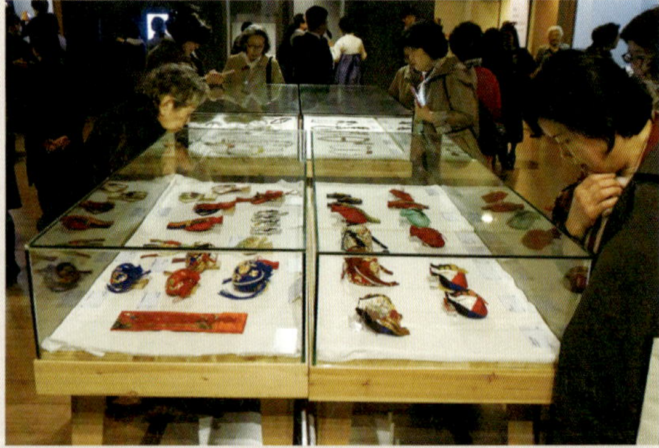

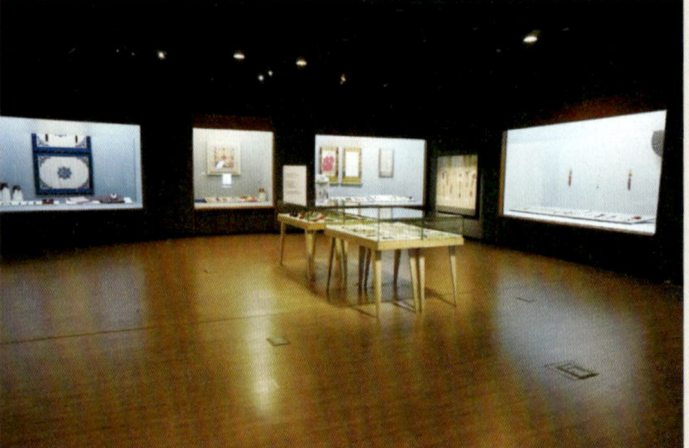

◀ 전시회 개막식　▲ 전시장 내부　▼ 전시장 내부

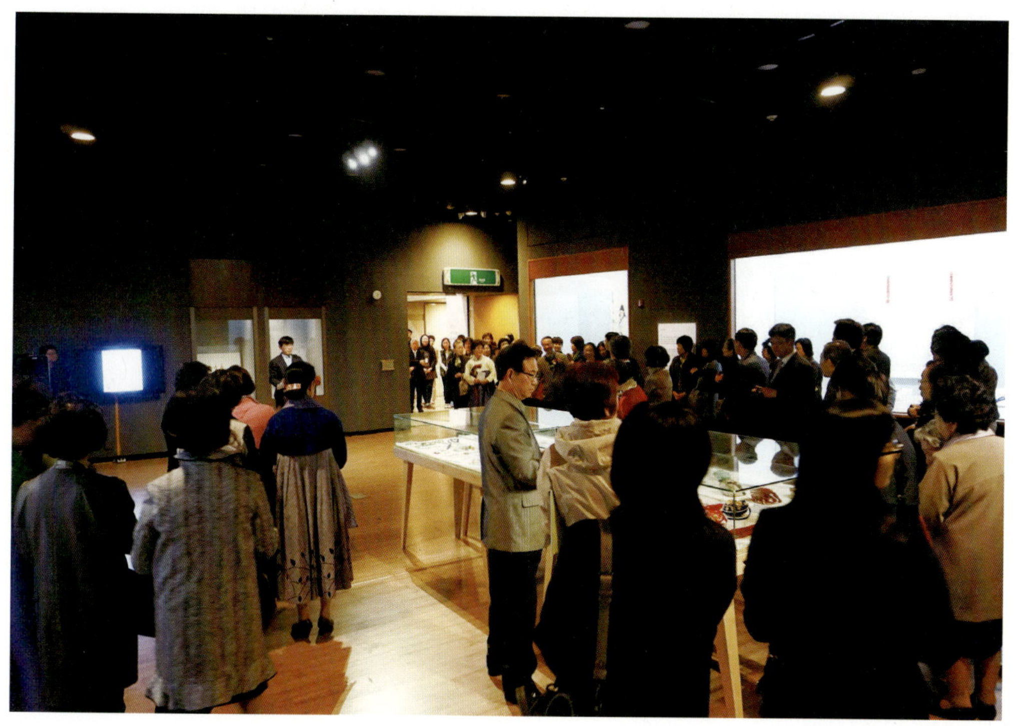

전시장 내부

는 내가 창립회원으로 몸 담고 있는 한국매듭연구회 회원 30여 명이 참여한 전시회였는데, 이후 얼마 지나지 않아 2015년 경기도박물관의 첫 테마 전시로 초대전을 열게 된 것이다. 당시 이원복 관장님은 초대의 글에서 "국가무형문화재 제22호 매듭장 이수자인 박양자 선생과 한국매듭연구회 초대 부회장을 역임하신 전영원 선생의 정선된 작품들로 우리 매듭의 아름다움과 우리 전통 매듭을 새롭게 조명하는 자리로 마련했다"고 하였는데, 나에게는 무척 기쁘고 영광스러운 자리였다.

초대전에서는 한국 전통 매듭 작품과 전통 매듭을 활용한 현대 창작 작품을 함께 전시함으로써, 과거에서 현재까지 이어지는 생명력 있는 한국 매듭 예술의 흐름과 정수를 드러내 보이려고 각별히 노력했다.

당시 초대전을 통해 처음으로 비취발향 노리개를 선보였다. 이 작품은 매듭뿐만 아니라 자수, 비취, 발향 등이 구비되어야 하는 것으로, 작품의 완성이 쉽지 않았다. 자수는 2000년

연세대학교 평생교육원에서 배우면서 완성하였지만, 향나무 위에 깃털은 공작 깃털과 민어 부레를 구해서 시도해 보았지만 붙이기가 쉽지 않아 결국 염색하고 바탕을 꼬아 김쏘이기를 한 실로 망을 떠서 했다. 작은 호리병처럼 생긴 옥 패물도 흔치 않아 하기가 어려웠는데 우연한 기회에 골동품상에서 구입하여 작품을 시작한지 15년이 지난 후에야 완성한 것이었다. 초대전에 전시한 작품들 중 소중하지 않은 작품은 없지만, 비취발향 노리개는 이와 같이 오랜 시간 정성과 공을 들였기에 각별한 애정을 느끼는 작품이었다.

경기도박물관에서는 전시실 조명을 매우 어둡게 하였고, 또 개막식 이후에는 축하 화분, 화환 등을 치우도록 하였는데 처음 겪는 일이라 의아했다. 나중에 알고 보니 조명이 작품에 미세한 변색을 일으킬 수 있고, 화분, 화환이 생화이기 때문에 거기서 나오는 해충들로 인해 작품에 해가 되는 것을 막기 위함이었다. 박물관의 세심한 배려가 인상적이었다.

세 번째 여주박물관 초대전 – 궁중의 맵시, 전통매듭

여주박물관은 천년고찰로서 여주 팔경 중 하나인 신륵사와 남한강 자락의 걷기 좋은 여강길을 끼고 있다. 우아하고 고즈넉한 곳에 자리잡은 여주박물관은 특히 2017년 경기도 건축문화상 대상 수상과 한국건축문화대상 본상을 수상한 품격 있는 박물관이다. 나는 여주박물관에서 2015년부터 전통문화교육과정의 "재미있는 우리매듭"이라는 강좌명으로 수강생을 지도해 왔다. 이러한 인연으로 2016년 10월 나의 3번째 초대전을 여주박물관에서 열었다. 청명한 가을 하늘 울긋불긋 단풍이 물든 자연 속에서 대금과 가야금 연주가 시작되는 가운데 박물관 마당에서 내빈들을 모시고 개막식을 가졌다. 개막식에서는 여주시장님과 정양모 전 국립중앙박물관장님의 축사가 있었고, 이후 정양모 관장님을 비롯해 여주 부시장, 박영규 교수님, 후수매듭을 지도해 주신 안명자 선생님께서 테이프 컷팅을 해주셨다.

여주박물관을 처음 갔을 때 진열장을 갖춘 전시실이 있어 반가웠다. 진열장이 갖춰진 장소가 아니면 매듭 작품 전시회는 쉽지 않기 때문이다. 그래서 이곳 전시장에서 매듭 전시회를 한다면 매우 좋은 장소가 될 거라고 생각했다.

이후 여주박물관에서 수강생들을 지도하는 중에 관장님께 전시실이 매듭 전시 공간으로 참 좋은 곳이라고 말씀드렸다. 또 내 전시회 도록을 보여 드리면서 이곳에서 매듭 전시회를 해

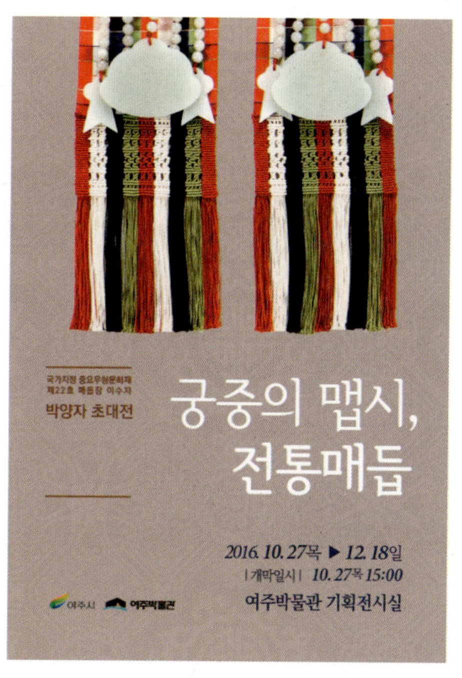

궁중의 맵시 전통매듭 포스터

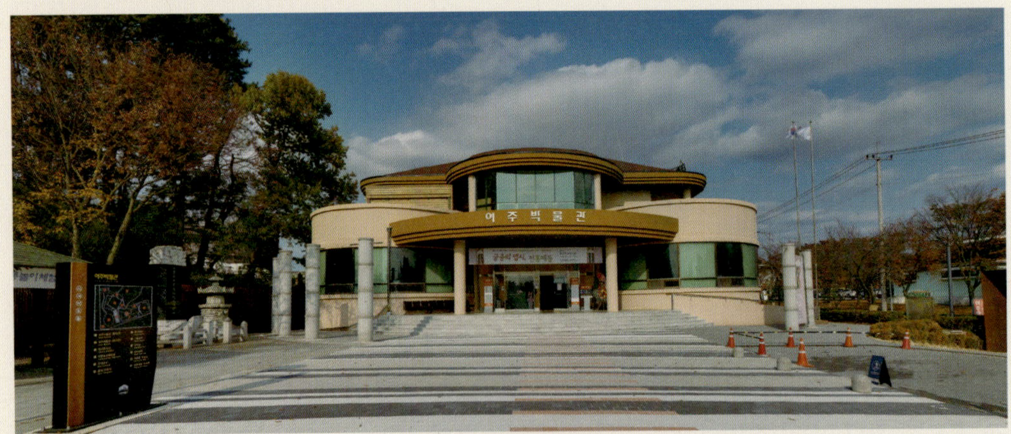

여주시립박물관 특별전 개최, 2016년

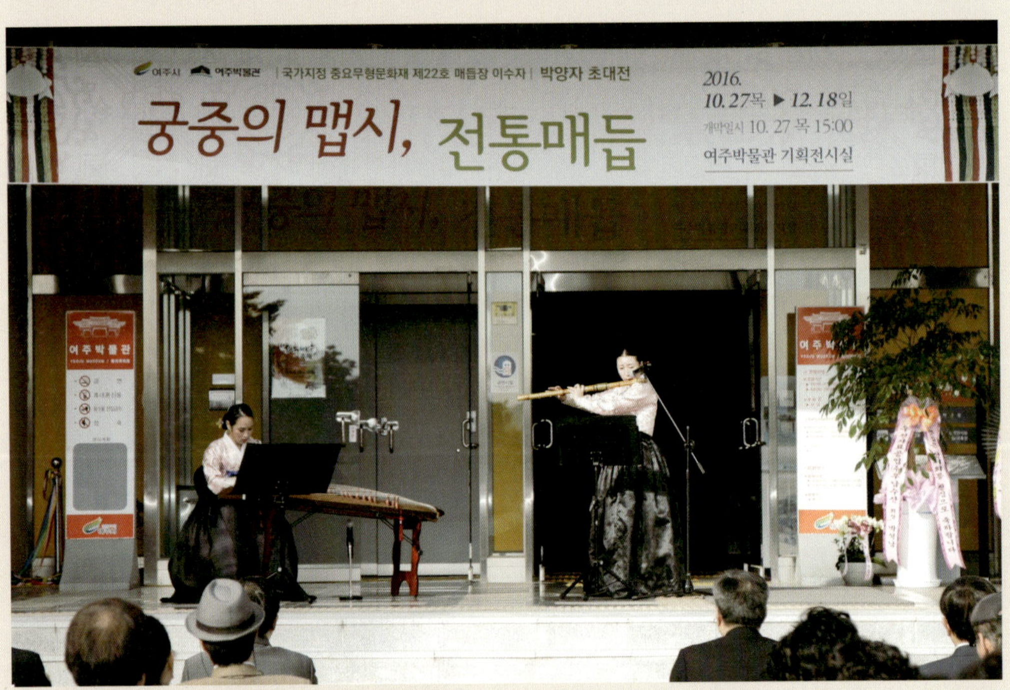

궁중의 맵시, 전통매듭 전시회 개막식

보고 싶다고도 했다. 내 이야기를 듣고 관장님은 '매듭 작품들이 일반인이 쉽게 접하거나 자주 감상할 수 없는 특별한 전통문화'라며 호응하셨다. 처음에는 두 사람의 공동 전시 계획이었으나, 나를 위한 여주박물관 개인 초대전으로 우대해 주셔서 제3회 초대전을 열 수 있었다. 새로운 작품들을 완성하여 선보이는 뜻깊은 전시회였다.

한국문화재사진연구소 한정엽 실장과 작품 촬영을 하면서 이야기를 나누는 도중에 이번 전시작품에 왕, 왕비, 당상관의 후수작품 등이 포함되어 있으니 전시회 명칭에 "궁중"이라는 단어가 들어갔으면 좋겠다는 의견을 나누게 되었다. 이러한 의사를 여주박물관에 전달한 덕분에 전시 제목은 "궁중의 맵시 전통 매듭"이 되었다. 지금 생각해 보면 전시작품과 참 잘 어울리는 제목이었다.

당시 전시회에 왕, 왕비, 당상관의 후수작품을 포함하게 된 것은 우연히 후수 만드는 수업을 듣게 되면서이다. 나는 하나의 작품이 완성되고 나면 다음은 무슨 작품을 할까 항상 생각하면서 지냈다. 그러던 차에 우연히 한국공예건축학교에서 후수를 만드는 수업이 있다는 것을 알게 되었고, 반가운 마음에 바로 등록을 했다. 왕, 왕비, 당상관의 후수 만드는 법은 안명자 선생님께 배웠다. 그래서 새로운 전시작품으로 왕, 왕비, 당상관 후수를 제작하여 당시 여주박물관 전시회에 선보일 수 있었다.

안명자 선생님께서는 전시를 위해 왕, 왕비의 고가 패옥을 기꺼이 대여해 주셨다. 삼천주 노리개의 옥 패물은 유봉희 선생님께서 선물로 주셨다. 덕분에 '궁중의 맵시'라는 전시 제목에 걸맞은 노리개로 완성하여 출품하게 되었다.

후수란 면복, 조복, 제복을 입을 때 뒤에 늘어뜨린다 하여 '후수', 또는 '수'라고 하는데 중요한 행사가 있을 때 예복에 패용한 것이다. 패옥은 면복 착용 시 양옆의 패대 위에 걸고 왕은 오채색, 왕비는 사채색으로 꾸몄다.

당상관은 자수가 있어야 완성할 수 있는데, 자수를 꾸미려면 어려움이 많이 소요되어 고민을 했다. 그러던 차에 우연히 인사동에서 학 무늬가 4단으로 놓여 있는 자수가 눈에 띄었다. 너무 반가운 마음에 그 자리에서 구입해 당상관 후수를 완성할 수 있었다.

한편 2014년 4월 개인전 홍보 포스터에 실었던 운라 악기 유소를 다시 여주박물관 전시회에도 전시하고 싶었는데, 당시에 악기를 대여해주셨던 이영수 선생님(국가무형문화재 악

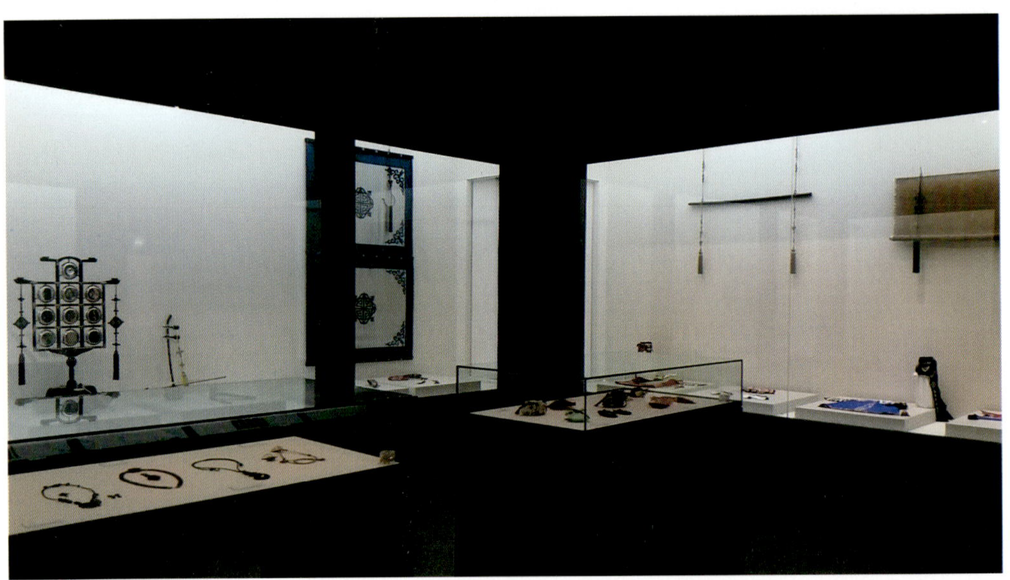

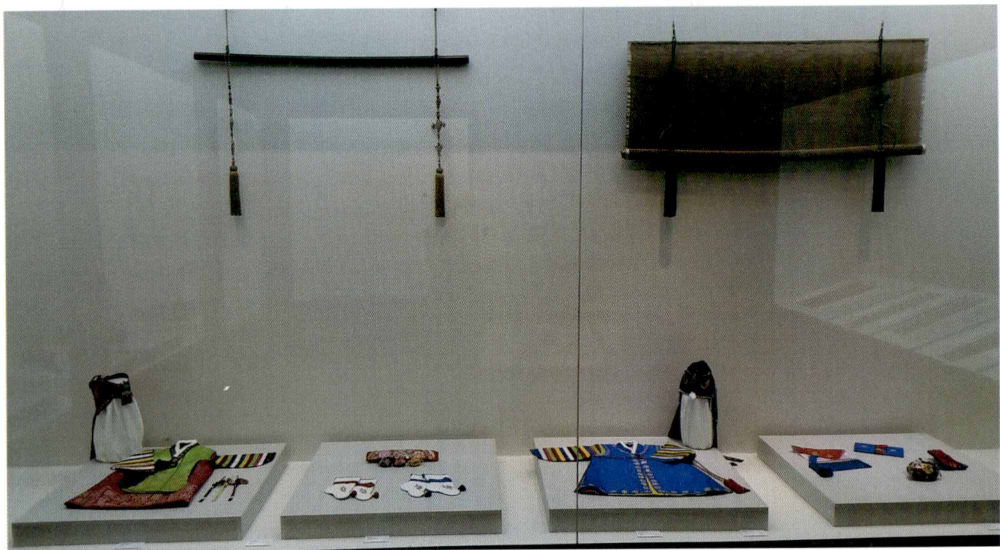

전시장

멋과 품격의 예술 매듭

기장)이 작고하신 상황이었다. 이에 아드님께 연락을 드렸더니 작업장에 불이 나서 소실되었다는 소식을 들었다. 소실된 운라는 조선 후기에 제작된 귀중한 악기였는데 너무 안타까웠다. 무척 아쉬웠지만 감사하게도 최근에 만든 운라를 대여해 주셔서 다행히 재전시를 할 수 있었다.

전시장에 작품 진열을 하는데 관장님께서 작품을 보고 그때서야 비로소 안도의 숨을 쉬시는 것을 느꼈다. 많은 작가들이 있는 가운데 개인 초대전을 열어주신 것은 이례적인 혜택으로, 한편으로는 염려하는 마음이 있었을 것이라는 생각이 뒤늦게 들었다. 그 당시 예산, 인력 등 어려운 여건 속에서도 구본만 관장님, 장광호 선생님 외 직원 분들의 수고와 헌신적인 협조에 힘입어 성황리에 전시회를 마칠 수 있었다. 내게는 잊지 못할 추억의 전시회였다.

처음 계획한 전시 기간은 2개월이었지만 3개월을 연장하여 총 5개월의 장기간 전시를 하게 되었다. 전시회 준비는 수강생들이 수고를 많이 해 주었고, 사진 촬영은 박원준 회원님의 부군께서 맡아 주셨다. 진주에서 새벽부터 출발하여 먼 길을 와 주신 유봉희 선생님을 비롯한 많은 지인분들께 마음 모아 감사드린다.

5. 강사로 나서다

여주박물관과 구리 평생교육원

개인전과 초대전을 하고 난 뒤, 2015년 9월부터 여주박물관과 구리시 평생교육원에서 주 1회 3시간씩 전통 매듭에 관한 수업을 진행하게 되었다. 여주박물관은 1997년에 설립되어 여주의 역사와 문화를 알리는 다양한 전시와 교육활동을 하고 있다. 구리 평생교육원은 구리시청 산하기관으로 2010년에 설립되어 시민 생활에 필요한 교양 및 취미, 여가 교육, 직업 기술교육 등을 하고 있다.

여주박물관과의 인연은 구리문화원에서 실시하는 판소리 강습에 여러 해 나가면서 판소리를 가르쳐 주신 주서운 선생님과의 만남에서 시작되었다. 판소리 선생님께서 여주시 여성회관에 수업을 가신다고 해서 같이 동행하였고, 당시 만나게 된 여성회관 사무실 선생님께 매듭 수업을 이곳에서 하고 싶다고 말씀드렸다. 선생님은 매듭 수업을 박물관에서 하면 좋겠다고 소개해주셨고, 이후 직접 여주박물관 관장님을 찾아갔다. 관장님은 개인전 도록과 이력서 등을 보시고는 흔쾌히 강의하는 것을 수락해 주셨다.

첫 매듭 강의를 허락해 주신 구본만 관장님께 항상 감사하는 마음 갖고 있다. 기대에 어긋나지 않도록 강의 준비에 최선을 다해야겠다는 각오를 매번 단단히 다지고 있다.

김희진 선생님께서는 평소 정체불명의 매듭이 범람하여 한국매듭의 정통성이 크게 훼손될 것을 우려하시면서 우리 한국매듭연구회 회원들이 책임과 사명감을 가지고 앞장서서 바로 잡아야 한다고 자주 말씀하셨다. 선생님의 꿈은 지방에도 한국매듭연구회 지부를 두어 한국매듭을 후손들에게 올바르게 가르쳐주고, 이를 통해 한국매듭이 올곧게 계승되는 것이었다. 나 역시 같은 마음이었는데, 다행히 여주박물관과 구리시 평생교육원에서 매듭 수업을 시작하게 되어 선생님의 뜻을 이어가게 되었다.

한국매듭연구회에서도 수강생들을 가르쳐본 경험은 있지만, 처음부터 끝까지 온전히 도

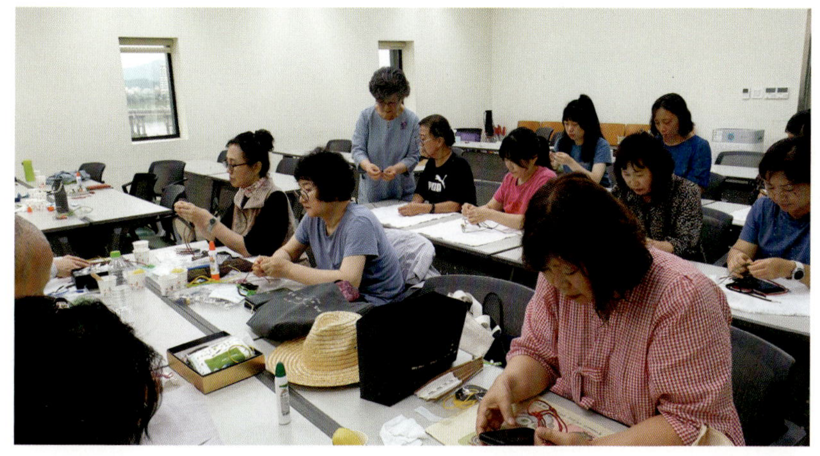

여주박물관 강좌

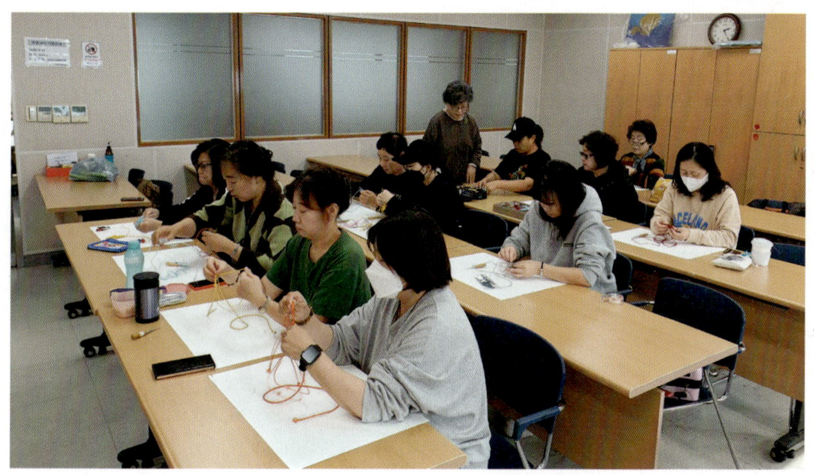

구리 평생교육원 강좌

맡아 진행하는 본격적인 매듭 교육은 처음이었다. 때문에 나름대로 교육 내용과 과정을 하나하나 꼼꼼히 준비하는 데 심혈을 기울였다. 교육은 먼저 기본형 매듭을 한 가지 알려주고 그 매듭을 완전히 익히게 한 다음, 관련된 샘플을 만들어 보여준 후 수강생이 이를 보면서 만들게 했다. 이것은 기본형 매듭의 샘플이 되기도 하고, 같은 샘플이 실생활에 쓰이기도 하는 일석이조(一石二鳥)의 효과를 내기 위함이다. 즉 우리 실생활에서 쓸 수 있는 실용적인 작품을 각자 솜씨로 만들게 함으로써, 다소 천천히 가더라도 재미있게 진행하는 것이 좋을 것 같다는 생각이었다. 이러한 생각이 적중하였는지 수강생들 모두가 신기해하면서 아름다운 매듭의 모습에 감탄하는 한편, 만든 작품을 주위에 선물도 할 수 있다는 생각에 너무 좋아했다. 그

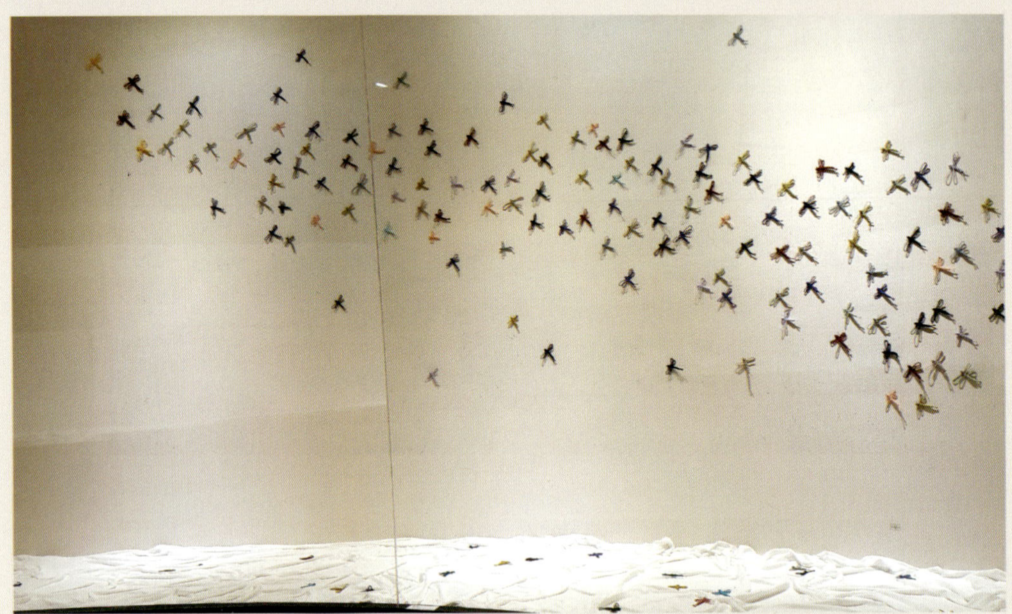

잠자리 전시

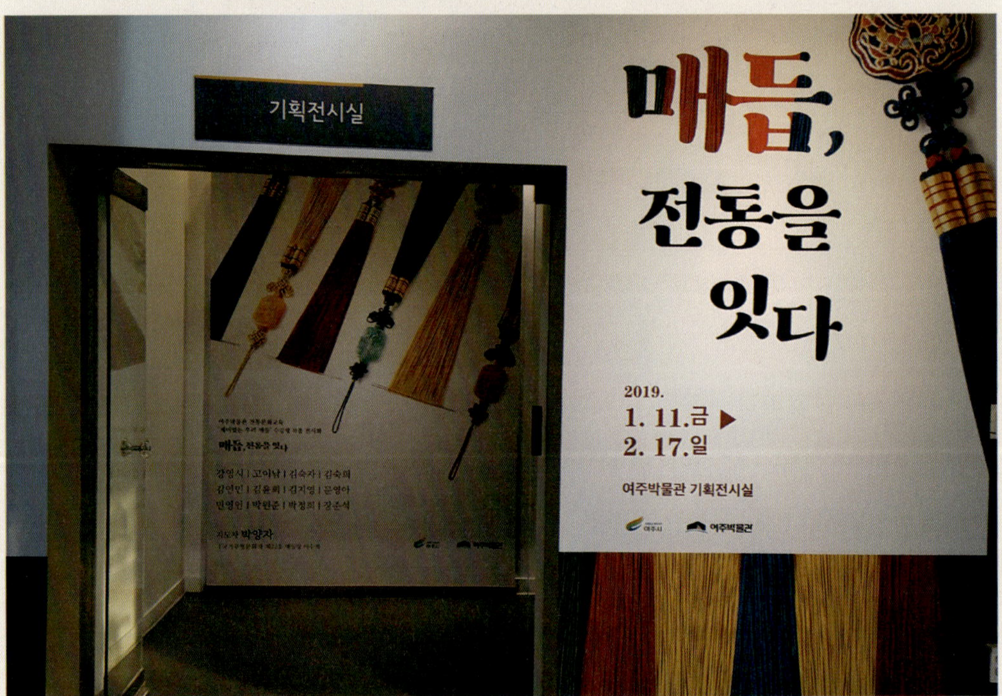

매듭, 전통을 잇다

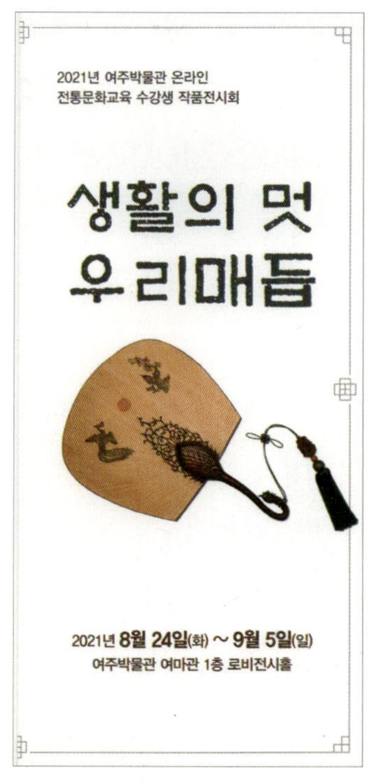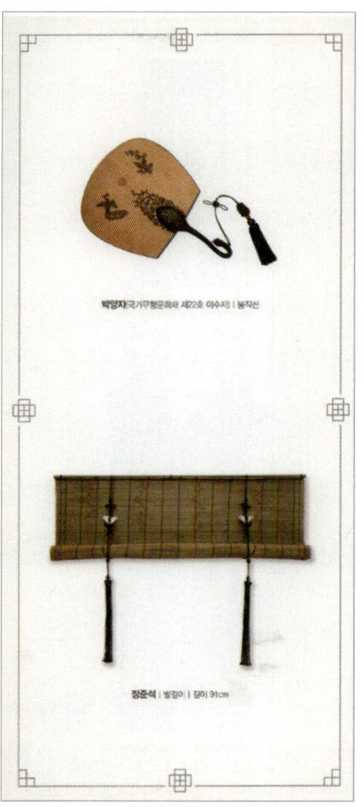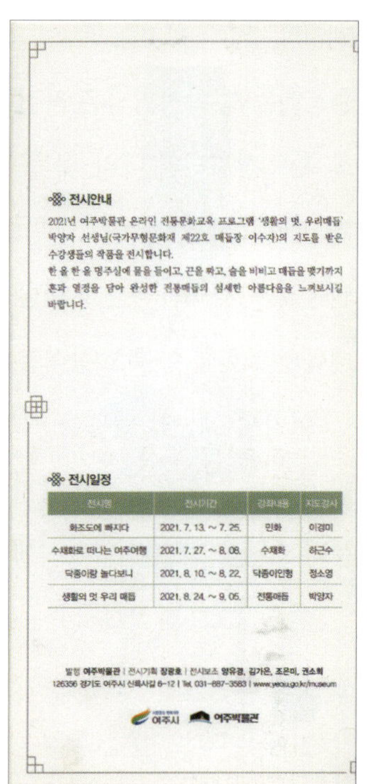

생활의 멋 우리 매듭(2021년)

러나 형태도 제대로 만들어지지 않은 매듭이 시중에 돌아다니는 것은 내가 바라는 수업의 목적이 아니었다. 그래서 처음 맺는 매듭 작품들은 선물을 하지 말고 먼 훗날 되돌아볼 수 있는 처녀작으로 보관하도록 권유했다. 처음에는 수강생들이 섭섭하게도 생각하고 나의 이런 권유를 이해 못 하는 수강생도 있었으나, 차츰 시간이 지나고 수강생들의 솜씨가 익어서 숙달되어 가니 나를 이해하기 시작했다.

어렵고 힘들게 배운 수강생들의 매듭 솜씨를 펼쳐 보일 수 있는 기회가 찾아왔다. 여주박물관에서 2019년 1월 11일부터 2월 17일까지 "매듭, 전통을 잇다"라는 주제로 첫 번째 수강생 발표회를 가지게 된 것이다.

처음 갖는 수강생들의 작품 발표회였기에 이들을 가르쳐온 나로서도 설레고 긴장되긴 마찬가지였다. 또한 무엇을 어떻게 만들도록 하여 전시장을 채울지도 은근히 걱정이 되었다.

배운 지 1년쯤 되는 회원들(김윤희, 강영시, 문영아, 김숙희)은 아직 서투른 면이 있어 고민 끝에 모두 잠자리 매듭을 맺게 해서 진열장 한 면을 날아가는 잠자리로 채웠다. 나머지 회원들

(박정희, 장준석, 박원준, 민영인, 김지영, 김숙자, 김연민, 고이남)은 나름대로 각자의 작품들을 만들어 출품했는데, 박정희님은 직접 자수를 놓고 주머니를 만들어 매듭 맺은 작품을, 장준석님은 민화 속에 잠자리와 나비, 꽃 등을 조화시켜서 완성했다. 박원준님은 고비를, 민영인님은 발걸이와 조끼 옷에 연봉매듭 단추를, 김지영님은 프랑스 자수를 수 놓아서 냅킨 홀더와 컵 받침을 만들었다. 김숙자님은 모시발을 어렵게 바느질하여 발걸이를 완성했고, 고이남님은 나무결과 매듭의 조화를 이루는 장식품을, 김연민님은 브로치 등을 맺어서 출품했다.

이처럼 그동안 심혈을 기울여 가르쳤던 주머니, 조바위, 파우치 등 매듭과 어울리는 다양한 작품들을 수강생들이 각자의 개성을 살려 특색있게 선보였다. 덕분에 많은 여주 시민들로부터 호평을 받으며 성황리에 전시회를 마쳤다. 나로서는 너무나 큰 보람을 느꼈다.

이후 2021년 8월 24일부터 9월 5일까지 여주박물관 여마관 1층 로비 전시홀에서 "생활의 멋 우리매듭"이라는 주제로 전통문화교육 수강생들의 두 번째 전시회를 열었다.

2019년부터 코로나19로 대면 수업을 하지 못하고 온라인 수업을 수강했던 수강생들의 전시회였다. 당시 나는 온라인 수업으로는 어려울 것 같아 매듭 기본형을 배운 수강생들로 하여금 샘플을 보고 직접 만들어 보게 하는 방법으로 수업을 진행했다. 재료 등을 수강생들 각자가 택배로 전달받아 수업에 참여하였는데, 생각보다 어려워하지 않고 잘 따라와 주었다. 나를 포함한 회원 11명이 목걸이, 선추, 유소, 마스크걸이, 방울술 노리개, 브로치, 모빌, 액자, 고비, 발걸이 등을 두 번째 전시회에 출품했다. 주위에서는 매듭 수업을 온라인으로 하기가 쉽지 않을 것이라 했지만 잘 준비하면 문제가 없을 거라 믿고 진행했다. 그리고 그 결과물들이 놀라웠기에, 정말 온라인으로 수업한 것이 맞냐고 의아해하는 분들이 많았다. 또한 여주박물관에서는 수강생들이 1년간 수업한 결과물인 작품들을 탁상달력으로 매년 제작하기도 한다.

농아인협회

여주시 농아인 협회에서 2017년 3월부터 12월까지 주 1회 3시간씩 농아인을 위한 특별한 매듭 수업을 진행했다. 여주농아인협회는 2004년 설립되어 농아인 취업 알선, 수화 교육, 복지 행사 등 농아인을 위한 계몽, 자질 향상, 능력 개발, 생활 안정 등 여러 가지 사업을 기획, 검토, 추진하여 농아인들의 사회적, 경제적, 문화적 지위를 높이려는 다양한 활동을 활발히 전개하는 단체이다.

처음 제의가 들어왔을 때 정상인도 쉽지 않은 매듭을 과연 할 수 있을까 반신반의 했지만, 농아인들의 사회참여를 돕고 싶었고, 무엇보다 소외된 장애인들에게 조금이라도 도움이 되고자 하는 마음이 앞서서 시작했다. 언어전달이 잘 되지 않아 쉽지 않은 교육과정을 소화할 수 있을지 처음에는 걱정이 많았다. 그러나 수강생들이 의외로 하려고 하는 적극적인 자세와 열성으로 잘 따라와 주었다. 말은 통하지 않았지만 내가 오는 날을 기다리다가 만나면 무척 반가워했는데, 그 순수하고 맑은 눈빛이 지금도 선하게 남는다. 수강생들이 한 작품을 완성하여 가지고 갈 때, 부족하고 미흡하더라도 스스로 했다는 자부심으로 만족해하는 모습을 볼 수 있었다. 그때마다 나 역시 흐뭇하고 열심히 가르친 보람을 느꼈다.

나는 최대한 다양한 계층의 사람들이 매듭을 배워서 일상생활에 활용할 수 있었으면 하는 마음으로 매듭 수업을 시작했기 때문에, 농아인들과의 만남은 보람있고 기억에 남는 특별한 수업 경험이었다.

구리 고구려박물관(대장간 마을)

2017년 4월부터 11월까지 월 2회 3시간씩 아차산 대장간마을 담덕재(태왕사신기 담덕의 거처) 안에서 매듭 수업을 했다. 구리시 9경 중 5경에 선정된 구리 고구려박물관(대장간 마을)은 수려한 아차산 자락에 위치하고 있으며, 아차산에서 출토된 1500년 전 고구려 유물을 전시하고 있는 공립박물관이다. 드라마 '태왕사신기'의 촬영장으로도 널리 알려져 있다.

고구려박물관은 고대사 중심의 역사박물관이라는 딱딱한 이미지를 벗고 누구나 올 수 있는 열린 박물관, 체험공간으로의 전환을 시도하고 있었다. 그 일환으로 지역 예술가 및 지역 주민, 청소년을 중심으로 '지역문화 예술 플랫폼 사업'을 진행하였는데, 나는 이 사업에서 '대장간 마을에서 놀자'라는 주제로 매듭수업을 진행하게 되었다.

수업장소는 옛 정취가 풍기는 대장간 마을의 자연 속에 있었는데, 우리 전통 매듭을 배우고 이해하는 장소로 이보다 좋은 곳이 또 있을까 싶었다. 수강생들과 아름다운 매듭을 같

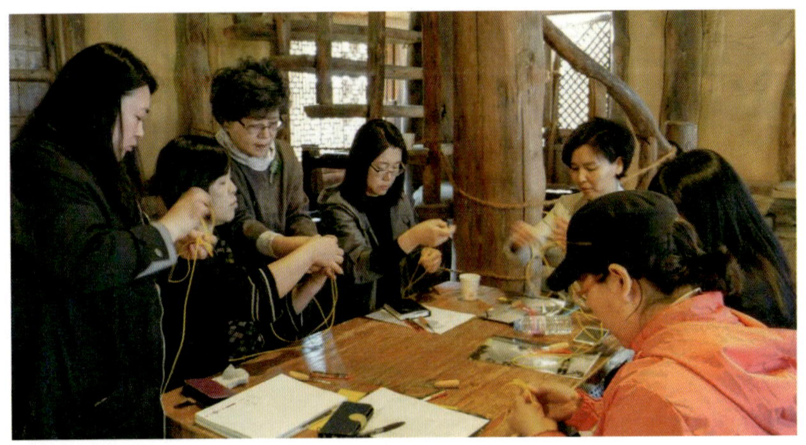

대장간 마을 강좌

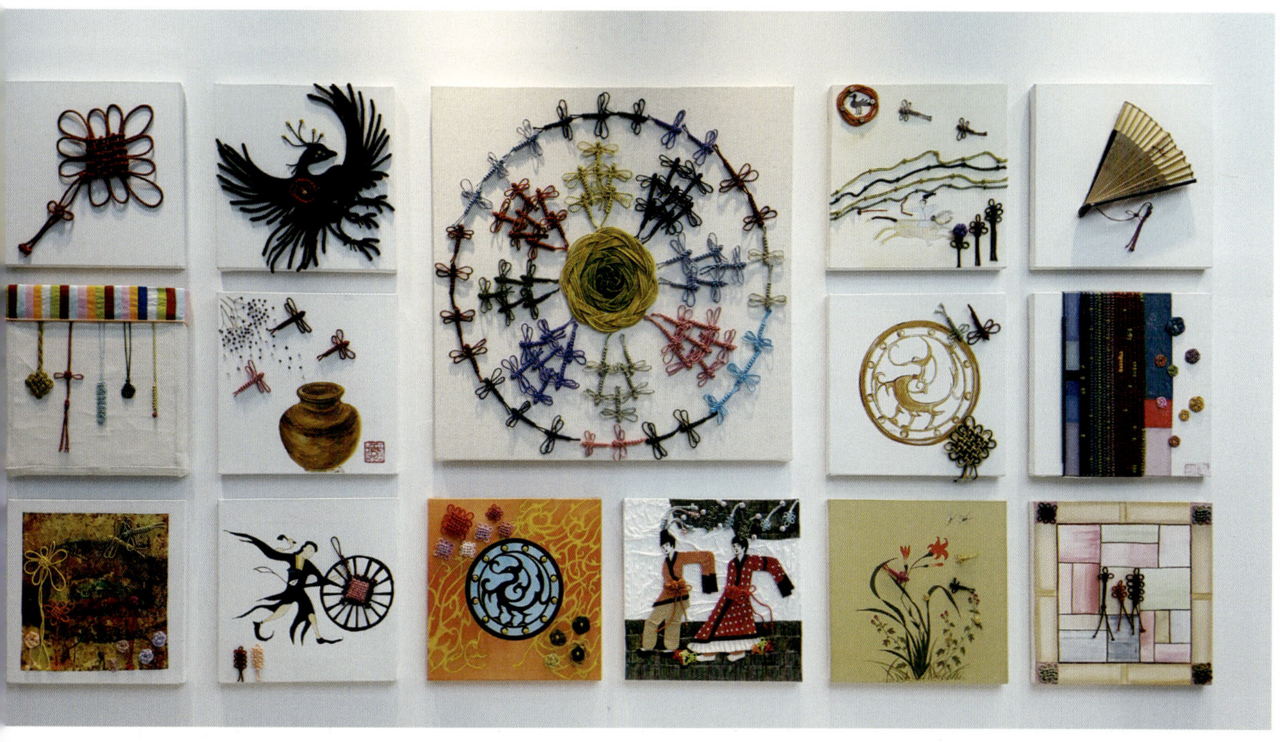

전시회

이 배우고 만들어 가면서, 우리 문화를 이해하는 데 많은 성과를 거두었다고 자부한다. 특히 2017년 11월 13일부터 12월 4일까지 구리시청 1층 로비홀에서, 당시 수업에 참여했던 16명의 회원들이 고구려와 관련된 삼족오, 토기, 무용도의 벨트 등을 만들어 '놀이가 작품이 되다'를 주제로 전시회를 열기도 했다. 이 전시회는 당시 시민들로부터도 좋은 호응을 얻었다. 개인적으로는 '지역작가와 놀자 프로그램'에 예술작가로 참여하여 박물관이 열린 체험 공간이 되도록 헌신·노력해 구리시 문화예술 발전에 기여했다는 공로로 구리시로부터 감사패를 받았다.

글을 맺으면서

막상 글을 마치고 나니 홀가분하면서도 마음 한구석을 짓누르는 부담과 두려움이 엄습해 온다.

한평생 걸어온 매듭의 삶을 돌아보고 정리하여 책을 낸다는 것은 생각보다 힘든 작업이었다.

국립중앙박물관에 입사하여 훌륭한 분들을 만났다. 특히 매듭인생의 스승이신 김희진 선생님과의 만남은 내 삶의 진로를 바꾼 기적 같은 인연이었다.

1974년 매듭의 길로 들어선 후 한국매듭연구회 창립회원이 되고 중요무형문화재 매듭장 이수자가 되었다.

2014년, 결혼 후 가사와 양육 그리고 매듭 작업을 병행해야 하는 힘든 환경 속에서 40여 년간 틈틈이 만든 작품 100여 점을 한자리에 모아 첫 개인전을 열게 되었다. 이어 경기도박물관과 여주박물관에서 초대전을 개최함과 동시에 후진 양성 교육도 하는 힘들면서도 보람 있는 시간을 보냈다.

매듭의 삶을 살아오면서 오로지 매듭에 대한 작업과 연구에 전념하였을 뿐 학업에는 무관심하였다. 나이 60을 넘어 모험의 길로 들어서서 각고의 노력끝에 석사학위를 취득했다. 힘든 시간이었지만 만학의 성취는 내 인생에서 가장 보람 있는 시간이었다. 참 대견하고 자랑스럽다고 나 자신을 칭찬해 주고 싶다.

지나온 삶을 뒤돌아보니 우여곡절과 어려움이 많았지만 훌륭하신 분들의 조언과 격려가 있었기에 지금의 내가 있게 되었다. 그분들에게 다시 한 번 감사한 마음을 전하고 싶으나 그 마음을 모두 담아내기엔 내 표현력이 부족하다.

장인정신 하나로 묵묵히 걸어오면서 주위의 많은 도움으로 살아온 내가 다소나마 보답할 수 있는 길이 무엇일까 생각해 본다.

　전통매듭의 전승 발전을 위해 후진 양성에 온 힘을 다하고, 한국매듭만이 지니는 아름다운 멋과 품격의 맥을 이어서 현대적이고 창조적인 섬유예술로 승화하여 개척하는 일에 여생을 바치고자 한다.

참고문헌

■ 사료

『삼국사기』,『삼국유사』,『선화봉사고려도경』,『세종실록』

서유구 저 · 임원경제연구소 역,『임원경제지 - 섬용지2』, 풍석문화재단, 2016.

이현종 등 저,『새겨읽는 규합총서 권2』, 이화문화출판사, 2020.

■ 도록

『옥나비 떨잠에 진주낭 차고』, 경기도박물관, 2019.

『한국 전통 매듭』, 국립중앙박물관, 2004.

『한국의 사찰문화재』, 문화재청 · 재)불교문화재연구소, 2002~2012.

■ 단행본

김시재,『한눈에 보는 매듭』, 한국공예디자인 문화진흥원, 2016.

김은영 · 김혜순,『중요무형문화재 제22호 매듭장』, 국립문화재연구소, 1997.

김은영,『김은영 매듭』, 가나아트센터, 2003.

김은영,『매듭 만들기』, 미진사, 2009.

김혜순,『매듭장』, 국립문화재연구소, 1997.

김희진,『아름다운 우리 매듭』, 그라픽네트, 2008.

김희진,『한국매듭 - 每緝과 多繪』, 고려서적주식회사, 1982(증보판).

예용해,『민속공예의 맥(예용해전집 4)』, 대원사, 1997

유희경,『한국복식사연구』, 이화여대출판부, 1975.

이여성,『조선 복식고』, 白楊堂, 1947(2008 민속원 영인).

허동화·심연옥,『끈목, 매듭』, 한국자수박물관, 2006.

홍나영 · 설지희 · 문예은,『매듭장』, 국립무형유산원, 2018.

■ 논문

김병민·오진,「한국전통매듭에 관한 고찰」,『과학교육연구』33, 공주대학교 과학교육연구소, 2002.

김희선,「매듭, 귀달린 가지방석에는 수정가지 한 쌍 달아」,『옥나비 떨잠에 진주낭 차고』, 경기도박
　　　　물관, 2019.

김희진,「끈목과 매듭(多繪와 每緝)」,『미술자료』12, 국립중앙박물관, 1968.

설지희,「1910~1930년대 광희동 끈목장 집단과 매듭장 정연수」,『무형유산』4, 2018.

심연옥,「고려시대 직금 직물의 조직 특성 및 유형 분류」,『한복문화』18, 2015.

이영애,「조선말기 이후 상여 유소에 관한 연구」,『아시아민족조형학보』19, 아시아민족조형학회, 2018.

임상임·임영주,「유물에 표현된 전통매듭에 대한 연구」,『한국생활과학회지』10-2, 한국생활과학회, 2001.

정지희,「담양 용화사 묵담유물관의 왕실 시주 공예품 연구」,『남도문화연구』37, 순천대학교 남도문화연구소, 2019.

최인숙·김은정,「헌종 무신년『진찬의궤』유소 연구」,『한복문화』23, 한복문화학회, 2020.

최인숙·김은정,「『악학궤범』유소 매듭 분석을 통한 신한복 장신구 개발」,『기초조형학연구』19-1, 한국기초조형학회, 2018.

최재석,「동대사 정창원의 불교의식구와 그 제작국에 대하여」,『불교학보』, 1993

■ 학위논문

고은정,「정조의 용주사 창건과 불교 미술」, 서울대학교 석사학위논문, 2018.

목진애,「한국 매듭의 원류와 디자인」, 서울여자대학교 석사학위논문, 2006.

박양자,「조선후기 불번(佛幡) 유소(流蘇)연구」, 원광대학교 석사학위논문, 2020

박진영,「조선시대 공신화상 유소(流蘇)연구」, 용인대학교 석사학위논문, 2010.

임영주,「한국전통매듭에 대한 연구」, 원광대학교 박사학위논문, 2002.

설지희,「한국 다회의 전통과 기술의 변모」, 한국전통문화대학교 석사학위논문, 2018.

■ 누리집

국사편찬위원회 한국사데이터베이스 http://db.history.go.kr/.

이뮤지엄 http://www.emuseum.go.kr/main

박양자 주요경력

■ 약력

1954	출생
1972-1980	국립중앙박물관 학예연구실 미술부
1974-1976	중요무형문화재 22호 매듭장 김희진 선생께 사사
1979	한국매듭연구회 창립회원
1986	중요무형문화재 22호 매듭장 이수자 수여
2015~현재	여주박물관 전통매듭 강사
2015~현재	구리 평생교육원 전통매듭 강사
2020	원광대학교 대학원 석사

■ 수상

1977	동아공예대전 입선
1978	제3회 「인간문화재 공예작품 전시회 장려상
1979	제4회 인간문화재 공예전 장려상
1980	제5회 전승공예전 장려상
1981	제6회 전승공예전 장려상
1982	제7회 전승공예전 장려상

■ 개인전

2014. 4	제1회 「비단실로 맺은 멋과 품격」, 서울중요무형문화재 전수회관
2015. 4	제2회 「매듭, 과거와 현재를 잇다」, 경기도박물관
2016. 10	제3회 「궁중의 맵시, 전동매듭」, 여주박물관

■ 전시회

1981~2023	한국매듭연구회 회원전 제1회~제31회 출품 총 31회
1982. 9	부산직할시립박물관 초청 매듭 특별전

1982. 10	국립광주박물관 초청 한국매듭 특별전
1983. 9	일본동경한국문화원 초청 제1회 한국매듭연구회 해외전
1987. 9	국립진주박물과 한국매듭 특별전
1988. 9	서울올림픽문화예술축전 한국전통자수매듭전, 한국종합전시장
1988. 11	전통공예관 개관기념 특별전 출품「매듭과 다회 – 옛과 오늘의 만남」
1990~1993	중요무형문화재 보유자 작품전 출품
1993	대전엑스포 출품 및 시연
1994. 9	서울 정도 600년 기념「매듭으로 본 어제와 오늘의 생활문화전」
1997. 9	미국 뉴욕문화원 초청 한국매듭연구회 제2회 해외전
1999. 9	강원도 국제관광박람회「새천년 공예문화의 원형탐색전」
1999. 10	프랑스 파리한국문화원 초청 한국매듭연구회 제3회 해외전
2004. 11	일본 오사카 역사박물관 초청 한국매듭연구회 제4회 해외전
2007. 11	국립지방박물관 초청 순회 회원전, 제주 · 대구 · 춘천 · 전주 · 청주
2013. 11	국립제주박물과 초청 한국매듭연구회 특별전
2016. 12.	特別展 韓國の傳統組み紐 매듭, 일본 고려미술관 해외전
2017. 3.	特別展 韓國の傳統組み紐 매듭, 일본 오사카한국문화원 해외전
2017. 7	여주박물관 개관 20주년 20살 이야기
2017. 11.	고구려대장간마을 전시회 – 놀이가 작품이 되다
2018. 9.	세종, 왕이 되신 날 세종대왕 즉위 600돌 특별기획전, 여주박물관
2019. 1.	매듭 전통을 잇다 – 여주박물관 수강생과 전시회
2020. 11.	ZOON IN 예술가 – 2020 구리작가릴레이전, 구리아트홀
2022. 10.	대한민국 키르키즈공화국 수교 30주년 복식전시회 – 평생도를 探 탐하다, 키르키즈국립미술관
2023. 12.	전통 그리고 문화 – 전통문화교육생과 합동전시, 여주박물관

멋과 품격의 예술 매듭

초판 인쇄 2024년 3월 15일
초판 발행 2024년 3월 21일

지은이 | 박양자
펴낸이 | 신학태
펴낸곳 | 도서출판 온샘
등록 | 제2018-000042호

주소 | 서울시 용산구 한강대로 62다길 30, 트라이곤 204호
전화 | 02-6338-1608
팩스 | 02-6455-1601
이메일 | book1608@naver.com

ISBN 979-11-92062-33-4   93630
값 25,000원